# HALPÉRINE-KAMINSKY

Chargé de Mission

# France et Russie

## ALLIANCE ÉCONOMIQUE

PARIS

ERNEST FLAMMARION, ÉDITEUR

RUE RACINE, 26, PRÈS L'ODÉON

# FRANCE ET RUSSIE

ÉMILE COLIN, IMPRIMERIE DE LAGNY (S.-&-M.)

**E. HALPÉRINE-KAMINSKY**

*Chargé de mission.*

# France et Russie

## ALLIANCE ÉCONOMIQUE

**PARIS**

**ERNEST FLAMMARION, ÉDITEUR**

**26, RUE RACINE, 26**

A

## M. LÉON BOURGEOIS

**Président de la Chambre des Députés.**

**Ministre de l'Instruction Publique,**

qui a introduit l'enseignement de la langue russe
dans les lycées.

**Ministre des Affaires Étrangères,**

**Député,**

a pris l'initiative ou prêté son appui constant dans
l'envoi en Russie de missions commerciales, scienti-
fiques et littéraires, et à l'encouragement bienveillant
de qui le signataire doit particulièrement la réalisation
de l'enquête sur les moyens de développer les relations
économiques entre les deux pays, enquête consignée
dans ce volume.

Respectueusement, son profondément dévoué ·

**E. HALPÉRINE-KAMINSKY.**

On n'exporte pas sans importer; il y a là
deux mouvements réflexes qui, sans être
identiques, sont du moins inséparables.

(A. PICARD, président de la Commission
permanente des valeurs de douane.)

Le libre-échange et le protectionnisme
sont des doctrines qu'il faut pratiquer ou
abandonner tour à tour suivant les besoins
du pays.

(A. COUTTAUX, sénateur d  la Vienne.)

Il ne s'agit plus d'être protectionniste
ou libre-échangiste, il faut être échangiste.

(J. THIERRY, député des Bouches-du-
Rhône.)

Il n'y a pas, il ne saurait y avoir de
système immuable qui puisse s'appliquer
à la politique commerciale internationale... C'est pourquoi sont également
erronées les doctrines qui demandent
un protectionnisme de principe, ou un
libre-échange de principe.

(Le professeur D.-I. MENDELEÏEV, directeur de la Chambre Impériale des
Poids et Mesures, membre du Conseil
du Commerce et de l'Industrie, président d'honneur de la Société russe
Physico-chimique, etc.)

# AVANT-PROPOS

J'ai été chargé, à deux reprises et tout récemment, d'une mission en Russie par le Ministère du Commerce et de l'Industrie et par l'Office national du Commerce extérieur, avec l'appui du Ministère des Affaires Étrangères, à l'effet de procéder à une enquête sur les meilleurs moyens à employer pour développer les transactions commerciales entre la France et la Russie. J'ai visité les principaux centres commerciaux et industriels du vaste empire des Tsars ; j'y ai consulté les autorités, les spécialistes et les négociants russes, d'une part, — les représentants diplomatiques, consulaires et du négoce français de l'autre, et j'apporte aujourd'hui le résultat de cette enquête, ainsi que mes observations et recherches personnelles.

Une telle consultation, utile en tout temps, présente un intérêt plus immédiat au moment où la crise de quelques industries françaises et la question des blés, des sucres, des vins, etc., préoccupent plus que jamais les nombreux intéressés et les pouvoirs publics.

De plus, notre vigilance doit demeurer en éveil au lendemain du vote par le Reichstag allemand du nouveau tarif douanier et devant l'éventualité du non renouvellement des traités de commerce entre la Russie et l'Allemagne ; les avertissements que les organes du Ministère des Finances de Russie n'ont pas ménagés à l'égard de l'Allemagne peuvent faire entrevoir la possibilité d'une rupture de relations économiques ; cette éventualité créerait une période intermédiaire dont le commerce français pourrait tirer un bénéfice immédiat. En 1893-94, il n'a pas su profiter des neuf ou dix mois de guerre douanière entre les deux empires pour prendre pied en Russie.

D'autre part, la crise économique ouverte en Angleterre par les projets protectionnistes de M. Chamberlain et qui aboutira, suivant le mot du premier ministre, M. Balfour, au renversement de la politique fiscale des cinquante dernières années, cette crise place notre commerce d'exportation devant un double problème de la plus haute importance. Si le système des « tarifs préférentiels » appliqué aux colonies de la Grande-Bretagne était adopté, en entier ou même en partie, il menacerait gravement nos échanges avec l'Angleterre, mais du même coup il resserrerait d'autant les transactions de cette dernière avec les autres pays, et particulièrement avec la Russie, exportatrice, comme les colonies anglaises, de produits agricoles. Nous devons donc nous préoccuper à temps de cette nouvelle perspective que les événements annoncent de plus en plus probable.

Le moment est propice pour tenter en Russie la substitution de nos produits à ceux de nos concurrents et pour montrer plus d'initiative dans la conquête d'un vaste débouché, trop restreint encore, pour ceux de nos articles qui peuvent facilement avoir raison de toutes les concurrences, de tous les obstacles : distances, douanes, etc.

En un mot, mon intention est d'indiquer ici la possibilité et l'urgence de l'alliance économique entre les deux pays, alliés déjà sur le terrain politique, mais pouvant établir une entente aussi profitable, sinon plus, sur le terrain des intérêts commerciaux.

# FRANCE ET RUSSIE

## ALLIANCE ÉCONOMIQUE

### PREMIÈRE PARTIE
#### ENQUÊTE SUR LE COMMERCE FRANCO-RUSSE

### CHAPITRE PREMIER
#### CONSIDÉRATIONS GÉNÉRALES. — LE PASSÉ DU COMMERCE FRANCO-RUSSE.

La méthode rationnelle, pour se rendre compte des causes de l'infériorité du commerce français en Russie, est d'étudier les procédés employés par nos concurrents, particulièrement par les Allemands, qui y font des échanges considérables. Ainsi, sur le commerce général de la Russie qui, dans la période de 1896 à 1898, a été de 3.480 millions de francs en moyenne, le mouvement des échanges avec l'Allemagne se chiffre par 987 millions de francs.

J'ai porté ensuite mon attention sur les produits français susceptibles d'être introduits dans l'Empire et de lutter avec avantage contre les articles concurrents, malgré les droits de douane et les frais de transport, et réciproquement sur les produits russes pouvant être importés en France, sans préjudice pour nos producteurs et à l'avantage de nos consommateurs.

Cette question de l'importation russe a également son intérêt; car, plus les échanges franco-russes croîtront, plus il sera facile d'obtenir des droits préférentiels pour nos produits, en échange de concessions que la France pourrait faire à la Russie. En effet, plus les transactions entre les deux pays deviendront importantes, plus la Russie aura intérêt, pour conserver ses marchés, à abaisser en faveur de nos articles ses tarifs douaniers. C'est ce qu'a pu obtenir l'Allemagne, en échange des mêmes concessions à la Russie.

La question de l'abaissement des frais de transport dépend également, comme on le verra par la suite, de l'accroissement du trafic entre les deux pays.

Tel est le programme d'ensemble que je me suis efforcé de suivre et je relate ici les observations que j'ai recueillies durant mes séjours, en 1900 et 1902, en Russie, où j'ai visité les principaux centres commerciaux et industriels : Saint-Pétersbourg, Moscou, les gouvernements de Toula, Voronèje, Odessa, Kiev, le Caucase, etc.

Tout d'abord, il serait utile de détruire la légende accréditée en France d'après laquelle notre infériorité commerciale en Russie, par rapport à l'Allemagne, résulte d'une longue pratique des transactions entre les deux empires voisins, alors que l'éloignement de la France grève ses marchandises de frais de transport plus élevés.

L'histoire des relations commerciales entre la France et la Russie démontre qu'elles sont déjà suffisamment anciennes et qu'un développement normal aurait dû leur assurer une importance au moins égale à celle dont bénéficient aujourd'hui les nations concurrentes les mieux favorisées.

Dès le seizième siècle, des marchands français achetaient en Russie du poisson, du caviar, et apportaient sur leurs navires du velours, des émeraudes, des perles, du sucre et des denrées coloniales. Si bien qu'à la fin du dix-huitième siècle, les articles français : le vin, les tissus de soie et de laine, jouissaient d'une grande vogue parmi les classes supérieures russes et que cette renommée s'était tellement établie qu'elle n'a pas encore faibli. La preuve en est que nos concurrents vendent aujourd'hui dans l'Empire leurs produits sous la dénomination d' « articles français ».

Nous voyons que, vers le milieu du dix-neuvième siècle, les transactions commerciales, exportation et importation, entre la Russie et la France d'une part, la Russie et l'Allemagne de l'autre étaient d'une importance à peu près égale.

La moyenne à cette époque, de 1841 à 1850, a été de 74 millions de francs pour la France et de 85 millions pour l'Allemagne, soit un écart relativement peu appréciable.

Le développement progressif, dans la seconde moitié du dix-neuvième siècle, des échanges commerciaux entre la Russie et les autres pays de l'Europe, avait pour base son tarif douanier uniforme pour les marchandises de toutes provenances, et cependant aujourd'hui l'Allemagne arrive avec un chiffre d'exportation en Russie de 500.600.000 francs, et d'importation de 420 millions par an, alors que la France n'y exporte que pour 66 millions 660.000 francs, et n'importe que pour 168 millions.

Ainsi, dans ces cinquante dernières années, les échanges de la Russie avec l'Allemagne ont augmenté dans la proportion de 11 fois et demie, et avec la France de trois fois seulement.

# CHAPITRE II

## DROITS DE DOUANE ET TRAITÉS
## DE COMMERCE

La politique protectionniste actuelle de la Russie ne doit pas être, pour le commerce français, un plus grand obstacle qu'elle ne l'est pour celui de l'Angleterre et de l'Allemagne, dont les exportations en Russie sont si supérieures aux nôtres. Je dirai même que, sous le rapport des articles de choix, la France est plus favorisée que les autres puissances ; ses soieries et ses tissus de laine de haute qualité, les articles de modes et de Paris, la ganterie, la bijouterie, les vins, les liqueurs, la parfumerie, etc., qui jouissent d'une renommée ancienne et s'adressent aux classes aisées, peuvent supporter les droits d'entrée les plus élevés.

Lorsque les commerçants français se plaignent que la Russie, pays ami, contrecarre par ses droits d'entrée le développement de nos échanges avec elle, ils semblent oublier ce fait naturel de la politique douanière, que c'est précisément la rareté des transactions qui empêche les concessions mutuelles. Malheureusement, à notre époque d'intérêts économiques, les alliances diplomatiques, les sympathies internationales n'influent pas, — comme on pourrait s'y attendre et comme il faut le souhaiter, — sur la conclusion des traités de commerce.

En juillet 1891, — époque où les relations diplomatiques entre la France et la Russie n'avaient pas encore revêtu leur caractère de cordialité actuelle, — le tarif douanier russe fut unifié dans le sens de la protection nationale de l'industrie et de la production des matières premières. Depuis, les marchandises importées paient des droits d'entrée : les produits alimentaires environ 75 pour 100 de leur valeur, les matières premières et à demi façonnées, 28 pour 100, et les articles manufacturés 27 pour 100. Deux ans après, en juin 1893, la France est la première à conclure avec la Russie une convention complémentaire au traité de commerce de 1874, lequel, ne l'oublions pas, lui accorde déjà le traitement de la nation la plus favorisée, et en vertu de laquelle le tarif douanier russe est abaissé dans la proportion de 10 à 25 pour 100 sur *cinquante-deux* articles français, en échange d'une réduction de taxe de notre tarif portant sur le naphte et ses produits de distillation *seuls*.

Quel est, à ce moment, le chiffre de notre exportation en Russie? Il est de près de 74 millions. Dans quelle mesure l'exportation a-t-elle profité des réductions de droits obtenus ?

En 1894, elle se chiffre par 75.430.000 fr.
En 1895, . . . . . . . . . . . 60.800.000 »
En 1896, . . . . . . . . . . . 62.400.000 »
En 1897, . . . . . . . . . . . 65.860.000 »
En 1898, . . . . . . . . . . . 72.260.000 »

soit en moyenne 67.360.000 francs.

La vente des marchandises françaises en Russie, loin d'augmenter, a donc diminué.

D'autre part, quelques mois après la France, en février 1894 (à la suite de longues négociations, — dit le document officiel russe où je puise ces dates), l'Allemagne conclut avec la Russie un traité de commerce et de navigation, stipulant l'abaissement du tarif conventionnel russe sur *cent trente-cinq* articles allemands, en échange du traitement de la Russie comme nation la plus favorisée. En 1883, l'Allemagne exportait en Russie pour 200 millions 000.000 francs ; cinq ans après, son exportation se chiffrait par près de 400 millions 000,000 francs, c'est-à-dire presque le double.

On voit l'énorme différence des avantages que la France et l'Allemagne ont respectivement tirés de leurs récents traités commerciaux avec la Russie (1).

Mais, — objectera-t on, — la réduction de tarif a porté sur 135 articles en faveur de l'Allemagne, et sur 52 articles seulement en faveur de la France. Parfaitement. Cette situation douanière créée aux deux pays par la Russie

(1) Suivant les calculs du *Messager des Finances*, que résume et commente M. Apostol, dans le *Marché financier* (*Année économique et financière*, *1901-1902*, publiée par M. A. Raffalovich), le profit tiré par l'Allemagne de ses importations en Russie en 1899, dernier exercice annuel sur lequel on possède des données complètes, est de 29.600.000 marks, comprenant seulement les 107 marchandises allemandes (sur 135) auxquelles ont été accordées des détaxes en vertu du traité de 1894.

est la conséquence logique de l'importance des échanges commerciaux. D'un côté, le nombre et la valeur totale des produits exportés par l'Allemagne sont bien plus considérables que ceux de la France ; les concessions mutuelles de chaque partie contractante devaient donc être proportionnées à l'étendue du trafic. D'autre part, l'exportation de la Russie était, en 1893, de 165.948.200 francs en France et de 348.933.200 francs en Allemagne, c'est-à-dire qu'elle vendait à cette dernière plus du double que ne lui achetait la France. Les concessions si importantes faites à l'Allemagne par le traité de 1894 ne furent nullement défavorables au commerce russe. Au contraire, son exportation en Allemagne monta à 480 millions de francs en moyenne pour la période triennale de 1896-1898 ; son exportation en France en resta à 168 millions de francs. Donc, l'exportation de la Russie en Allemagne, par rapport à son exportation en France, de double qu'elle était en 1894, est devenue triple (1).

(1) Tous les chiffres cités concernant les échanges commerciaux de la Russie ne comprennent pas le commerce extérieur de la Finlande. Il est bon de faire remarquer qu'en

Enfin, la Russie a une raison primordiale d'étendre son négoce avec l'Allemagne : c'est l'importance de son commerce de céréales ; elle en tire la plus grande part de ses revenus, et sa population rurale, qui forme plus de 90 pour 100 de ses habitants, en vit. En effet, elle exporte actuellement, en moyenne, 8 milliards de kilogrammes par an, pour la valeur de 354 millions de francs, c'est-à-dire pour plus de moitié de la valeur de son exportation totale. Or, l'Allemagne lui achète annuellement 2 milliards et demi de kilogrammes de céréales, l'Angleterre plus de 2 milliards, la Hollande plus de 1 milliard, l'Italie 600 millions, et la France 500 millions seulement. Les droits élevés dont cette dernière frappe les blés font donc également obstacle aux transactions franco-russes.

Ces échanges demeurant plus ou moins stationnaires, les deux nations ne voient pas l'urgence de concessions réciproques. Mais le jour où, à l'exemple de leurs rivaux, les Fran-

y comprenant ce pays, la différence du trafic total de l'empire russe au profit de nos concurrents est encore plus saisissante. Ainsi, le total des transactions entre l'Allemagne et la Russie avec la Finlande, a été, en 1898, de 1.393.630.000 fr.

çais sauront faire l'effort voulu pour l'extension de leur trafic avec l'étranger (les Russes, eux, vendent quand même en France, malgré tous les droits protectionnistes, trois fois et demi plus que ne vendent les Français en Russie : 223,460,000 francs, contre 63,460,000 francs en moyenne pour la période de 1891 à 1898), ce jour-là les barrières douanières s'abaisseront des deux côtés, par la force des choses.

Est-ce à dire, toutefois, que les transactions commerciales ou financières entre peuples doivent s'effectuer en dehors de toutes considérations d'ordre politique, que l'entente douanière doive se faire indifféremment entre amis ou adversaires, pourvu que chacun y trouve son compte? Évidemment non. Un accord durable entre nations ne saurait avoir de base réellement solide qu'en s'appuyant sur un intérêt constant, immédiat, qui n'est pas seulement la sécurité dans la paix et le prestige moral, mais encore le bien-être que procurent une industrie et un commerce florissants. Dès lors, il est évident qu'une alliance diplomatique, se manifestant par intermittences ou ayant un but problématique et lointain en cas de conflit armé, ne réalise toute sa portée qu'en reposant sur l'intérêt palpable, proche, des relations économiques quotidiennes.

Les troubles apportés dans les relations politiques des puissances de la triple alliance par le nouveau tarif allemand, nous en fournissent la preuve. Déjà, en prévision d'une guerre douanière contre l'Allemagne, l'Italie cherche à se rapprocher de la France et de la Russie, et l'Autriche-Hongrie de la Russie. Un discours de M. Prinetti, ministre des affaires étrangères d'Italie, a donné même clairement à entendre que cette guerre douanière pourrait être le prélude de la fin de la triple alliance.

D'autre part, on ne saurait méconnaître le fait que l'épargne française s'est portée de préférence sur l'achat des fonds russes depuis les premières manifestations amicales entre les deux pays. Un journal qualifié, le *Novoïe Vremia*, confesse que la Russie, depuis l'alliance franco-russe, s'est libérée de la bourse allemande grâce au passage d'une partie notable de la dette russe entre les mains du rentier français. « Les Français y ont gagné, — dit ce journal, — et nous aussi, en nous émancipant du joug que les financiers allemands faisaient peser sur le crédit russe. »

Ce sont là des faits certains. Mais il est non moins certain que si les gouvernements peuvent conclure un accord politique en vue d'événements futurs et d'une action prévue d'avance, un traité de commerce ne saurait être que la consécration d'une situation commerciale internationale suffisamment acquise. Autrement, toute demande de réduction de tarifs se heurterait à cette objection judicieuse : Quelle utilité y aurait-il, en présence de transactions insignifiantes, à consentir à des réductions de tarifs que d'autres pays, dont le trafic avec nous est bien plus considérable, s'empresseraient de réclamer? C'est donc aux intéressés, aux commerçants d'abord, à ne pas s'arrêter devant l'obstacle qu'ils croient trouver dans les tarifs, afin que leur gouvernement puisse valablement réclamer et obtenir les concessions souhaitées. Il serait alors aisé de faire valoir la solidarité qui existe entre les intérêts économiques et politiques.

Il est cependant des cas où l'imminence d'un danger commun, aussi bien dans le monde des affaires que dans la politique, oblige ceux-là mêmes qui n'en prévoyaient pas d'abord la nécessité à se serrer les coudes. Ce danger se présente aujourd'hui sous la forme du nouveau tarif allemand, qui menace la plupart des pays de l'Europe, y compris la Russie et la France. Nous voyons la première, une des plus intéressées, menacer à son tour l'Allemagne et chercher à s'entendre avec l'Autriche, avec l'Italie, voire avec l'Angleterre. C'est avec d'autant plus de raison que la diplomatie de nos deux pays pourra saisir cette occasion pour consolider la double alliance par un accord douanier et prendre cette fois l'initiative des concessions mutuelles que commande la situation. Il faut espérer que la diplomatie française ne s'attirera plus alors le reproche que lui a valu le traité de commerce de 1893, d'avoir insuffisamment combiné les catégories et la tarification des articles français les plus profitables à nos intérêts. Pour ne citer qu'un exemple, les droits de douane ont été fixés à 5 fr. 60 par bouteille de vin mousseux, et 1 fr. 80 par bouteille de vin non mousseux.

Par contre, lorsque le ministre des finances de Russie, répondant aux désirs des viticulteurs français, voulut abroger, en 1900, la surtaxe de 50 pour 100 sur les vins en fûts, — ainsi qu'on le verra plus loin, — cette réduction porta sur la catégorie de vins ne dépassant pas 13 degrés. Ainsi, seuls, les vins français pouvaient en profiter, tandis que ceux d'Espagne et d'Italie, titrant davantage, demeuraient soumis à la surélévation de taxe.

On le voit, il ne s'agit pas seulement d'obtenir des exemptions ou des diminutions de droits, mais de savoir combiner les tarifs avec la nomenclature des articles, de manière que ces concessions soient consenties en faveur non-seulement de tel produit, mais encore de tel pays, à l'exclusion des autres.

Ainsi, les gouvernements peuvent et doivent encourager, faciliter et appuyer les efforts tentés par l'initiative individuelle ou collective. Mais, encore un coup, tous les avantages spécifiés dans les traités resteront vains si les intéressés eux-mêmes n'appliquent point l'effort voulu pour en profiter.

Pour ne plus revenir sur cette question de la douane, je signalerai encore la nouvelle loi russe, promulguée en 1901, qui simplifie notablement la procédure douanière. Voici, suivant le *Marché financier* 1901-1902 (1), les principales améliorations apportées au règlement en vigueur.

« La nouvelle loi apporte dans la procédure douanièrequelques simplifications essentielles très appréciables, dont la principale consiste dans l'autorisation accordée de vérifier les marchandises d'après leurs factures authentiques d'origine ou d'après les copies dûment légalisées. La désignation des marchandises sous les dénominations spécifiées dans le tarif douanier russe, qu'on avait jusqu'ici exigée des destinataires, sera à l'avenir à la charge des fonctionnaires douaniers, ce qui constitue pour les commerçants un important soulagement et écarte en même temps les nombreuses erreurs dans la rédaction des documents, erreurs qui avaient jusqu'à présent servi de prétextes à diverses amendes. De plus, les factures ne devront pas nécessairement être présentées personnellement, comme c'était jusqu'ici le cas pour les déclarations ; elles pourront être envoyées par la poste, et par la même voie la douane fera connaître au desti-

(1) *Le Marché financier*, publié par M. Raffalovich ; chapitre *Russie*, par Apostol, p. 588.

nataire les résultats détaillés de la visite et le compte des taxes qu'il a à payer; en outre, le destinataire, en envoyant le montant des droits, pourra expédier ses marchandises sur tel point que bon lui semblera, ce que la douane devra faire sans le moindre retard. Par ce fait se trouve sensiblement écartée la nécessité d'avoir recours aux expéditeurs, quoique, durant les premiers temps, il sera à peine possible de se passer de leur intermédiaire jusqu'à ce que les nouveaux règlements douaniers soient suffisamment connus de tous.

'» Pour les autres modifications apportées par la nouvelle loi, le mode de l'imposition des amendes mérite une attention particulière. En effet, non seulement les proportions de celles-ci sont sensiblement réduites, mais quantité de prétextes à leur imposition sont supprimés. Quant aux irrégularités relevées dans les factures, dont le destinataire était antérieurement tenu responsable, les amendes en seront à l'avenir recouvrées sur la marchandise même, de même que ce sera le vrai coupable de l'irrégularité, qui en supportera les conséquences. »

En somme, la nouvelle loi tend à éviter des tracasseries inutiles et à faciliter les transactions avec la Russie (1).

Enfin, l'ambassade française à Saint-Pétersbourg conseille aux négociants français, pour éviter des déboires, de soumettre préalablement aux autorités consulaires françaises en Russie un échantillon du nouveau produit qu'ils veulent exporter, en leur demandant des indications précises sur sa tarification (2).

(1) Les intéressés pourront trouver la traduction de cette loi dans le *Moniteur officiel du Commerce* de 1901.

(2) Je parle plus loin du nouveau tarif général publié par le Gouvernement russe le 16 (29) janvier 1903. Dans ce chapitre, consacré aux droits de douane, il est utile de faire remarquer que, d'après la note officielle, la nouvelle loi fiscale ne spécifie point le jour de son entrée en vigueur; son application dépendra de l'esprit plus au moins conciliateur que manifesteront les Etats avec lesquels la Russie va renouveler les traités de commerce. Comme, d'autre part, le tarif conventionnel existant (dont jouit notamment la France) continue à demeurer obligatoire « jusqu'à l'expiration d'une année, à partir du jour où l'une ou l'autre des parties contractantes l'aura dénoué », on peut dire que le nouveau tarif général n'apporte point de modification immédiate à la convention franco-russe de 1893.

# CHAPITRE III



Les frais de transport des marchandises de France en Russie, et vice versa, ne constituent pas davantage un empêchement au développement du commerce entre les deux pays. En effet, il ne faut pas oublier que le trafic extérieur de l'Empire se fait, par voies maritimes, à raison des deux tiers de la somme totale pour l'exportation et de la moitié de l'importation. Ainsi, en 1897, la Russie a exporté en tout pour 1,937,600,000 francs de marchandises, dont 1,376 520,000 francs par voie de mer ; et sur 1,493,200,000 francs de marchandises importées, elle a reçu par voie de mer pour 772 millions. Il faut noter également que dans le mouvement de marchandises effectué par les frontières terrestres, celles d'Asie occupent une grande place, puisque le commerce avec la Chine et la Perse seulement s'élève, dans ces dernières années, à plus de 213,200,000 francs, sur lesquels il convient cependant de déduire une minime quantité d'échanges par mer entre ces pays et la Russie.

Or, dans les transports par mer, les dépenses les plus importantes sont occasionnées par le chargement et le déchargement des bâtiments, les divers droits de navigation, etc., tandis que, sur un long trajet, un parcours de quelques centaines de lieues de plus ou de moins n'a qu'une répercussion peu sensible sur le coût total du transport. La preuve en est que l'Angleterre, qui est à la même distance de la Russie que la France des ports russes du Nord, et bien plus éloignée des ports du Midi, entre cependant pour 692 millions par an dans le mouvement du commerce extérieur de la Russie, pendant la période de 1896 à 1898. Les États-Unis eux-mêmes participent à cet échange avec la Russie pour 57 millions par an. Bien plus, l'Allemagne, voisine territoriale immédiate de la Russie, attribue à cette dernière le premier rang parmi les pays dont

le commerce extérieur avec elle « est principalement maritime. » (Voir *le Catalogue officiel
de la section allemande de l'Exposition Universelle de 1900*, page 30.)

Appuyons cette constatation de quelques
chiffres qui font ressortir le mouvement
des navires dans les ports russes en 1898,
soit : les navires anglais dans une proportion
de 27,5 %, les allemands de 11,8 % et les
français de 2 % seulement.

D'autre part, le chiffre du tonnage des navires est le plus considérable dans la mer
Noire et dans la mer d'Azov, soit, pour l'année 1897, de 5,274,000 tonnes, tandis que dans
la mer Baltique, il est de 3,473,000, sur un
tonnage total de 9,062,000 des navires qui
fréquentent les ports russes. Comme seules
parmi les pays du Midi, l'Italie et la Turquie
font un commerce maritime avec la Russie,
et que le nombre de leurs navires n'y entre
que dans une proportion de 6,3 %, que, de
plus, tous les autres bâtiments appartien-
nent aux nations du Nord, il faut donc que
les bateaux anglais, allemands, suédois et
norvégiens, danois et hollandais, fassent le tour
de l'Europe pour que la balance du commerce

maritime penche en faveur de la mer Noire.

Donc, si la France n'entre, dans le mouvement des ports russes, que dans la proportion de 2 %, c'est qu'elle le veut bien, puisque, sous ce rapport, elle est dans une situation géographique plus favorable que ses concurrentes (1).

Il est vrai que les tarifs de transports français, tant par terre que par mer, sont relativement plus élevés que ceux des autres pays. Mais ceci est déjà une question de commerce intérieur et il dépend des intéressés de faire l'effort nécessaire pour obtenir des conditions plus favorables. Ils peuvent, en attendant, recourir aux services des Compagnies de navigation étrangères, sensiblement moins chères. En voici un exemple suffisamment probant. L'ambassade de France à Saint-Pétersbourg, ayant eu à faire venir du mobilier de Paris, s'adressa naturellement tout d'abord à une Compagnie française (2) ; mais elle dut

(1) D'ailleurs, pour la France également, les transports par mer sont de beaucoup supérieurs aux transports terrestres, les seuls bureaux de douanes de Marseille et du Havre entrant pour plus du tiers dans le chiffre total des importations et des exportations.

(2 Il faut noter qu'il n'existe pas de service régulier, assuré par des Compagnies françaises.

y renoncer en faveur d'une Compagnie finlandaise, avec une économie de plus d'un tiers.

Ce que j'ai voulu démontrer ici, comme je l'ai fait pour les tarifs douaniers, c'est que l'éloignement de la France ne saurait être une raison à invoquer pour justifier le peu de développement de son commerce avec les ports russes.

De mes investigations personnelles et de mes conversations avec M. le comte de Vauvineux, le si actif et si compétent conseiller de l'Ambassade de France à Saint-Pétersbourg (aujourd'hui ministre plénipotentiaire à Belgrade), il résulte qu'on pourrait dès à présent s'entendre avec la Compagnie de navigation finlandaise, dont les bateaux, qui vont jusqu'à Marseille en faisant escale à Cette, Bordeaux, La Rochelle, le Havre, reviennent à Saint-Pétersbourg souvent à vide. Il serait donc facile d'obtenir d'elle des conditions avantageuses pour le transport de nos marchandises.

D'autre part, le Gouvernement et les Compagnies de transport russes dirigent leurs efforts vers un accord entre les lignes ferrées et maritimes, qui permettrait la concordance du transit entre les chemins de fer et les bateaux et, afin de gagner du temps, simplifierait les formalités de dédouanement en y procédant, non pas dans les ports de débarquement, mais au point terminus de destination, quand celui-ci comporte une douane.

Je me trouvais à Saint-Pétersbourg, en mai 1900, précisément au moment où se tenait un congrès des représentants des chemins de fer et des Compagnies de navigation russes, en vue d'étudier la question de l'établissement de communications directes entre les ports de la mer Noire, de la mer de Marmara et de la Méditerranée et particulièrement entre Odessa et Marseille, et les stations des chemins de fer de la Russie et de la France. Or, le Bureau russe des communications internationales par voies ferrées a fait connaître au Congrès que de ses recherches il résulte que l'exportation des marchandises russes en France dépassant de beaucoup les exportations de la France en Russie, il est malaisé aux Compagnies de navigation russes d'assurer un transport régulier avec les ports français, rien ne garantissant aux bateaux leur fret de retour. Aussi, les Compagnies de chemins de fer négocient-elles avec les Compagnies de navigation pour obtenir d'elles l'établissement de lignes directes entre les ports méridionaux russes et français. Suivant le projet adopté, ces lignes devaient être établies d'un commun accord entre la Société russe de navigation de commerce et la Compagnie des Messageries maritimes (1).

Mais, déjà, dès la fin de l'année 1899, cette Compagnie russe a créé un service à marche rapide entre Odessa et Marseille. Ses bateaux font escale dans les ports d'Italie, à Catane, Messine, Livourne, Gênes, Naples, et malgré cela le trajet s'effectue en douze jours seulement. Le nombre des bateaux de cette ligne vient d'être augmenté.

On vient de créer, d'autre part, au Nord, une nouvelle ligne reliant directement, par le canal de Kiel, Revel à Londres. Ses bateaux, hebdomadaires, sont rapides, confortablement installés pour les voyageurs et pourvus d'ap-

(1) J'ai pu me procurer le projet de cet accord, et j'y ai constaté la participation de la majeure partie des Compagnies de chemins de fer russes d'une part, et de l'autre de la Flotte volontaire et de la Société russe de Navigation et de Commerce, toutes deux largement subventionnées par l'État.

pareils frigorifiques pour le transport des produits susceptibles de s'avarier. On verra plus loin le profit qu'en tirent les importateurs anglais.

C'est donc là un nouveau moyen à utiliser par le négoce français.

Quant à employer les lignes françaises entre Marseille et Odessa, dont le service n'est d'ailleurs assuré que par un départ bi-mensuel de bateaux des Messageries maritimes, leur tarif élevé y met malheureusement obstacle. Aussi, tandis que les bateaux français vont de Marseille à Odessa chargés à demi ou même au tiers, et reviennent à vide, les bateaux anglais ou norvégiens font le même trajet presque toujours à chargement complet, tant à l'aller qu'au retour. La raison en est que les compagnies françaises procèdent trop administrativement, que le personnel des bateaux est bien plus nombreux que sur ceux des concurrents et que les agents des ports, de même que les capitaines, attendent le bon vouloir des expéditeurs et se retranchent toujours derrière un tarif invariable. Ce sont de parfaits gentlemen ; le pont du bateau brille comme le parquet d'un salon et il ne saurait être question de l'encombrer ou de le souiller par un transport de volailles en cage, par exemple, ou bien des moutons, qu'on ne peut loger dans la soute. Autrement agissent les agents et capitaines anglais qui se remuent, cherchent et provoquent par tous les moyens le fret, concèdent sur leurs tarifs les réductions possibles ; ce qui leur est d'ailleurs plus aisé qu'aux Français, parce que leur personnel de bord est le plus souvent deux fois moins nombreux. Enfin, quand les soutes sont pleines, les capitaines ont encore intérêt à occuper le pont, parce qu'ils bénéficient de 30 % sur le transport des marchandises dont ils le couvrent. Les expéditeurs français eux-mêmes ont généralement recours aux compagnies étrangères et, pour n'en citer qu'un exemple, les 30 millions de tuiles que nos fabriques expédient annuellement de Marseille à Odessa sont transportés par les Anglais.

Nos relations maritimes avec la Russie dépendent donc en grande partie des étrangers. Les Russes, eux, s'aperçoivent de plus en plus de ce grave inconvénient et s'efforcent de réagir pour s'affranchir de cette tutelle forcée, particulièrement de celle des armateurs anglais.

Dernièrement, les exportateurs de blés et autres produits agricoles ont poussé un cri d'alarme devant la menace qui leur était faite par les armateurs britanniques de changer les conditions de transport de marchandises, établies par la Conférence de Londres de 1890. L'application de ce nouveau règlement serait la ruine du commerce des céréales russes. Il suffit de dire que ces armateurs ne veulent plus s'astreindre à l'obligation de débarquer leur cargaison au port indiqué sans qu'il leur soit permis de se prévaloir d'un empêchement quelconque ; désormais, ils tiennent à pouvoir arguer de cas de force majeure qui se présenteraient, en laissant à la charge des exportateurs les dépenses subséquentes. Ils se refusent à supporter les conséquences des avaries, même si elles proviennent de la faute du capitaine ou de son équipage, ou d'un mauvais aménagement du navire. En un mot, on veut imposer aux exportateurs russes des conditions arbitraires parce qu'on se sent maître de tous les moyens de transport maritime.

Le *Novoïé Vrémia*, qui se fait l'écho des craintes de ses compatriotes menacés, dit que, quant aux transports maritimes, les Russes sont complètement entre les mains des compagnies étrangères; et le journal russe prévoit le cas où « les étrangers qui nous rendent le service très onéreux de transporter nos marchandises par mer, s'y refuseraient pour une raison quelconque et pourraient ainsi nous ruiner. » Et c'est l'agriculture qui aurait particulièrement à en souffrir, puisque c'est elle qui constitue le principal élément de l'exportation russe en général, et par la voie maritime en particulier.

Aussi, pour parer à cette éventualité, est-il plus que jamais urgent pour les intéressés russes et français de se libérer de toute tutelle étrangère dans leurs échanges commerciaux.

A côté des efforts que j'ai signalés en vue d'une entente entre les Compagnies maritimes russes et françaises, une autre combinaison se présente. Au cours de mon étude, à Saint-Pétersbourg et à Odessa, de la question des prix de transport entre les ports français et russes, la Direction d'une importante Compagnie de navigation dans les mers Noire et d'Azov m'a fait part de son projet de s'entendre avec des armateurs français en vue de fonder une Société maritime franco-russe pour le transport des marchandises à des prix qui permettraient au commerce des deux pays de prendre tout son essor.

Cette combinaison offre l'avantage de donner licence à des navires français de naviguer sous pavillon russe et de jouir, par suite, de tous les droits afférents. En effet, dans le but de développer le cabotage national, une nouvelle loi a été promulguée et est entrée en vigueur depuis le 1er janvier 1900. Elle accorde le privilège exclusif au pavillon russe pour le transport d'un port de l'Empire à un autre, même appartenant à des mers différentes, comme par exemple entre Saint-Pétersbourg et Odessa, ou Saint-Pétersbourg et Vladivostok. Ainsi, il n'est plus permis à aucun navire étranger de faire le tour de l'Europe ou de l'Asie, en ayant pour points de départ et d'arrivée des ports russes. Certes, cela n'empêchera pas les bâtiments étrangers de communiquer entre la mer du Nord et la mer Baltique, ni entre la Méditerranée et la mer Noire, et vice versà ; néanmoins, c'est là une restriction qui les gênera pour effectuer le plus long trajet entre les ports russes, leur permettant de réduire au minimum les frais de navigation. C'est donc à cet inconvénient qu'on pourrait obvier en créant la Compagnie franco-russe en question, et du même coup, grâce à des arrangements spéciaux pris par les deux parties, appuyées par leurs Gouvernements, on pourrait placer le commerce français dans une situation privilégiée.

En effet, j'ai eu l'occasion de parler de ce projet à M. de Kovalevsky, adjoint du Ministre des Finances de Russie et Chef du département du Commerce et de l'Industrie (1), et il s'est montré tout disposé à en faciliter la réalisation : entrée de représentants français dans le Comité de direction de la Compagnie, modification des statuts actuels de cette Compagnie, autorisation d'émission de nouvelles actions, possibilité d'obtenir une subvention de l'Etat, etc.

(1) Aujourd'hui remplacé par M. Timériazev, qui a été agent du Ministère des Finances de Russie à Berlin, négociateur du traité de commerce de 1894 avec l'Allemagne, commissaire général de l'Exposition nationale de Nijni-Novgorod en 1896, etc. Chargé à cette dernière occasion d'étudier les forces productives de la Russie, j'ai pu à plusieurs reprises m'entretenir avec ce haut fonctionnaire et me convaincre également de son réel désir d'aider au développement des transactions franco-russes.

J'aurai d'ailleurs à constater, en temps opportun, la bienveillance que les autorités russes compétentes ont montrée chaque fois qu'au cours de mes missions, il s'est agi de rechercher de nouveaux moyens pour favoriser le commerce français sur le vaste marché de l'Empire.

En somme, après cet examen des objections formulées par nos négociants, il ressort clairement, je l'espère, que ni l'ancienneté du négoce allemand, ni la distance, ni les tarifs douaniers, ne sont, même dans l'état présent, des empêchements réels à l'exportation de nos produits en Russie.

# CHAPITRE IV

## ENQUÊTE AUPRÈS DES AGENTS DIPLOMA-TIQUES ET CONSULAIRES ET DES NÉGOCIANTS FRANÇAIS.

**Procédés et modes de vente : Syndicats, agences, comptoirs, commis-voyageurs, crédit et renseignements commerciaux. — Procédés des Allemands.**

Quelles sont donc les véritables raisons des la stagnation si routinière des affaires commerciales entre les deux pays ? Elles sont diverses et nombreuses. Mais je ne rappellerai que très brièvement ce qui a déjà été dit et redit, — avec une insistance malheureusement trop justifiée, — dans des rapports substantiels et probants des consuls, des conseillers du Commerce extérieur de la France,

rapports et renseignements que l'Office national du Commerce extérieur, sous la direction
expérimentée de M. Collin Delavaud, propage
avec persistance dans ses publications pério-
diques ou ses communications verbales et
écrites, trop peu consultées par le public inté-
ressé. Je ne m'arrêterai qu'à des faits personnellement observés ; je ne citerai que les
documents et les renseignements que j'ai
recueillis, en les étayant parfois de citations
empruntées à des publications officielles, seulement dans le but de donner une vue d'ensemble de notre négoce en Russie.

Le moyen rationnel de se rendre compte de
ce qui nous manque est d'examiner les procédés
employés par nos concurrents plus favorisés,
ou, pour dire vrai, plus actifs : les Allemands
d'abord, les Anglais ensuite.

Ce qui frappe avant tout lorsqu'on arrive à
Saint-Pétersbourg, Moscou ou quelque autre
centre commercial, c'est la multiplicité des
noms allemands inscrits sur les enseignes,
dans les annonces des journaux, dans les catalogues, dans les publications spéciales, dans
les restaurants, sur le tableau des hôtels ; pour
la plupart, ils signalent une agence, un comp-

toir, et sont des noms de réprésentants, de commis-voyageurs. Cette impression se fortifie et se fixe davantage après quelques entretiens avec les représentants diplomatiques et consulaires de la France, les rares commerçants français, les autorités compétentes.et les négociants du pays.

Ma première visite a été naturellement pour l'ambassade de France où, en l'absence de M. de Montebello, c'est M. de Vauvineux qui, avec sa bienveillance accoutumée, a bien voulu me faire part de ses réflexions, résultat de longues années d'observations. Tout d'abord, il m'a affirmé la nécessité, pour les négociants et fabricants français, d'envoyer en Russie des missions commerciales, des commis-voyageurs connaissant la langue du pays, ou du moins se faisant accompagner d'interprètes sûrs. Il préconise également la création d'agences ; le crédit à longue échéance, soit — au lieu de 3 mois, — 6 et 9 mois, et un an ; les renseignements sur la solvabilité des acheteurs, à prendre non pas par l'entremise des consuls, dont ce n'est pas le rôle et qui d'ailleurs n'y suffiraient pas, mais par exemple, par celle des banques de crédit russes ; les annonces et, mieux encore, les publications spéciales. Et, sous ce rapport, l'honorable Conseiller de l'Ambassade approuve pleinement l'idée de la création de l'organe franco-russe projetée par notre Office national du Commerce extérieur.

M. Verstraete, alors attaché commercial à l'ambassade, aujourd'hui directeur de la Banque du Nord, à Saint-Pétersbourg, croit également fort utile cette publication ; il estime seulement qu'il vaudrait mieux ne pas lui donner un caractère officiel, mais une forme plus élégante, plus artistique que n'est le Bulletin de l'Office national, afin d'intéresser davantage le public. Souvent, les commerçants eux-mêmes ne prêtent aucune attention aux journaux techniques qu'on leur envoie, tandis qu'ils s'arrêtent à un article qui traite de leur spécialité sous une forme attrayante, dans une publication littéraire et artistique.

C'est là, en un bref résumé, ce que m'ont répété toutes les personnes compétentes auxquelles je me suis adressé. Mes interlocuteurs ne différaient que sur les détails de la marche à suivre. Ainsi, M. de Vauvineux insiste sur la nécessité de ne créer les agences centrales ou comptoirs dans les principales villes

qu'après y avoir déjà établi des relations directes par l'envoi de missions et de voyageurs.
Il cite à l'appui l'exemple de la mission lyonnaise en Chine.

M. Veillet-Dufrêche, consul général à Moscou, n'a rien pu me dire de particulier que ce
qu'il a déjà exposé dans ses rapports au gouvernement français. Néanmoins, lui aussi se
déclare chaud partisan de la création d'une
publication spéciale franco-russe. Pour plus
ample information, il m'a engagé à aller voir
les conseillers du Commerce extérieur résidant à Moscou, MM. Paul Giraud, Bruyas, etc.

M. Giraud m'a entretenu surtout de la question des renseignements sur la solvabilité des
acheteurs. Il n'a pas caché la difficulté de les
obtenir par l'entremise des commerçants. Soit
réserve confraternelle, soit parce qu'un négociant, pour des causes diverses, est loyal
vis-à-vis de ses compatriotes et peu scrupu-
leux vis-à-vis d'étrangers, les renseignements
qu'il donne sont, pour la plupart, tendancieux.
M. Giraud lui-même fournit toujours les renseignements commerciaux qui lui sont demandés par des amis, mais il ne saurait le faire
avec la même liberté s'il devait répondre à

une institution officielle. Pour lui aussi, la meilleure garantie serait d'envoyer de France des représentants sûrs qui sauraient juger sur place de la situation financière réelle du client.

M. Bruyas, qui a fondé une agence d'importation et d'exportation et créé un dépôt de marchandises françaises, a attiré mon attention sur le peu d'empressement que montrent nos fabricants à lui confier la quantité de marchandises voulues, afin que l'acheteur puisse bien se rendre compte de la valeur des articles et soit mis à même de faire un choix suivant ses besoins. Les objets sont toujours envoyés par quelques unités, et, lorsqu'un des articles trouve un écoulement facile, la nécessité d'attendre de nouveaux envois en paralyse la vente.

Parlant, à son tour, des progrès faits en Russie par le commerce allemand, il m'a signalé les agences fondées par des associations d'industriels allemands sur la base d'un si large crédit qu'elles se chargent même de l'outillage d'entreprises entières, en échelonnant les paiements sur plusieurs années. Elles vont jusqu'à faire construire, sur commande, de grandes usines, des fabriques avec tout leur matériel et, le jour où tout est prêt, il ne reste plus au chef d'industrie qu'à se mettre à l'œuvre et à commencer la fabrication de ses produits.

Les industriels français pourraient donc, eux aussi, user du même moyen, s'associer et fonder en Russie, comme le conseillent également les journaux russes, des comptoirs spéciaux de commission et de placement des produits de l'industrie française.

A ce propos, je rappellerai qu'un de ces journaux, les *Novosti*, était d'avis de faire seconder ces comptoirs par le crédit de banques françaises qui auraient à établir des succursales dans les principaux centres commerciaux de la Russie. Ce serait là une innovation qui donnerait en même temps un emploi rémunérateur aux capitaux français, car les Russes ne paient jamais moins de 8 % la jouissance du crédit. Les *Novosti* préconisaient la création d'une banque spéciale qui ferait aux entreprises industrielles des avantages garantis par l'outillage et leur éviterait de payer des intérêts beaucoup plus lourds aux comptoirs de commissions existants. Depuis, ce vœu a été en partie comblé par la création, en 1901, à Saint-Pétersbourg, de la *Banque du Nord*, qui possède en Russie 12 succursales. Elle fait l'escompte, les prêts sur marchandises, etc. Son concours n'est cependant accordé à l'industrie que dans une mesure exceptionnelle, car elle veut se borner à ses opérations d'escompte ; ce qui ne l'empêche pas de rendre dès à présent des services très sérieux au commerce des deux pays.

M. Sauvaire, consul de France à Odessa, m'a fait part de son opinion sur la question des transports par mer. C'est lui qui le premier, en 1894, a eu l'idée d'une entente entre les compagnies de navigation et de chemins de fer français,—Paris-Lyon-Méditerranée et Messageries maritimes, d'une part, et la Société russe de navigation et de commerce et les chemins de fer russes, de l'autre, — pour le transport direct des marchandises entre les deux pays. La principale difficulté à laquelle se heurtait ce projet était de déterminer le point où aurait lieu la visite douanière, afin de supprimer la longueur et la multiplicité des formalités. Il est à remarquer aussi que la Compagnie des Messageries maritimes n'a pas de subvention du gouvernement français sur sa ligne entre

Marseille et Odessa et que ses bateaux ne fréquentent ce dernier port qu'une fois toutes les
quatre semaines, ce qui est plus qu'insuffisant pour l'importance du transit actuel. Nombreuses aussi sont les formalités à la douane
d'Odessa et considérable la perte de temps
pour aller en retirer les colis (1).

M. Pijotat, Conseiller du Commerce extérieur à Odessa, est, comme M. Bruyas à Moscou, chef d'une maison de commission pour
l'importation et l'exportation et le seul commerçant français qui ait fondé un comptoir
dans le midi de la Russie. De mon entretien
avec lui, il résulte qu'il n'est nullement soutenu par les négociants français. Lui aussi
est d'avis que ces derniers pourraient traiter
d'importantes affaires avec la Russie s'ils voulaient créer des dépôts pour leurs marchandises et attendre le temps suffisant pour obtenir des résultats. En effet, étant donné
l'avance considérable acquise par les concurrents allemands, anglais et américains
sur les Français, le marché russe est lent à
reconquérir. Il faudrait combiner les efforts

(1) Nous avons vu plus haut que le nouveau règlement de
douane simplifie notablement ces formalités.

d'un agent principal, qui habiterait un centre,
avec ceux des commis-voyageurs rayonnant
dans toutes les contrées. L'agent dirigerait
ces derniers et saurait obtenir les renseignements nécessaires sur la solvabilité des clients.
Seulement, le commerçant français ne doit
pas se confier à des agences de nationalité
étrangère, mais à des Français ou à des Russes.
La mauvaise renommée du client russe, souvent prétexte pour nous à manquer de har-
diesse, est de beaucoup exagérée. Il y a quantité
de très bons clients : il faut savoir les trouver,
ce qui n'est pas difficile pour un agent habile
connaissant la place. Ainsi, pour ne citer
qu'un exemple, la maison Gall, de Marseille,
qui vend par gros stocks des huiles grasses,
envoie des voyageurs. Par contre, une autre
maison française a refusé une forte commande
pour Vladivostok, faite par l'entremise de
M. Pijotat et d'un bon client d'Odessa, en
alléguant que Vladivostok est trop loin et que
les commerçants russes sont « chicaneurs. »

A Odessa encore, je me suis entretenu avec
M. Eissen, également Conseiller du Commerce
extérieur et chef de l'importante maison Houl-
lier-Blanchard, qui traite de grandes affaires

de machines agricoles. Malheureusement, m'a
dit M. Eissen, ce sont des machines américaines
et allemandes qu'il vend, car les Français ne
peuvent rivaliser en raison du prix élevé qu'ils
exigent. Cependant, d'autres machines, non
agricoles, pourraient trouver un écoulement
facile si les commerçants français voulaient
se contenter d'un bénéfice moindre et accorder
un crédit de 6, 9 et même 12 mois. En un
mot, M. Eissen m'a signalé, comme toutes
les autres personnes interrogées, les mêmes
défauts dans nos procédés. Je ne retiendrai
encore de cet entretien que la remarque touchant la question des renseignements commerciaux. On pourrait recourir, à cet effet, aux
banques locales et, à Odessa notamment, à
l'Agence du Crédit Lyonnais. En effet, j'ai pu
me convaincre, à la suite d'une démarche per-
sonnelle, que cette agence serait toute disposée à fournir les renseignements voulus.
Il est à présumer que la Banque du Nord
avec ses succursales, dont le but est précisément de faciliter les opérations de crédit entre
les deux pays, ne refuserait non plus son
appui dans ce sens.

A Kiev, en l'absence de M. Sicard, agent

consulaire de France, j'ai rencontré son parent, directeur d'une banque. Je passe sur diverses considérations relatives à la mollesse d'entreprise du commerce français, à la nécessité de se plier aux exigences du client russe, etc. C'est là le *leit motiv* de toutes les conversations avec les personnes compétentes. Je noterai seulement qu'à titre de directeur de banque, mon interlocuteur est également disposé à fournir des renseignements sur la solvabilité des clients. Il m'a affirmé qu'en général il fallait se défier des entreprises nouvelles et, par exemple, ne leur livrer qu'avec prudence des machines coûteuses. Il lui suffirait donc, à une demande, de répondre ces mots : « entreprise nouvelle », pour engager le fournisseur à s'entourer de certaines garanties. Quant à la question des agences, son cousin, M. Sicard, l'agent consulaire de France, se chargerait volontiers d'en établir une pour la vente des sucres français en Russie.

# CHAPITRE V

## ENQUÊTE AUPRÈS DES AUTORITÉS RUSSES

Leurs dispositions favorables à l'égard du commerce français. — Missions françaises. — Patentes des commis-voyageurs. — Progrès relatif de l'importation française en Russie.

Les autorités et les négociants russes, que j'ai également consultés, m'ont exprimé tout leur désir de voir la nation amie regagner le terrain perdu sur leur marché, tant au point de vue de l'excellence des produits français, depuis si longtemps appréciée, qu'au point de vue des relations politiques, lesquelles ne pourraient que bénéficier de la fréquence de ces rapports. Seuls, les Français ont joui de cette faveur spéciale d'avoir pu organiser, au centre même de la fabrication russe, une exposition particulière de leurs produits : l'Exposition de Moscou en 1893.

Le ministre des Finances, M. de Witte, que j'avais particulièrement intérêt à voir au sujet de l'entrée en franchise dans l'Empire, tant au point de vue de la censure qu'à celui de la douane, de la publication franco-russe projetée, me fit un accueil très bienveillant. Tout en faisant remarquer que les questions de censure sont de la compétence du Ministère de l'Intérieur, il voulut bien promettre de nous aider à obtenir l'autorisation nécessaire. Ce point avait son importance, car on sait qu'en vertu de la Convention postale, signée il y a quelques années, la Russie interdit complètement l'entrée sous bande de publications imprimées en langue russe.

Par la même occasion, j'entretins le Ministre de la possibilité d'obtenir l'entrée, franc de droits, des automobiles en Russie. Je fis ressortir que l'industrie française peut seule, aujourd'hui, fournir dans des conditions avantageuses de prix et de qualité ce nouveau moyen de locomotion et que, d'autre part, elle ne ferait aucune concurrence à la production russe, attendu que celle-ci n'existe pas encore.

Le Ministre m'objecta que les automobiles devaient quand même payer des droits, parce qu'objets de plaisir pour les riches, ils pouvaient, comme tels, être imposés. Comme j'observais que les automobiles sont aussi un moyen de transport pour les voyageurs en commun et pour les marchandises, ce que la Russie tend à augmenter de plus en plus, M. de Witte me fit à son tour remarquer que les locomotives paient, bien qu'elles soient dans le même cas, et que, par conséquent, il ne voyait pas la raison d'en exempter les automobiles. « Les gens fortunés qui veulent se procurer ce plaisir peuvent parfaitement sacrifier quelques roubles de plus, » — ajouta le Ministre avec un sourire.

C'est évident, et il s'agit là d'une simple mesure fiscale en vue d'augmenter les ressources de l'Etat, et non de la protection d'une industrie nationale. On applique déjà une taxe assez élevée à des produits alimentaires tels que le thé, le café, le cacao, les condiments, les oranges, etc., dans le but d'imposer indirectement les classes aisées de la population. Mais, en ce qui touche les automobiles, la question ne vise pas seulement les amateurs ; il y a une application bien plus importante de ce nouveau moyen de locomotion, là où le transport des voyageurs en commun et des marchandises est encore si peu développé.

La raison fiscale invoquée par M. de Witte ne saurait être opposée, dans ce cas, aux intérêts économiques primordiaux du vaste Empire. On conçoit que le ministre des Finances se soucie d'accroître les ressources budgétaires ; mais encore ne faut-il point, pour une insignifiante recette supplémentaire, ralentir l'essor de l'agriculture, du commerce et de l'industrie pour lesquels, sans parler de la commodité de tous, l'insuffisance des voies de communication est à l'ordre du jour. Le ministre des Finances ne se souvient peut-être pas assez qu'il est aussi le chef du département du Commerce et de l'Industrie, et ils semblent bien ne pas avoir tort, ceux qui signalent l'inconvénient de la concentration entre les mains d'un seul homme d'Etat, si compétent et si remarquablement doué soit-il, de la direction de plusieurs ministères, de toute la vie économique, si complexe aujourd'hui, d'un grand pays.

En somme, le Gouvernement impérial aurait intérêt à favoriser le libre accès des automobiles, ce qui est d'ailleurs, — comme on le verra plus loin au chapitre consacré à cette question, — l'avis du prince Hylkov, ministre des voies et communications, avec lequel j'ai eu à ce sujet un long entretien. Il est donc à présumer qu'il ne serait pas difficile d'obtenir des concessions sérieuses sur ce terrain, puisqu'ici nous n'apparaissons pas comme concurrents et qu'il s'agit d'une amélioration aussi importante des moyens de communication de la Russie.

D ailleurs, malgré le système fiscal qui prévaut actuellement chez nos amis, M. de Witte réservait toujours un accueil bienveillant aux questions qui pouvaient être favorables à nos intérêts économiques et je le rappelle, non seulement parce qu'il a bien voulu le faire entendre une fois de plus dans cette entrevue, mais en raison de ce fait récent de la détaxe sur les vins, à laquelle il a procédé sur les observations de la presse française. On se souvient que, par suite de besoins budgétaires provoqués par la guerre contre la Chine, le Gouvernement russe a dû notablement relever son tarif douanier sur certains articles, fait que l'Office national, avec sa vigilance habituelle, a signalé dans le *Moniteur officiel du Commerce*. L'exportation des vins français avait été particulièrement atteinte par cette mesure et la presse s'était faite l'écho des doléances de nos négociants.

L'un de ceux-ci disait notamment : « L'importation des vins en Russie augmentait chaque année. La Crimée, la Bessarabie, le Caucase, en produisent bien, mais ils ne sont guère achetés, et à cause de leur bon marché, que par un public peu aisé. D'ailleurs, dans la classe bourgeoise, la boisson ordinaire est le thé. La clientèle riche achète à l'étranger les vins fins. C'est ainsi qu'en 1898, il entra en Russie neuf millions de kilog. de vins en fûts, c'est-à-dire environ neuf millions de litres, et près d'un million de bouteilles, dont les 4/5 contenaient du champagne. La part de la France était de près de trois millions de litres pour les vins en fûts, et de plus de 800,000 bouteilles.

» L'Espagne, l'Italie et le Portugal ne venaient que bien loin après nous, et la progression qui était constatée dans les statistiques annuelles était tout à notre profit.

» C'était donc un débouché que se créait peu à peu l'industrie vinicole française et qui va, sinon lui être fermé, du moins devenir très restreint. »

Or, quelques jours après la manifestation, dans la presse, de l'émotion soulevée par cette mesure, le ministre des Finances de Russie, se trouvant précisément à Paris, abolit la surtaxe.

C'est le cas de rappeler ici les services que peut rendre dans ces circonstances la presse française. Son intervention, malheureusement, ne se fait que rarement sentir aussi à propos, dans le domaine de l'économie politique et de nos intérêts les plus vitaux, trop absorbée qu'elle est par la politique tout court.

Le même journal, qui s'était fait l'écho des plaintes d'un viticulteur rapportées plus haut, n'a-t-il pas cité aussi ces paroles du Président Félix Faure à son retour de Russie : « Ce serait une utopie de croire que, dans les entreprises industrielles et commerciales, l'action de l'État peut être substituée aux initiatives particulières », — pour les commenter de la façon suivante : « Ce qui signifie : la Russie est un champ ouvert à vos activités, à vos commerces, à vos produits. On vous y attend. Vous y serez bien reçus. Mais, de grâce, allez-y. Au vrai, on s'étonne un peu de vous voir si longs à venir. Il y a là une place à vous créer. Vous serez les bienvenus ; on vous préférera aux Allemands, qui sont devenus si envahissants qu'ils constituent un danger. Venez les supplanter; on vous y convie ; on vous y aidera. Mais aidez-vous (1). »

Au surplus, une déclaration très nette de M. de Witte à un rédacteur du *Temps*, en mai 1899, démontre de façon péremptoire qu'il s'agit pour nos exportateurs, non de récriminer, mais d'aller de l'avant : « Dès qu'il s'agit d'une affaire française, mes collègues et moi, nous sommes gens d'accommodements et de concessions; nous tâchons d'élargir, d'assouplir nos règlements et nos statuts, de les faire plus élastiques et plus légers. Nous traitons les personnes qui représentent la France, qui s'entremettent pour conclure des affaires avec

(1) *L'Eclair.*

nous, au nom de la France, ou des citoyens
français, non seulement en diplomates et en
négociateurs, mais en amis. »

De fait, j'ai trouvé M. de Kovalevsky, l'adjoint de M. de Witte, tout aussi bienveillant.
Le concours de son Département, m'a-t-il
assuré, n'est jamais ménagé aux commerçants et capitalistes français lorsqu'ils se
décident à diriger sérieusement leur activité
du côté de la Russie. Toutes les fois que
ceux-ci s'adressent aux services de son Département, ils y rencontrent le sincère désir de
leur donner une satisfaction aussi large que
possible. Malheureusement, leurs demandes
sont rares et sans grande portée, tandis que
les Allemands, les Anglais, les Belges, les
Américains, déploient une grande activité et
multiplient leurs démarches, tant en faveur
de leur commerce que pour fonder de nouvelles entreprises industrielles. On connaît
les nombreuses usines, fabriques, compagnies
de tramways, etc., créées déjà par ces nations
sur tout le territoire du vaste Empire et les
importations qu'elles font chez elles des produits russes. Tout dernièrement encore, une
mission anglaise est venue pour étudier la

possibilité d'importer en Angleterre le bétail et les produits du laitage russe. Les autorités compétentes ont aidé la mission dans sa tâche et déjà les négociants anglais ont commencé à exploiter ce nouveau commerce, au grand avantage des deux pays. Pourquoi les Français ne procèdent-ils pas de même, n'envoient-ils pas des missions semblables pouvant arriver à des résultats aussi pratiques? Pourquoi leurs voyageurs, leurs agents, ne connaissent-ils pas la langue du pays et pourquoi, à cet effet, n'introduisent-ils pas l'enseignement de la langue russe dans leurs écoles de commerce ? D'autre part, les richesses minières de la Russie sont immenses, inépuisables : la houille, par exemple, s'y trouve en plus grande quantité que dans tous les autres pays du monde réunis ; et cependant, l'extraction actuelle ne suffit pas à la consommation de l'industrie nationale ; il y a même crise de charbon, importation considérable du dehors, malgré la mise en œuvre de tant d'exploitations nouvelles (1). Des montagnes entières

(1) Il est à noter que ces paroles ont été prononcées en 1900, et que depuis la situation s'est modifiée, comme on le verra dans le chapitre qui traite du charbon.

du meilleur ciment demeurent intactes, au Caucase ou ailleurs, et cependant on paie très cher le ciment qu'on fait également venir de l'étranger. Les bois précieux, les bois pour l'ébénisterie, sont partout en abondance, et cependant les mêmes matières reviennent ouvrées de l'étranger ; de même le fer, la fonte, l'acier, tous les autres produits miniers. On pourrait multiplier à l'infini les exemples. Mais, que les Français viennent, ils seront bien accueillis : on leur accordera plus de facilités qu'aux autres, car l'alliance entre les deux pays ne doit pas être seulement diplomatique, mais encore économique. C'est le moyen le plus efficace d'assurer la durée de l'amitié entre les deux nations.

En particulier, en ce qui concerne la publication de propagande commerciale entreprise par l' « Office national du Commerce extérieur », M. de Kovalevsky ferait tout son possible pour l'y aider et chercherait à son tour à aplanir les difficultés qui pourraient se présenter pour l'entrée en Russie de l'organe franco-russe projeté. De même, la taxe sur les commis-voyageurs va être réduite de plus des 2/3, tant sur la patente de 500 roubles

que sur les droits supplémentaires, montant
en moyenne à 150 roubles. Ainsi, au lieu de
650 roubles, les voyageurs n'en  paieront plus
que 200 environ. Lors de mon  entretien avec
M. de Kovalevsky, le nouveau règlement était
à l'étude et ne devait  pas tarder à être appliqué. Ce règlement a  été promulgué  le 5 juin
1900, trois mois après ma conversation  avec
M. de Kovalevsky.

Je rappelle que, M. Timiriazev, qui a suc-
cédé à M. de Kovalevsky, s'est montré aussi
bien disposé à l'égard du commerce français,
lors de  nos  entretiens à  Nijni-Novgorod,
en 1896.

Enfin, pour compléter cette consultation des
représentants compétents du  monde officiel
russe, je ne  saurais  mieux faire que de citer
les  passages  saillants  d'une  courte,  mais
substantielle étude publiée  récemment  par
M. Raffalovich, dans le *Temps* (10 mai 1902),
ainsi que dans le *Supplément au Bulletin de
la Chambre de Commerce russe à Paris* (mai-
juin 1902).

Il y dit notamment :

« Depuis une dizaine d'années, les importations russes en France sont, ou station-

naires ou en diminution; alors que la Russie concédait à la France des abaissements de tarif en 1893, les droits sur les blés ont été portés de 5 à 7 francs en France, en 1894, et, plus récemment, une réglementation plus stricte de l'admission temporaire a encore restreint les facilités commerciales. »

Et plus loin :

« On a demandé que la Russie accordât un régime de faveur à certains produits français ne venant pas en concurrence avec les produits russes. La Russie est malheureusement liée par des traités qui lui interdisent d'accorder à une nation des avantages dont ne bénéficieraient pas les autres; en le faisant, elle violerait des engagements formels et s'exposerait à des guerres de tarifs; elle compromettrait ses débouchés, qui sont principalement en Allemagne, en Angleterre. Cependant, dans la mesure du possible, il est tenu compte des désirs spéciaux du commerce français, comme lorsque la Russie a abrogé la surtaxe de 50 % sur les vins en fûts titrant 13 %, c'est-à-dire les vins produits en France. En outre, en 1900, il a été accordé des facilités de dédouanement pour certains produits de l'industrie française (briques, tuiles, etc.)

» Les relations commerciales entre les deux pays seraient plus actives, certainement, si, du côté de la France, la barrière douanière était moins élevée pour certains articles. Il ne faut pas oublier que c'est grâce aux facilités offertes à l'importation russe en Angleterre, que le commerce anglais a acquis des débouchés sérieux en Russie, de même que le voisinage, des facilités de crédit, le prix moins élevé de vente, ont permis aux Allemands de se créer une grande clientèle en Russie. Il n'y a pas de mauvais vouloir ni d'arrière-pensée de la part des Russes s'ils achètent moins de marchandises françaises. »

Et l'auteur conclut :

« Le développement de relations commerciales actives entre la Russie et la France préoccupe beaucoup de gens ; l'administration impériale est loin de s'en désintéresser. La fondation d'une Chambre de Commerce russe à Paris, à laquelle le ministère des Finances de Russie prête son concours le plus dévoué, en est une preuve tangible, au milieu de beaucoup d'autres que des raisons personnelles m'empêchent d'énumérer. »

M. Raffalovich, qui représente chez nous avec tant d'autorité le ministère des Finances de Russie, ne néglige, en effet, aucune occasion de faciliter et d'étendre les transactions commerciales et de coopérer à l'entente financière, corollaire naturel des relations économiques, et également fructueuse pour les deux pays.

# CHAPITRE VI

## ENQUÊTE AUPRÈS DES REPRÉSENTANTS DE LA PRESSE ET DU NÉGOCE RUSSES

Procédés et modes de vente : Syndicats, agences, comptoirs, commis-voyageurs, crédit et renseignements commerciaux. — Dépôts des zemstvos et exemples d'initiatives françaises.

Parmi les personnalités de la presse les mieux au courant des affaires que j'ai pu consulter, je dois nommer particulièrement M. Fédorov, directeur du *Messager des Finances* et de la *Gazette du Commerce et de l'Industrie*, organes émanant du ministère des Finances. (Il a été récemment nommé chef de la division du Commerce à ce même ministère.) De l'avis de M. Fédorov, les articles français pourraient trouver un débouché facile surtout dans les centres, comme Saint-Pétersbourg, Moscou, Varsovie,

Odessa, Kiev, Nijni-Novogorod, etc. C'est là
que se rencontre la clientèle aisée, en mesure de
payer les objets de luxe français, d'un prix généralement plus élevé que ceux de l'Allemagne
ou de fabrication russe. Lui aussi conseille la
création d'agences dans les principales villes,
avec cette remarque particulière que les négociants français devraient se syndiquer, envoyer des représentants sûrs, à demeure et bien
à eux, et non plus de simples commissionnaires,
qui cherchent à gagner de l'argent avec des
marchandises de n'importe quelle provenance.
La même observation s'applique aux commis-
voyageurs, qui n'ont pas l'autorité suffisante,
ne font pas de tournées régulières et ne peuvent
juger exactement de la solvabilité de l'acheteur.
Seules, les agences fixes peuvent remplir ce
rôle et c'est alors qu'en connaissance de
cause, elles orientent les commis-voyageurs.

Malheureusement, ces sages conseils se
heurtent à la fâcheuse inertie de notre négoce.
Comme le raconte M. Camille Guy dans son
rapport (1) au Congrès international de Géogra-

----

(1) *Des moyens de provoquer l'adaptation des produits de
l'Industrie aux besoins du Commerce extérieur et aux habitudes des populations.*

phie économique et commerciale (1): « L'Office national du Commerce extérieur avait essayé de constituer des groupements de communautés pour l'envoi en commun de voyageurs. Il a complètement échoué à cause, sans doute, de cet esprit individualiste dont nous a dotés la Révolution française. Il a voulu tout récemment encore grouper deux cents négociants à dix francs par tête pour les frais d'une salle d'échantillons et d'un garçon de bureau : cette intéressante tentative a réuni *deux* adhérents. Il y a plus, certains de nos négociants ne comprennent pas qu'il est indispensable, pour s'assurer un courant régulier d'exportation, de faire connaître ses échantillons. Le même Office ayant demandé à une maison française quelques échantillons pour les expédier en Argentine, cette maison les lui envoya aussitôt, accompagnés d'une facture de 1 fr. 50, sur laquelle il était fait, par déférence pour l'Office, un escompte de 10 %. Il est certain que, dans ces conditions il vaut mieux pour ces maisons renoncer au commerce extérieur qui

_______

(1) Congrès réuni à l'occasion de l'Exposition Universelle de 1900.

exige, plus que tout autre, des avances, des
sacrifices et des risques. »

Quant à la remarque de M. Fédorov concernant la nécessité d'envoyer des représentants sûrs et n'ayant d'autre but que les intérêts de leurs commettants, il faut avouer que,
dans la pratique du commerce français, c'est
le contraire qui a lieu. Nos négociants confient
leurs marchandises à des commissionnaires
étrangers, pour la plupart allemands, qui,
d'ordinaire, représentent plusieurs maisons et
plusieurs articles. « Il aura, — dit encore
M. Camille Guy, — une tendance à sacrifier,
à ceux qui lui assurent le plus large bénéfice,
le produit sur lequel il a moins à gagner, et ce
produit est généralement le produit français »..... « Avons-nous bien le droit de nous
étonner que ces commissionnaires sacrifient
régulièrement les intérêts français aux intérêts
de leurs compatriotes et placent de préférence
les articles allemands, sur lesquels, d'ailleurs,
ils gagnent davantage ? »

Je citerai à ce propos un fait qui paraît in-
croyable, et que j'ai cependant personnellement
constaté. Il existe une grande maison française
d'outillage dont les produits jouissent de beau-

coup de faveur en Russie. Or, elle a à Odessa un agent allemand qui fournit tout le Midi. Quand on lui demande au moins une caisse, sinon deux, de la marque française, il consent bien à livrer ces deux caisses, mais à la condition qu'on lui prenne en même temps huit autres caisses de marque allemande. Et les clients, pour acquérir le produit français désiré, sont forcés d'en passer par ces conditions. On comprend dès lors comment les Allemands vendent quatre ou cinq fois plus que nous des produits inférieurs aux nôtres.

Autre fait plus significatif encore : bien souvent les maisons allemandes d'exportation achètent des marchandises en France pour le compte des clients russes, les font expédier directement de chez nous en Russie, et s'en font remettre facture à Berlin. Les exportateurs français n'ignorent donc pas certains besoins du marché russe, ni les avantages qu'ils procurent au commerce allemand, et cependant ils continuent à se laisser remorquer par ce dernier.

Les conseils de M. Fédorov sur la coopération simultanée des agents fixes et des commis-voyageurs m'ont aussi rappelé ces autres paroles fort judicieuses de M. Georges Aubert, conseiller du Commerce extérieur : « Le voyageur allemand inonde le monde ; il emporte des quantités d'échantillons, toujours admirablement présentés. Il trouve, et ceci est un grand avantage, dans chaque pays où il va, un représentant général de sa maison, qui est en contact permanent avec le commerce du pays, et peut ainsi le renseigner sur tous les points utiles à connaître. Ce dernier connaît le crédit de chacun, sait si les concurrents ont passé ou vont passer, ce qu'ils ont vendu, combien de temps ils vont rester, par où il faut commencer, en un mot, il économise une perte énorme de temps et d'argent (1). »

J'ajouterai que ce mode de procéder étant usité en France par beaucoup de nos commerçants, ce ne serait pas pour eux une innovation d'en user de même à l'étranger.

Mon entretien avec le directeur de la *Gazette du Commerce et de l'Industrie* s'est trouvé un des plus suggestifs : telle encore, son allusion aux syndicats de négociants français, d'ailleurs si usités chez les Allemands sous le

(1) *A quoi tient l'infériorité du commerce français*, par Georges Aubert.

nom fameux de *Kartels*, fait songer à une tendance de nos industriels à ne vouloir traiter que de grosses affaires, en négligeant les petites, qui cependant, dans leur ensemble, donnent de meilleurs bénéfices. L'Allemand, lui, accepte dans ses nombreux dépôts, disséminés dans les régions les plus reculées du pays, la plus minime commande, et, du total de ces petites affaires dans tout l'Empire, résulte pour les syndiqués un écoulement des plus productifs. Les industriels autrichiens se syndiquent également en vue de la pénétration collective de leurs produits à l'étranger ; notamment l'*Export-Club* de Vienne a fondé une société pour l'exportation en Russie, dont font partie plusieurs maisons autrichiennes des plus solides. Cette société a envoyé à Odessa, à Moscou, à Varsovie, des agents qui ont combiné une action commune pour gagner le marché russe.

Il serait donc désirable de voir se grouper en associations les producteurs français, soit par genre d'industrie, soit par rayons, afin de pouvoir obtenir par une action commune consistant dans la fondation de comptoirs, agences, l'envoi de voyageurs, la publication de catalogues, de journaux spéciaux, etc., les résultats que des industriels et des commerçants isolés ne sauraient atteindre.

Le plus intéressant de mes entretiens, au point de vue des résultats pratiques obtenus, a été celui que j'ai eu avec M. Komarov, directeur du *Svet*, le journal russe le plus répandu, colonel en retraite de l'état-major russe, conseiller municipal de Saint-Pétersbourg, propriétaire des plus importantes maisons de rapport de la Perspective Nevsky et de l'imprimerie là mieux agencée de la capitale. Ce fut un des promoteurs et des plus chauds partisans de l'alliance franco-russe et tout ce qui est français lui tient toujours au cœur. Je cite à dessein tous ses titres, pour montrer le crédit moral et matériel dont il jouit et la preuve évidente de la confiance dont il m'a gratifié, en raison de l'intérêt qu'il porte au commerce français. Cette preuve consiste dans la communication qu'il a bien voulu me faire de documents commerciaux ayant un caractère confidentiel. Il en résulte qu'une agence de Saint-Pétersbourg pour fourniture de machines d'imprimerie accorde un large crédit à l'imprimerie de M. Komarov, client qui, au besoin, pourrait parfaitement s'en passer, mais qui, cependant, en use et paie cette faculté d'un intérêt de 7 pour 100. Il doit y avoir son profit et, d'ailleurs, tel est l'usage en Russie.

M. Komarov m'a fait remarquer que la même agence et les comptoirs similaires accordent toujours des crédits d'un an et même de deux ans. Aussi, le comptoir avec lequel il est en affaires ne vend-il que des machines allemandes, anglaises et américaines, et pas une seule française. Lorsque, il y a quelques années, M. Marinoni avait un représentant en Russie, il y vendit plusieurs de ses machines rotatives et il eût fait des affaires plus étendues si son représentant avait été plus habile. Le directeur du *Svet* avait lui-même acheté quatre de ces machines Marinoni, mais par la suite, étant donné les conditions plus favorables, il préféra en acheter six en Allemagne. C'est que les Français exigent toutes sortes de garanties, ou ne livrent que contre remboursement. Il faut entretenir une correspondance, au lieu de faire la commande d'un coup de téléphone, où l'on s'entend en quelques minutes sur les conditions d'achat, comprenant la faculté de ne payer qu'après s'être bien rendu compte de la qualité de la marchandise.

M. Komarov préconise à son tour des comptoirs fondés en commun par plusieurs maisons, comme le font les Allemands, ou bien le recours à des agences déjà existantes et qui prennent sur elles les responsabilités du crédit accordé. Elles vendent toujours assez cher et font payer un intérêt assez élevé pour compenser les pertes possibles résultant de l'insolvabilité accidentelle.

M. Krestovnikov, membre du Comité de la Bourse de Moscou, propriétaire de la plus grande fabrique russe de bougies et de glycérine, outre les observations déjà faites par mes autres interlocuteurs, est d'avis, quant à la question de la solvabilité des commerçants russes, qu'on peut obtenir les renseignements voulus surtout par l'intermédiaire des banques, mais nullement par celui des consuls, dont la situation officielle est un empêchement dans une question aussi délicate. D'ailleurs, ajoute M. Krestovnikov, un commerçant habile et entreprenant saura toujours trouver le sûr moyen de connaître l'état des affaires de son client éventuel.

C'est le moment de placer ici les quelques mots d'explication sur la longueur des crédits, que M. Raffalovich donne dans l'étude déjà citée : « La longueur des crédits, les délais demandés en Russie, s'expliquent par les conditions du commerce, les particularités du pays au point de vue climatérique, géographique, économique, les énormes distances, l'éloignement des lieux de production et de consommation, la clôture de la navigation intérieure par l'hiver, les habitudes du commerce dans les steppes et dans les foires. » Toutefois, l'auteur fait ressortir que l'activité de la Banque de Russie (banque d'État), tend à abréger les délais de crédit : « Les résultats obtenus sont importants, comme le montre le tableau ci-après; il indique, en millions de roubles, les escomptes :

|  | 1895 | 1900 |
|---|---|---|
| Jusqu'à 3 mois . . . . . . . | 144 | 276.3 |
| De 3 à 6 mois . . . . . . | 203 | 240.3 |
| Plus de 6 mois . . . . . . | 60 | 33.3 |
|  | 407 | 549.9 |

« Les escomptes d'effets à 3 mois ont presque doublé, ceux de 3 à 6 mois ont subi une augmentation bien moindre et ont passé

au second rang, ceux de plus de 6 mois ont
diminué de moitié. »

Par la même occasion, je signalerai la nouvelle loi russe du 27 mai 1902 sur les effets de
commerce, très importante par les nouvelles
garanties qu'elle donne aux transactions commerciales avec la Russie. Elle modifie profondément les usages existants, en remplaçant la
loi de 1832, surannée et confuse, qui ne faisait aucune distinction entre les catégories
d'effets (billets à ordre, traites, etc.), et manquait de tout système. La nouvelle loi, en vigueur depuis le 1er janvier 1903, se distingue
au contraire par la netteté absolue de sa rédaction, qui rend toute équivoque impossible.
« En exposant dans tous ses détails la forme
dans laquelle doivent être libellés les effets,
la nouvelle loi donne à ces documents une
sanction absolue et prévient ainsi, dans l'intérêt général, les cas de contestation judiciaire
sur telle ou telle interprétation à donner aux
obligations du signataire du billet. »

Plusieurs autres dispositions entourent le
commerce honnête de toutes les garanties désirables. Pour plus amples informations, je
renvoie les intéressés à la traduction fran-

çaise de cette loi, par MM. Aulagnon et Leblanc, précédée d'une préface par M. Raffalovich, accompagnée d'un commentaire comparatif par M. Ch. Lyon-Caen, et éditée par la Chambre de commerce russe à Paris.

J'ajouterai, pour vider cette question des crédits et des agences, et à la suite de mes investigations personnelles, que les *zemstvos*, ou conseils généraux, créent des dépôts et des magasins de vente, afin de faciliter aux populations rurales l'acquisition des produits qui leur sont nécessaires, aux meilleures conditions et sans recourir aux nombreux intermédiaires qui font hausser les prix à leur bénéfice. Ainsi procèdent les zemstvos des gouvernements de Moscou, de Tver, d'Orel, de Toula, d'Élisavetgrad, de Kharkov, de Nijni-Novogorod, de Smolensk, de Samara, de Saratov, de Kazan, de Viatka, et nombre d'autres. Par exemple, en 1898, 21 zemstvos de gouvernements et 293 de districts ont pris part à la fourniture aux agriculteurs de machines et appareils, et 13 zemstvos de gouvernements et 254 de districts avaient leurs dépôts. La plupart, fondés seulement vers 1894, ont décuplé depuis cette époque leur chiffre d'affaires. Le zemstvo d'Elisavet-

grad, qui a commencé à fonctionner en 1892,
et dont la vente s'est élevée cette année-là à
2.000 roubles, a atteint, en 1899, 151.000 roubles. Celui de Kharkov qui, en 1899, a vendu
pour 55.000 roubles de métaux, arrive trois ans
après au chiffre d'un demi-million de roubles.
On pourrait donc s'adresser à la direction
de ces magasins régionaux, tant pour leur
demander la situation du crédit des commerçants de leur rayon, que pour la vente directe
à eux-mêmes, ou à titre de commissionnaires.

A ce propos, nous devons avertir les producteurs d'éviter autant que possible de se lier
par des traités exclusifs avec des commissionnaires ou représentants qui voudraient monopoliser la vente de leurs produits. Il y a précisément lutte organisée entre ces intermédiaires et les zemstvos, ceux-ci voulant entrer
en relations directes avec les fabricants étrangers. Plus d'une fois, des maisons étrangères
se sont vues dans l'obligation de refuser des
commandes des zemstvos, même au comptant, en vertu d'un traité signé par elles avec
un agent qu'elles ne connaissaient pas, qui
prélevait toujours une commission énorme
et qui, parfois, trompait leur confiance.

On se rappelle ce que j'ai dit plus haut au sujet de l'étrange façon d'agir de certain agent allemand d'une de nos maisons françaises d'outillage.

Au contraire les zemstvos, désintéressés pour eux-mêmes, améliorent chaque jour leur organisation et, tout dernièrement encore, la direction du dépôt de vente du gouvernement d'Orel s'est entendue avec celles des gouvernements voisins et elles ont envoyé en mission à l'étranger un délégué pour acheter directement et à meilleur compte les machines et appareils agricoles. Aujourd'hui, 18 zemstvos se sont groupés à cet effet et traitent directement avec les producteurs étrangers.

J'ai eu l'occasion, à mon dernier voyage en 1902, de visiter le dépôt d'instruments agricoles et autres du zemstvo de Toula, et de mon entretien avec son directeur, M. Schouschpanov, il résulte une fois de plus que tous les produits vendus aux paysans sont de provenance allemande. M. Schouschpanov a cependant essayé à plusieurs reprises d'entrer en relations avec des maisons françaises ; mais l'élévation des prix, le manque de renseignements, la difficulté d'obtenir de longs crédits, ont fait échouer toutes ses tentatives.

De quelque façon qu'on organise les agences centrales et, comme corollaire, le fonctionnement des commis-voyageurs, il est certain, en tous cas, qu'on éviterait ainsi une série d'au moins cinq intermédiaires entre le producteur et le consommateur : le petit commerçant ou le colporteur du village, le marchand de la ville, le commissionnaire d'importation et d'exportation, l'expéditeur à l'étranger, enfin, la maison de commerce à l'étranger. Ainsi, leur élimination ferait bénéficier le commerce direct de sommes colossales. Il ne faut pas oublier, en effet, que la part des intermédiaires en Russie se chiffre par 3 milliards chaque année et que le commerce extérieur y entre dans une large proportion. C'est donc là une raison de plus, qui milite en faveur de la création des agences; elle en justifierait à elle seule la mise en pratique.

M. Sauvaire, dont j'ai donné l'avis compétent sur les autres questions, m'a rappelé également l'exemple, — il l'avait signalé à l'Office national du Commerce extérieur, — de l'heureuse initiative commerciale en Russie d'une grande maison de Paris, exemple qui vient fort à propos à l'appui de ce qui a été dit sur l'avantage des négociations directes entre le producteur et le consommateur :

« Cette maison, — dit M. Sauvaire, — vient d'envoyer dans divers pays d'Europe, et particulièrement en Russie, un représentant accompagné d'échantillons nombreux, munis de leurs prix respectifs, tous frais payés, sauf ceux de douane, jusqu'au domicile de l'acheteur.

» Le représentant chargé de cette mission est entré en Russie par la Pologne ; il a visité Varsovie, Saint-Pétersbourg, Moscou, Kiev et Odessa et, dans chacune de ces villes, où il venait pour la première fois, il a fait au minimum 25.000 francs d'affaires, ce qui, pour un début, peut paraître encourageant.

» Ce représentant procède ainsi : muni par le Consulat de France de la liste des meilleures familles et des plus importants habitants de la ville où il arrive, il leur envoie des invitations imprimées ou va les inviter en personne à venir visiter sa collection d'échantillons installée dans quelques salons du meilleur hôtel; ce système lui a parfaitement réussi. Ce n'est pas aux maisons de vente, aux négociants établis sur la place qu'il offre ses marchandises, c'est aux clients, directement, et rien n'est plus favorable à la satisfaction de ceux-ci et de leurs fournisseurs. Ce qui nuit considérablement à l'extension de notre commerce en Russie, c'est la cherté excessive qu'y atteignent nos produits, depuis les plus simples jusqu'aux plus luxueux ; en dehors de deux ou trois grandes maisons qui vendent très cher parce qu'elles ont déjà un nom et une réputation, toutes les autres à peu près sont obligées de majorer également leurs prix de vente dans d'énormes proportions, parce qu'elles ne peuvent acheter des marchandises à l'étranger qu'en empruntant de l'argent à 15 et 20 pour 100, et que leurs clients doivent dès lors leur rembourser, outre les frais de douane, de transport, de magasin et un certain bénéfice, ces intérêts qui pèsent si lourdement sur les transactions. Pour les articles français, par exemple, le minimum qu'atteigne dans les magasins d'Odessa un objet d'un franc, c'est un rouble, soit près de trois fois son prix.

» Le client trouve donc un avantage incontestable à acheter ainsi directement à nos fabricants français, et sur échantillons, des marchandises de choix et garanties de bonne qualité, puisqu'il les paie bien meilleur marché que dans les magasins. Le représentant de la maison française en question reviendra chaque année ; il a choisi à Odessa un commissionnaire français ; la maison expédie à destination franco de port et, dès l'année prochaine, elle établira tous ses prix, droits de douane compris. Les acheteurs recevront ainsi leurs achats à domicile et sans aucun souci. C'est là une initiative dont il y a lieu de féliciter nos compatriotes et un exemple qui mérite d'être recommandé. Nul doute que la clientèle qu'ils se sont faite cette première fois ne s'étende chaque année davantage, surtout si on n'exagère pas les prix au point d'enlever tous ses fruits à la combinaison. De plus, cette clientèle voyage chaque année et ira aussi rendre visite aux magasins mêmes à Paris, où elle trouvera un choix plus grand encore que dans les échantillons du voyageur et où elle fera de nouvelles et continues acquisitions.

» Des maisons de carrosserie ont déjà suivi, non sans succès, la même voie pratique ; les articles de fabrication française pour lesquels ils ont accompli le voyage de Russie sont sans doute d'un trop grand poids et d'un volume trop considérable pour permettre le transport d'échantillons de leurs voitures et de leurs harnais ; leurs albums ont suffi pourque leur tournée ne reste pas improductive et leur fasse espérer pour l'avenir des voyages de plus en plus fructueux.

» Il y a, en tout cas, dans ces deux exemples, la preuve bien évidente que nos exportateurs auraient tort de considérer leurs efforts comme condamnés d'avance par les droits de douane ou les frais de transport; il ne tient qu'à eux de se créer des débouchés en Russie ; mais il faut qu'ils s'en occupent d'une façon pratique et suivie et qu'ils ne se contentent pas d'expédier des catalogues et des prix-courants (1). »

J'ai tenu à reproduire en entier la communication probante du si actif Consul de France à Odessa ; elle contribue à l'aperçu d'ensemble, sur l'état actuel du commerce français en Russie, que je cherche à étayer autant par des observations personnelles que par des informations puisées à la meilleure source.

(1) Voir *Informations et Renseignements de l'Office national du Commerce extérieur.* — N° 20 — 24 mai 1899.

# CHAPITRE VII

## UTILITÉ DE CONNAITRE LA LANGUE RUSSE.

Il importe d'insister également, sur la nécessité de connaitre la langue d'un pays où l'on cherche à augmenter les débouchés. On a vu, au cours de mon exposé, quelle importance y attachaient toutes les personnes consultées.

Qu'a-t-on fait en France dans cette voie? Presque rien en ce qui touche l'enseignement de la langue russe, du moins dans les écoles de commerce. Déjà, en 1892, je m'efforçai d'attirer l'attention des intéressés sur ce besoin. Dans un article sur « *L'utilité de l'enseignement de la langue russe en France* », publié par la *Revue Bleue* (24 septembre 1892), je disais : « Avant d'occuper une situation prépondérante dans le commerce extérieur de la Russie, les Allemands ont longuement préparé le terrain et cherché à connaître les besoins de ce pays. A cet effet, sans attendre l'initiative du Gouvernement, ils ont compris la nécessité de se familiariser avec la langue des habitants, pour mieux étudier ces besoins sur place et savoir les satisfaire. Tandis qu'en France, malgré la bonne volonté des deux gouvernements, la facilité des échanges commerciaux, la faveur spéciale accordée aux industriels français, en leur permettant récemment d'organiser une Exposition purement française au cœur même de la Russie, à Moscou, on est encore à se demander si vraiment il peut y avoir un commerce russo-français, comme on se demandait, en 1840, s'il existait une littérature slave et, en 1868, s'il y avait un intérêt politique et littéraire à apprendre le russe.

» Puis, il ne faut pas oublier que la Russie marche vite dans la voie du progrès, que chaque jour voit croître sa puissance numérique et son importance dans toutes les branches de l'activité humaine. Ce qu'elle peut devenir, je n'ai, pour en donner une idée approximative, qu'à renvoyer à l'intéressant livre de Ch. Ri-

chet : *Dans cent ans.* D'après les calculs de
l'auteur, qui « ne sont pas donnés au hasard, »
mais « d'après le taux actuel de l'accroissement des divers pays indiqués ici », la Russie
d'Europe pourrait compter, en 1992, en chiffres
ronds, 340 millions d'habitants, tandis que la
France en aura 50 seulement.

» On nous dit que si l'on apprenait aujour-
d'hui le russe aux jeunes Français, il n'y aurait pas de résultats appréciables avant dix
ans. C'est certain ; mais faut-il attendre un
siècle pour commencer, quand le nombre de
Russes égalera le chiffre de la population de
tout le reste de l'Europe ? »

J'appuierai mes paroles d'une citation, provenant du même article, de ce passage d'une lettre
que l'éminent académicien, M. Melchior de Vogüé, a bien voulu m'écrire à ce sujet : « Quant à
votre seconde question, sur l'utilité de cet enseignement de la langue russe qu'on projette
d'introduire dans nos écoles, il serait oiseux
de s'y appesantir. Cette utilité ne saute-t-elle
pas aux yeux ? N'est-il pas évident que la pos-
session de l'idiome national sera un instrument de fortune pour tous les hommes
d'initiative, ingénieurs, industriels, agricul-

teurs, qui voudront participer à l'exploitation
des richesses vierges du grand empire ? Pour
notre armée, certaines éventualités parlent si
hautqu'il y aurait naïveté à insister sur le devoir qu'elle a  de se renseigner directement.
Mais, de ce côté, on n'a plus besoin d'être ai-
guillonné. Il n'y a si petite garnison où quelque officier ne pioche les publications techniques de l'état-major russe ; beaucoup parlent
couramment cette langue ;  le ministre de la
guerre n'a que l'embarras du choix pour détacher des missions militaires admirablement
préparées. Le ministre des affaires étrangères
est moins heureux ; si  son  département n'en
est plus à la situation alarmante de 1876 (1), je
ne crois pas qu'il dispose du personnel spécialement formé, dans les ambassades d'Allemagne, d'Angleterre, d'Autriche, pour scruter
sur place les moindres manifestations de la
vie russe. Pourtant, ce qui était utile il
y a seize ans, est aujourd'hui indispensable.
Jadis, tous les hauts fonctionnaires du tsar
possédaient notre langue, souvent mieux que
la leur. Le retrait de la Russie sur elle-même,

(1) Lors du séjour en Russie de M. de Vogüé en qualité de
secrétaire à l'ambassade de France.

attesté par ce fait que les enfants des plus
grandes familles refusent maintenant de parler
entre eux l'allemand ou le français, amène de
plus en plus aux premières charges des hommes
moins familiers avec notre idiome. Il ne me
convient de citer que des morts : le général
Loris-Mélikoff, un moment tout-puissant dans
l'État, ne s'exprimait en français qu'avec gêne
et à la dernière extrémité ; feu le général
Gresser, grand-maître de la police, était dans
le même cas au début, quand il vint de Khar-
koff prendre sa charge à Pétersbourg. Ce
mouvement de concentration sur soi-même et
de dédain pour la culture étrangère, s'accentue
à tous les degrés de l'échelle sociale en Russie;
il n'est que temps d'aviser, pour la diplomatie
comme pour les représentants des intérêts
commerciaux; pour les travailleurs de tout ordre qui trouveront dans les exploitations de ce
nouveau monde industriel une si riche rémunération de leurs peines. »

Les efforts des partisans de l'enseignement
de la langue russe ne furent pas vains. Grâce
à ce que le Grand-Maître de l'Université
était alors M. Léon Bourgeois, — toujours
accueillant aux innovations utiles, — cet

enseignement entra dans le programme des lycées de Paris, à titre facultatif, il est vrai, ce qui néanmoins n'a pas empêché d'obtenir un résultat appréciable. Du moins, nommé parmi les trois premiers professeurs de ce cours, j'ai pu déjà former quelques élèves, dont deux principalement, passés ensuite par l'Ecole des Hautes Etudes commerciales, sont allés en Russie. Là, grâce à leur connaissance de la langue, — ils me l'ont écrit plusieurs fois, — ils ont pu, avec plus de succès que beaucoup de leurs compagnons, traiter plus rapidement de nombreuses affaires. Ce n'est là, il est vrai, qu'une exception. Car, chose étrange, outre les lycées, la langue russe est enseignée aujourd'hui : aux militaires, à l'Ecole supérieure de guerre ; aux futurs diplomates, à l'Ecole des Sciences politiques ; à l'Ecole des Langues Orientales vivantes ; au Collège de France ; aux cours du soir de la Mairie du X<sup>e</sup> arrondissement ; à l'Association philotechnique ; à l'Association pour la propagation des langues étrangères ; une chaire de langue et de littérature russes vient d'être créée à la Sorbonne ; en un mot, on apprend le russe partout, sauf là où il serait le plus utile : je veux dire dans les écoles de commerce.

Certes ceux, parmi les commerçants, qui voudraient se familiariser avec cette langue pourraient suivre les cours de celles de ces institutions qui sont ouvertes au public; mais cela ne présente jamais la même régularité, la même constance que l'étude des autres langues vivantes dans les écoles fondées spécialement pour armer nos commerçants de moyens propres à lutter avec avantage à l'étranger. Il faut, à cette fin, donner à l'enseignement une sanction efficace, un encouragement venant de l'Etat, ou d'institutions telles que les Chambres de commerce, afin de bien marquer son importance et sa nécessité.

Dans ce but, on enseigne l'anglais, l'allemand, l'espagnol et l'italien. Or, de ces quatre langues, l'anglais et l'espagnol sont seuls d'une utilité incontestable au point de vue du commerce extérieur, le premier étant parlé dans tous les autres continents, le second dans le sud de l'Amérique, pays de débouchés nouveaux ; tandis qu'il est, pour le commerce, d'un intérêt limité de connaître l'allemand, étant donné que ce n'est pas en Allemagne que nous pouvons rivaliser en

affaires, lorsque nous ne parvenons même
pas à lui faire suffisamment concurrence sur
les autres marchés. Quant à l'italien, il n'est,
je crois, utile que dans la péninsule même
et parfois dans le Levant.

Il suffit d'ailleurs de considérer qu'en Allemagne, comme le dit fort bien M. de Larivière (1), « le russe est enseigné depuis longtemps dans les écoles de commerce, et c'est
de ces écoles que sortent la plupart des courtiers et agents qui sillonnent les pays slaves. »

Récemment encore, les journaux russes si-
gnalaient la demande adressée par les direc-
teurs des écoles commerciales d'Allemagne au
ministère des Finances de Russie, tendant à
obtenir son concours dans la recherche de
professeurs russes pour ces écoles. Le communiqué de l'Administration allemande ajou-
tait qu'on pourrait trouver les indications sur
les conditions de service dans ces écoles chez
l'Agent du ministère des Finances de Russie à
Berlin, M. Timiriazev. On voit avec quel esprit de suite nos concurrents dirigent leurs

(1) *De l'enseignement du russe en France et du rôle commercial de la France en Russie (Revue politique et parlementaire, 10 mai 1898).*

efforts vers la conquête définitive du marché russe, où la connaissance de la langue, — le résultat le prouve — est une des conditions essentielles du succès.

J'appuierai l'évidence de ces faits d'une dernière citation empruntée à *La Russie industrielle*, l'intéressant ouvrage de M. Verstraete, si compétent en la matière : « Dans notre siècle, — dit-il, — les relations politiques qui rapprochent les gouvernements appellent les relations commerciales qui unissent les peuples et consacrent l'œuvre de la diplomatié ; il ne suffit pas d'aimer un pays, il faut apprendre à le connaître, quand ce ne serait que pour l'aimer d'une affection plus éclairée et plus stable. Il faut y voyager, il faut y vivre, il faut en étudier les habitudes et *en parler la langue*. C'est à ces conditions que les échanges commerciaux s'établissent, que la réciprocité des bénéfices suit et fortifie la réciprocité des sympathies. C'est également ce que nos compatriotes n'ont pas su faire encore vis-à-vis de la Russie. »

Cependant, voici nombre d'années que je frappe à toutes les portes, que je multiplie les articles, que moi et d'autres adressons des

rapports aux Chambres de commerce, et la
question ne reçoit toujours pas sa solution,
de jour en jour plus indispensable. Dans les
départements, affirme M. de Larivière, plusieurs Chambres de commerce ont décidé la
création d'un cours de russe ; mais la plupart
s'en sont tenues à un vœu platonique. Seules,
la ville du Havre et en dernier lieu Marseille
ont passé des paroles aux actes. Mais c'est
surtout à Paris, où déjà en sont donnés les
éléments dans quelques lycées, c'est à l'école
des Hautes Etudes commerciales, à l'Ecole
Supérieure de commerce, à l'Institut commercial, — qui prépare au commerce d'exportation, — qu'il faudrait enseigner régulièrement
la langue russe.

# CHAPITRE VIII

## ANNONCES, CATALOGUES, PRIX-COURANTS.

Publications spéciales : organes de propagande commerciale allemands et anglais. — Revue franco-russe.

Un moyen de propagande commerciale, — parallèlement avec ceux que nous avons indiqués, — est très efficacement employé par nos concurrents : la publicité par les journaux, par l'envoi de catalogues et de prix-courants, et surtout par l'émission d'un organe spécial rédigé dans la langue du pays.

Il ne se passe pas un jour, il ne s'imprime pas un journal russe important sans qu'on y rencontre de nombreuses annonces d'industriels allemands, quelquefois d'anglais et d'américains, mais très rarement de français.

Or, l'annonce n'atteint son but que lorsqu'elle
est répétée avec régularité, en Russie surtout.

C'est là aussi l'avis du directeur du *Svet*,
M. Komarov, que j'ai longuement questionné
à ce sujet. D'après lui, ce n'est pas seulement
la fréquence, la répétition de l'annonce, mais
encore sa place, — et celle-ci doit être, autant
que possible, la même, — qui peut forcer l'attention du lecteur russe, un peu lente à éveiller. Comme indication pratique, M. Komarov
m'a fait observer que le plus rationnel est de
s'adresser directement à l'administration des
journaux ; car, en s'adressant à une agence de
publicité qui a des traités plus avantageux
avec des journaux à tirage restreint, celle-ci
donne les annonces à ces derniers. Il est également utile de recourir à la publicité sur les
tramways où, en Russie, une place lui est
réservée tout le long de la rampe de l'impériale. Ainsi, j'ai vu à Saint-Pétersbourg une
réclame de la Bénédictine de l'Abbaye de
Soulac tapisser tout le haut des tramways et
des omnibus ; et, à en juger par l'impression
que j'en rapportai, cette réclame s'impose évidemment à l'attention.

Mais ce sont encore les journaux qui remplissent le mieux cet office. Je ne citerai qu'un exemple, se rapportant à la parfumerie. On sait la vogue dont jouit partout dans cette branche la fabrication française. Or, depuis quelques années, un parfumeur berlinois, Lohse, un autre de Cologne, dont la marque : 4.711 a même pénétré en France, inondent de leurs annonces tous les journaux russes. De fait, peu à peu ils ont imposé leurs produits là où jusqu'ici la production française régnait en maîtresse. Il en est de même pour l'eau dentifrice l'*Odol*, qui rivalise déjà avec les vieilles marques connues de l'Eau de Botot et du docteur Pierre. Il faut dire que ces maisons françaises cherchent à réagir en multipliant à leur tour depuis quelque temps la publicité. Mais, sauf les parfumeurs, ou encore les fabricants de produits pharmaceutiques, auxquels une expérience de longue date a démontré l'utilité de ce moyen de propagande en Russie, nos industriels sont, ici encore, distancés de beaucoup par les Allemands.

J'ai rapporté de mon voyage en Russie une collection de journaux divers tant par leur importance que par leur date, et pris au hasard. On peut y constater en même temps combien est erronée cette légende répandue parmi les fabricants de produits pharmaceutiques, à savoir que la publicité leur est fermée par ce fait qu'en nommant leur produit, ils ne peuvent l'accompagner d'aucune explication indiquant son emploi. Ce qui a fait dire à un spirituel journaliste français, après un séjour assez prolongé dans l'empire des Tsars, « qu'il est impossible de faire de la publicité dans les journaux russes, à cause des rigueurs de la censure, qui ne permet aucune mention explicative, si bien que le papier Wlinsi, par exemple, peut être pris pour du papier à lettres ou à cigarettes (1). » On peut constater, au contraire, dans les journaux que j'ai sous les yeux, que des explications accompagnent précisément l'annonce d'un papier analogue, celui de Fayard et Blayn, la cigarette Espic contre l'asthme, les pastilles de Tamar indien Grillon, le Santal Midi, les capsules au Matico de Grimaud, les pastilles de Vichy-Etat, le Captol (lotion contre la chute des cheveux), de la marque allemande 4.711,

(1) Alexandre Hepp. — *Ciel de Russie — Ce qu'on peut faire là-bas. (Le Journal. —* octobre 1900.)

le Régénérateur des cheveux Seguin de Bordeaux, etc., etc.

Toutefois, il n'y a pas que la censure médicale : il y a aussi la censure du Ministère de l'Intérieur, la censure ecclésiastique, etc. Aussi, est-il prudent, avant de lancer en Russie des annonces, prospectus, catalogues, de les soumettre au préalable à l'approbation de la censure compétente.

J'ai rapporté également et fait déposer à l'Office national du Commerce extérieur une série de catalogues, albums, prix-courants, illustrés ou non, de maisons allemandes pour la plupart. Bien que n'ayant aucune qualité pour demander ces publications destinées, non pas au public, mais aux commerçants revendeurs, je n'ai pas eu cependant à user de grande diplomatie pour me les procurer, étant donné la profusion avec laquelle les Allemands les répandent sur tout le territoire de l'Empire. Et cependant, comme on peut s'en convaincre, ce sont là souvent des éditions d'une certaine valeur comme papier, illustration, etc., et dont l'établissement est assez onéreux.

Ces observations faites sur place sont corroborées par les curieuses constatations de

M. Paul Radiot, qui eut l'ingénieuse idée de rassembler, lors de l'Exposition Universelle de 1900, une collection unique en son genre de catalogues et de prospectus distribués par les exposants de tous les pays. D'après M. Lucien Descaves, qui fait ressortir dans l'*Écho de Paris* l'enseignement que pourraient tirer de cette collection nos commerçants, « un rapide examen a d'abord amené le collectionneur à une constatation pénible pour notre amour-propre national : l'infériorité de nos échantillons de publicité sous le rapport du goût et de la fantaisie. M. Radiot écrit, sans redouter la contradiction : « Des Français, je ne retrouve, dans mes liasses, que des feuilles volantes, le hideux prospectus du marchand vulgaire, composé sans grâce, distribué en rechignant, reçu sans plaisir, et qu'on a droit de chiffonner aussitôt : son manque d'attraits le condamne. Dans les sections françaises de mécanique, électricité, industries diverses, etc., c'était ce prospectus là, arriéré de forme et de fond, qu'on vous offrait. »

« Il nous a été facile à tous de vérifier cette observation : elle est juste, — observe

M. Descaves. — On ne fait aucun effort, en France, pour séduire le client ou simplement pour solliciter son attention. Qu'il s'agisse de répandre une découverte nouvelle ou de lancer quelque produit que ce soit, on croirait vraiment que le fabricant, en ce qui concerne la publicité par le prospectus, donne au consommateur l'exemple de l'indifférence. Tu seras laid ! — dit cet homme étonnant à l'imprimé dont le rôle est précisément d'attirer l'œil du passant et d'exciter sa curiosité. »

Aussi, ajoute plus loin M. Descaves, c'est pour le roi de Prusse qu'il travaille et que sa clientèle de commerçants, industriels, constructeurs, etc. le fait travailler : « Et quand je dis pour le roi de Prusse, c'est une façon de parler, car l'Allemagne attache beaucoup plus d'importance que nous à ces questions de détail — et s'en trouve bien. Il n'y eut, pour s'en convaincre, qu'à parcourir son exposition. C'est ce qu'a fait M. Radiot, toujours butinant... Aussi est-il fondé à écrire : « Comparez les autres nations à la France. Trois d'entre elles se distinguent tout de suite et se groupent pour demeurer inoubliables aux yeux, autant qu'intéressantes dans tous les genres : l'Allemagne, l'Angleterre et les États-Unis. »

Et l'auteur de l'article de conclure fort judicieusement : « De deux choses l'une, cependant : ou bien l'on est persuadé que les prospectus ne servent à rien, et alors il est bien inutile d'en faire les frais ; ou bien l'on espère qu'ils entraîneront le public, et dans ce cas on doit s'ingénier pour les rendre engageants dans la forme aussi bien que dans le fond. »

Ce qu'on peut constater au surplus, dans la série des catalogues que j'ai rapportés, c'est que les prix et les quantités des articles y sont marqués en monnaies et mesures du pays, tous frais compris de douane et de transport pour certains autres, et qu'ils sont rédigés en langue russe, tandis que les nôtres, en tant que langue, mesures, monnaies, sont établis comme s'ils ne devaient jamais sortir de France. Au reste, nombre de ces prix-courants proviennent des agences allemandes installées dans les centres russes.

Enfin, pour concentrer, orienter ces efforts de propagation des articles allemands en Russie, une société germanique fondée à cet effet, sous la dénomination de *Deutsch-Russi-cher Verein*, publie depuis une dizaine d'an-nées un organe spécial. Cette société a pour but de faciliter, sous toutes les formes, les re-lations commerciales et industrielles entre les deux empires, et leur organe, qui comprend une partie allemande et une partie russe, publie des articles et des renseignements qui dirigent utilement l'activité des négociants des deux pays. Sur la couverture même, au-dessous du titre : *Revue commerciale et industrielle pour l'encouragement des relations commerciales russo-allemandes. — Organe officiel de la Société russo-allemande, —* nous lisons : « Tous les abonnés de cette Revue, sur l'envoi de timbres-poste pour la réponse, reçoivent gratuitement les adresses des fabricants et producteurs allemands dans toutes les bran-ches du commerce et indiquent de même aux consommateurs allemands les adresses des maisons russes d'exportation. Ceux qui dési-rent des renseignements sur l'achat ou la vente des marchandises, sont priés de s'adres-ser aux bureaux de la Revue. » Suit l'adresse.

Un journal russo-anglais, rédigé en russe, avait été également fondé, en 1897, à l'effet, comme l'indique le sous-titre : « de concourir au développement des relations commerciales entre la Russie et la Grande-Bretagne. » Mais comme c'était une entreprise privée, sans ressources suffisantes pour lui assurer une collaboration sérieuse et n'offrant qu'une compilation d'études déjà publiées ailleurs, son existence fut de courte durée (1).

A leur tour, les Autrichiens ont fondé en 1902 un journal mi-allemand, mi-russe, destiné à faciliter les relations commerciales entre les deux pays.

L'Office national du Commerce extérieur m'ayant chargé de rechercher les moyens de fonder, dans l'intérêt du commerce français, une publication analogue, cette double expérience des Allemands et des Anglais, l'une ayant réussi et l'autre échoué, m'a permis de discerner le pour et le contre d'une pareille entreprise.

Par la publication allemande, je pus me rendre compte de sa réelle utilité. Les faces diverses du problème posé y sont étudiées et

(1) J'apprends qu'une nouvelle tentative des Anglais est faite en ce sens, avec des moyens plus puissants, un programme plus étendu, et sous une forme plus attrayante.

résolues avec le sens pratique qui caractérise les Allemands. De nombreuses affaires ont été conclues par le canal de cette Revue, qui est à son tour le porte-paroles de la puissante Société russo-allemande. Nombre de mesures que la Société voulait faire adopter et que préconisait sa revue ont été finalement prises par l'un ou l'autre des deux gouvernements. Tout en ne négligeant pas la publicité des journaux russes, cet organe spécial concentre dans ses colonnes les efforts épars des producteurs, au point qu'à chaque page de texte correspond une page d'annonces, et parfois la proportion de ces dernières est plus grande encore. Répandue à profusion dans les cercles, les cabinets de lecture, les hôtels, les restaurants, les bureaux et les wagons de chemins de fer, les bateaux, etc., cette publication devient l'agent le plus puissant de propagande commerciale. A leur tour, les annonces couvrent, et au delà, les frais d'édition. Si la publication anglaise n'a pas réussi, c'est précisément parce qu'une tentative privée, sans ressources suffisantes pour le lancement, ne pouvait s'imposer à l'attention publique et, par suite, recueillir la quantité d'annonces nécessaires. Elle ne pouvait non plus faire autorité, vu l'insuffisance de sa rédaction scientifique, commerciale ou littéraire : d'où son échec.

La conclusion est donc, pour nous, facile à tirer : il faut que la Revue franco-russe projetée soit publiée sous le patronage et avec le concours effectif d'une grande institution commerciale, appuyée à la fois par l'Etat et par les Chambres de commerce. En France, cette institution est tout indiquée : c'est l'Office national du Commerce extérieur. Il aurait à disposer d'une somme suffisante pour le premier établissement et le lancement de la Revue. On en ferait un périodique mensuel, afin de ménager le délai qui est nécessaire à une publication artistique. C'est par là, en effet, que nous pourrons nous distinguer des éditions similaires. Car, malgré son succès, le public russe et même les commerçants, reprochent à la Revue russo-allemande son caractère par trop technique. Il serait donc rationnel d'élargir le programme purement commercial et industriel, en y adjoignant une partie artistique et littéraire, où l'illustration ne serait pas ménagée. Cette combinaison aurait l'avantage

non seulement d'intéresser, par la diversité
des matières, un plus grand public à la Revue,
mais permettrait d'y faire entrer la partie
album, que publient à si grands frais nombre
de maisons. Chacun y trouverait son profit :
le fabricant une réduction de la dépense
exigée par ses catalogues illustrés, tout en
s'adressant à un public plus nombreux, et la
Revue des ressources nouvelles.

Je proposais une autre innovation : au lieu
de faire, comme nos concurrents, deux éditions,
l'une russe et l'autre allemande, on publierait
en même temps et dans une même livraison
le texte russe et le texte français, afin que
les deux pays fussent également renseignés
sur leurs intérêts réciproques, commerciaux,
industriels, artistiques et littéraires. Je remar-
querai en passant que le titre de cette publication est tout trouvé : *Revue des Intérêts
franco-russes, commerciaux, industriels, artistiques et littéraires.* Ainsi, le même exemplaire pourrait être propagé dans les deux
pays et les deux gouvernements, de même
que les intéressés auraient un égal avantage
à le répandre. De là aussi la faculté d'avoir
des annonces des producteurs français et

russes, ce qui augmenterait de beaucoup les ressources de la publication.

Je me suis aperçu d'ailleurs que les autorités russes auxquelles j'ai exposé notre projet l'accueillaient bien plus favorablement en constatant que la Revue en question devait être une publication franco-russe dans le sens complet du mot.

J'ai consulté, sur la question des annonces, le directeur de la principale agence de Russie, Metzel et Cⁱ⁰. Il est tout disposé, de concert avec l'Agence Havas, avec qui il est lié par un traité, à fournir à notre publication un assez grand nombre d'annonces. On peut dès à présent en prévoir une série qui pourrait nous être assurée par les producteurs français qui y ont recours dans les journaux russes, de même que celles données par les négociants russes aux publications officielles du ministère des Finances de Russie, ou aux éditions privées telles qu'annuaires, almanachs, etc. Si même une partie seulement de ces maisons consentait à se servir de la publicité de la Revue franco-russe, cela suffirait déjà, et au delà, pour couvrir tous les frais (1).

(1) D'après des renseignements que j'ai reçus d'une source

Au cas cependant où l'Office national, pour des raisons d'exécution ou autres, ne croirait pouvoir prendre toute la responsabilité de cette entreprise, un éditeur des plus importants, que j'ai déjà pressenti, pourrait y participer dans des conditions à établir.

Quant au programme de cet organe, je ne pourrais ici qu'en tracer les grandes lignes. Les diverses faces de la question des échanges commerciaux, que j'ai examinées dans mon rapport : transports, droits d'entrée, produits à exporter et à importer, indication des maisons et agences avec lesquelles on pourrait traiter ; en un mot, tous les renseignements qui se trouvent déjà éparpillés dans des publications spéciales, tant en France qu'en Russie, pourraient y être concentrés. On pourrait y ajouter les informations industrielles : les mines, les tramways, les lignes de navigation fluviale et maritime à exploiter, l'état financier des Sociétés industrielles, où tant de porteurs français sont intéressés, la législation

autorisée, une agence a encaissé comme commission pour les seules annonces pharmaceutiques et exclusivement de maisons françaises, pour la seule année 1900, la somme de 300.000 francs en chiffres ronds.

industrielle et ouvrière, celle qui concerne les marques de fabrique, la propriété artistique et littéraire. Enfin, en ce qui concerne l'art et la littérature, faire de cet organe ce trait d'union intellectuel qu'on cherche depuis longtemps à établir, sans y parvenir ; qui serait à la fois un attrait de plus pour les lecteurs, féconderait le rapprochement des idées et des sentiments en renseignant mutuellement les deux nations sur les diverses manifestations de leur génie. Que d'erreurs pourraient être ainsi dissipées à temps ! Que de froissements, même passagers, évités !

J'ai profité également de mon séjour en Russie pour m'entretenir du projet de la Revue franco-russe avec des hommes qui font autorité par leurs travaux dans le domaine de l'économie politique, et dont la collaboration nous serait précieuse. La plupart ont trouvé notre projet aussi utile que réalisable et y ont donné volontiers leur adhésion. Je puis notamment citer M. Goulischambarov, haut fonctionnaire du Département du Commerce et de l'Industrie, et des plus érudits dans la matière, qui pourrait nous donner une étude, à laquelle il travaille depuis plusieurs années, sur le Commerce extérieur de la Russie depuis cent ans. Ce serait là un modèle de ces articles où la pratique s'allie avec profit à la théorie. Ainsi, pour ne citer qu'un exemple : par la statistique des marchandises transportées par les chemins de fer russes, on peut se rendre compte des besoins commerciaux de tel ou tel rayon et, en même temps, des produits que fabriquent ou exportent tels ou tels centres d'expédition.

Cet exemple, pris au hasard, suffit à démontrer l'intérêt que pourraient présenter de tels articles, qui, à première vue, semblent de pure théorie.

# CHAPITRE IX

CONTREFAÇON DES MARQUES DE FABRIQUE, DES ÉTIQUETTES, ETC. — CERTIFICATS D'ORIGINE.

En parlant de l'utilité que présenterait la création de la Revue franco-russe, j'ai mentionné un point de son programme : les marques de fabrique.

Il y aurait le plus grand intérêt à reproduire, aussi souvent que possible, les marques des maisons françaises honorablement connues en Russie, et qui sont souvent contrefaites sans vergogne. Cette question est plus importante que ne semblent malheureusement le croire les propriétaires de ces marques.

En effet, la réputation acquise depuis longtemps par les produits français leur crée plutôt une situation d'infériorité, en raison de l'insouciance de nos industriels à défendre leur étiquette. Cela semble un paradoxe, mais en réalité, non seulement les contrefacteurs ayant libre carrière font ainsi du tort à la vente des produits authentiques, mais encore ils déprécient les marchandises françaises auprès du public trompé. Maintes fois déjà on a signalé le fait que des tissus de soie et de laine, vendus comme français, étaient de toute autre provenance. Et cette fraude sur une grande échelle se généralisera à tel point, si on ne l'arrête à temps, que le bon renom, jadis proverbial, du négociant français deviendra un mythe, du moins en Russie.

J'ai eu l'occasion de diriger mes recherches sur la contrefaçon, croissante en ces derniers temps, des vins français et des produits pharmaceutiques. En effet, informée de ma mission, l'Union des Fabricants pour la Protection internationale des marques de fabrique m'a prié d'étudier sur place les moyens d'arrêter la vente des vins de champagne falsifiés et, parmi les spécialités pharmaceutiques, d'une contrefaçon de la moutarde blanche de Didier.

Un rapport récent de M. Mintslov à la commission de l'alcoolisme nous montre dans quelle proportion considérable entrent, soit les falsifications, soit les imitations du champagne dans la quantité consommée en Russie.

Ainsi, en 1894, sur 1.800.120 bouteilles, 635.750 seulement venaient de l'étranger ; 510.900 autres avaient été fabriquées « d'après les procédés français », et 654.730 par un procédé mécanique. Ce qu'on appelle le « procédé français », est la manipulation d'un vin de Crimée plus ou moins authentique, qu'on rend mousseux au moyen du système employé en France. Le procédé mécanique est plus simple encore : on prend un vin quelconque, naturel ou falsifié, blanc ou rouge, et on le sature simplement d'acide carbonique, à l'instar de l'eau de Seltz. Puis, sur l'un comme sur l'autre, on colle l'étiquette de « Sillery, grand mousseux », et le tour est joué.

On a vu par les chiffres que le champagne authentique consommé en Russie n'entre que pour un tiers dans la quantité vendue ; mais cette proportion elle-même est encore au-dessous de la vérité. Selon M. Mintslov, une partie de ces vins, dans lesquels il n'entre presque pas de raisin, arrivent de Hambourg sous diverses dénominations, munis de la banderole de la douane russe, et les marchands se réfèrent à cette marque de contrôle officiel pour garantir l'authenticité de la provenance. M. Mintslov propose donc, dans l'intérêt de la santé publique, la promulgation d'une loi qui imposerait l'obligation de déclarer le contenu de la bouteille et grèverait d'impôts plus considérables les imitations. Enfin, dans le but d'empêcher des mélanges nuisibles à la santé, il préconise une rigoureuse surveillance sur la fabrication de ces vins. L'intention est excellente, mais il va de soi que cette loi n'arrêterait en aucune façon les contrefacteurs, puisqu'ils sont précisément intéressés à cacher leur fraude le plus possible. Elle n'atteindrait donc que les fabricants qui, déjà aujourd'hui, mentionnent sur leur étiquette : « Champagne fabriqué par les procédés français », — tel, par exemple, le Champagne Henri Rœderer. Ici il y a, si l'on veut, imitation, mais non contrefaçon servile. C'est un vin français, du moins cette maison l'affirme dans les annonces qu'elle fait insérer dans les journaux russes. Mais rien n'empêche que ce

soit, et dans une large mesure, du vin de Crimée, manipulé par des ouvriers venus de
France, sous la direction platonique d'un
Henri Rœderer, lequel, je crois, n'a de
commun que le nom avec Louis et Théophile
Rœderer, les propriétaires des fameuses
marques françaises. Mais, d'après l'enquête
à laquelle je me suis livré, il paraît que le
public russe n'est nullement induit en erreur
et que cette entreprise est loin d'avoir tiré
profit de la confusion de nom qu'elle escomp-
tait.

Ce qui réellement est préjudiciable au
commerce du champagne en Russie, c'est la
contrefaçon, ou l'imitation directe, de marques vraiment françaises. Ici, la poursuite
judiciaire, en vertu des lois existantes, ou
même la simple menace de poursuites, comme
j'ai pu m'en convaincre, pourraient intervenir
utilement. Ainsi, quelque temps avant mon
passage à Kiev, le représentant de la maison
Louis Rœderer avait mené grand tapage au
sujet de quelques bouteilles frelatées qu'il y
avait découvertes, et menacé le vendeur de poursuites ; cela avait suffi pour inspirer aux dé-
linquants une crainte salutaire et, depuis, la

contrefaçon avait cessé dans cette ville (1).

Il en fut de même pour l'affaire qui m'avait été confiée : à la première sommation de l'avocat qui en avait été chargé, ceux qui étaient soupçonnés de vendre des falsifications de la moutarde blanche de Didier, cessèrent aussitôt leur trafic illicite et, depuis, ils ne l'ont pas repris. Dans une autre affaire de contrefaçon, le directeur de l'Union des Fabricants, M. de Maillard de Marafy, m'a dit avoir obtenu des résultats plus rapides encore en écrivant simplement à la maison russe qui vendait les produits contrefaits. Il reçut aussitôt une réponse par laquelle on l'informait courtoisement qu'on avait agi de bonne foi et qu'après cet avertissement on s'abstiendrait désormais.

L'intelligente intervention de l'Union des

(1) La maison Louis Rœderer a eu aussi recours à un autre moyen pour entraver la contrefaçon de ses vins. Elle a publié et publie encore dans les journaux russes des avis très apparents, où elle prévient le public des contrefaçons et imitations frauduleuses de sa marque et donne en même temps un cliché reproduisant son bouchon estampillé, avec l'explication de son procédé de bouchage. C'est, en effet, une excellente mesure et elle atteindrait encore mieux son but si cet avertissement était publié dans l'organe franco-russe, répandu à profusion, dont nous avons démontré l'utilité.

Fabricants s'est fait sentir dans d'autres cas
encore. Malheureusement, trop peu de nos industriels font partie de cette union et l'apa-
thie de la majorité permet à la contrefaçon de
s'épanouir à l'aise en Russie. A Riga, notamment, il existe des imprimeries dont le principal travail consiste à contrefaire les étiquettes de toutes sortes, et surtout des maisons françaises. A Odessa, on falsifie les huiles
d'olive, les cognacs, la moutarde, le savon de
Marseille, etc. A Moscou, dans les cabarets
de nuit, quand vient le moment psycholo-
gique où les clients ne sont plus capables de
distinguer la qualité, on débite du champagne
entièrement du crû de Moscou. Dans la même
capitale, un marchand de produits pharmaceutiques, dont je connais le nom, contrefai-
sait, il n'y a pas longtemps, diverses spécialités françaises ; la menace d'un procès a mis
fin à son industrie. Etc., etc.

Depuis 1896, époque où fut révisée toute la
législation russe sur les marques de fabrique,
les brevets d'invention, et sur les dessins de
modèles, en un mot, sur la propriété industrielle, la contrefaçon et l'imitation frauduleuse des produits étrangers sont choses sévè-

rement punies. Suivant M. de Maillard, si compétent en la matière et dont les travaux font autorité, cette nouvelle loi est une des meilleures qui existent sur cette question, par sa netteté, sa concision, qui ne donnent prise à aucune fausse interprétation. Nos fabricants pourraient donc, s'ils le voulaient, faire respecter leur marque et ne pas laisser déprécier leur nom. Ils pourraient de même se préoccuper d'établir, comme règle de principe, que chacune de leurs expéditions soit accompagnée d'un certificat d'origine afin de prévenir des cas comme celui que j'ai signalé tout à l'heure, de l'entrée frauduleuse, par voie de Hambourg, de vins soi-disant français. C'est le moment de rappeler l'utilité, — déjà prônée au point de vue des frais de transport, — de l'envoi direct des marchandises par voie maritime.

Cette question, d'ailleurs, a attiré l'attention de la Chambre de Commerce de Paris, en ce qui concerne l'exploitation française aux États-Unis. Enfin, le gouvernement russe pourrait appliquer les mesures prohibitives prises en France depuis 1899 contre les vins étrangers dont le récipient ne porterait pas une marque indélébile indicatrice de leur pays d'origine.

M. Boutiron, chargé d'affaires de France à Saint-Pétersbourg, m'a rappelé que le syndicat des marchands de vins de champagne à Paris a proposé à la douane russe un capelet spécial, qu'il faut faire sauter complètement pour ouvrir la bouteille et dont l'absence serait un témoignage de fraude. On pourrait aussi faire usage d'un plomb particulier, désignant toute bouteille sortie des caves des syndiqués français.

M. Boutiron suggère également l'idée de faire déléguer par l'Office national un conseiller du Commerce extérieur, à l'effet de rechercher et de signaler la contrefaçon.

Mais, dans cette question comme dans toutes les autres que j'ai passées en revue, il suffirait d'un peu plus d'initiative et de moins de laisser-aller de la part des intéressés pour que la renommée de nos produits et, par suite, leur vente reprennent leur rang.

# DEUXIÈME PARTIE

## PRODUITS FRANÇAIS A EXPORTER EN RUSSIE

---

## CHAPITRE X

### CONSIDÉRATIONS GÉNÉRALES

Articles de luxe, articles courants, articles demandés sur
le marché, articles à bas prix.

Nous avons examiné les divers moyens
employés pour l'extension de notre commerce
en Russie. Il reste à indiquer les principales
marchandises françaises qui peuvent avantageusement concourir sur le marché russe contre celles des autres pays.

On sait, je l'ai rappelé plus haut, que
pour la fabrication et la vente au dehors des
objets de luxe, la France, quoi qu'on fasse,

sera difficilement dépossédée de sa suprématie; c'est là une question de goût, de tour de main, de science traditionnels, qu'on n'a pas su égaler jusqu'ici et qu'apprécie la clientèle raffinée appartenant à ces mêmes nations qui sont les plus redoutables rivales du commerce français. La progression de notre exportation de ces objets en Angleterre et en Allemagne le démontre assez.

Mais les classes aisées sont, relativement à la masse des consommateurs, le petit nombre. C'est la vente de l'article courant, bon marché, qui entre pour la part colossale dans les transactions intérieures ou extérieures; c'est elle qui donne les chiffres prodigieux, déjà cités, de l'exportation allemande. C'est donc de ce côté surtout que le commerce français doit diriger ses efforts.

J'éprouve quelque gène à répéter à des négociants cette vérité de La Palice. Cependant le brave capitaine, qui ne manquait pas de bon sens, serait en droit de leur demander aujourd'hui pourquoi ils demeurent figés dans leurs principes surannés : vendre cher, quoique peu, plutôt que bon marché, mais beaucoup? Ils me permettront, en tous cas, d'emprunter à un des leurs ces sagaces conseils : « Il y a toujours une petite classe de gens riches ou de goût, — dit M. Aubert, — qui demandent de belles choses, et ceux-là ne regardent pas au prix. Il n'y a pas pénurie de fabricants ni d'objets fabriqués pour cette clientèle. Mais, pour la masse des consommateurs, qui augmentent tous les jours... il faut de l'article courant, bon marché (1). »

Oui, l'article courant, bon marché ! C'est à ce prix seulement que le commerce extérieur de la France prendra l'essor voulu, en Russie comme ailleurs.

Mais ce n'est pas tout : il faut encore produire l'article tel qu'il est demandé sur le marché qu'on cherche à conquérir. Et c'est aussi ce que font les Allemands. Ecoutons plutôt ce qu'en dit M. Aubert dans l'ouvrage cité (2) :

« Le plus beau fleuron de leur couronne de qualités commerciales est assurément de savoir fabriquer les produits qu'on leur demande, conformes au besoin de la clientèle. Voilà une grande supériorité sur nous ou sur les Anglais.

(1) Georges Aubert. — *A quoi tient l'infériorité du commerce français*, — p. 58. •

(2) Pages 50 et suivantes.

» Vous allez chez un fabricant de coutellerie de Sheffield ou de Thiers ; vous trouvez chez l'un les éternels couteaux de table à lame large et à manche d'ivoire, chez l'autre les non moins éternels couteaux de table à manche d'ébène et à lame étroite ; ni chez l'un, ni chez l'autre, vous ne trouverez le couteau en usage en Allemagne, ou en Egypte, ou en Chine.

» Allez à Solingen, chez un fabricant, vous serez stupéfait : il aura une collection de deux cents modèles ou plus, de toutes tailles, de toutes formes, de toutes qualités.

» Il vous montrera le couteau pour la France, celui pour la Russie, celui pour les Indes ; vous verrez les machetés pour la Colombie, ceux pour Cuba, ceux pour chaque autre pays, tous différents de poids, de grandeur, de forme, etc.

» Sur chaque échantillon sera écrit le pays de destination, la grandeur, le poids, la qualité, le prix, l'escompte, la façon de l'emballage, etc.

» L'acheteur de l'étranger qui viendra chez nous ou à Sheffield mettra deux heures à expliquer ce qu'il veut et, s'il commande, il ne saura même pas si ce qu'on lui livrera sera bien ce qu'il lui faut, et la plupart du temps, le prix ne sera même qu'approximatif.

» A Solingen, en deux minutes il sera fixé !

» L'exemple que nous citons pour la coutellerie est le même dans tous les articles, et nous avons admiré bien souvent cette perfection qu'ont acquise les Allemands pour préparer et soumettre les collections de leurs produits.

» Montrez un article à un fabricant en Allemagne et dites-lui : pouvez-vous me faire cela, dans telles conditions, pour tel pays ? Si vous arrivez à tel prix, nous pourrons en vendre. — Aussitôt l'Allemand fera un modèle et exécutera la commande, de quelque importance soit elle.

» En Angleterre et en France, on vous répondra : Pardon ! vous ne me répondez pas d'une vente certaine, d'une grande vente qui me couvre du premier coup de mes frais. Personne ne m'a jamais demandé cet article : peut-être je n'en vendrai plus jamais. Non ! merci !

» Ou alors, ils établissent un prix de revient énorme, comptant dans leur première facture tous les frais qu'ils auront pu avoir pour créer l'article, au lieu de ne faire supporter à ces essais qu'une petite partie des dépenses faites, et les balancer ultérieurement par le profit des nouvelles commandes. »

J'ai cité longuement M. Aubert, parce que la question vaut un examen attentif, parce que c'est un négociant expérimenté qui parle et que rien ne frappe davantage que l'exemple fourni par l'expérience. Aussi, me permettra-t-on de me référer à une autre opinion non moins compétente, celle de M. Guy : « Au nom de la réputation de la France, le fabricant refuse de modifier ses procédés et de satisfaire les demandes des étrangers, demandes qui souvent s'expliquent, en effet, par une esthétique spéciale, mais quelquefois aussi par des besoins et des nécessités que l'industrie n'a ni à juger, ni à condamner. Ce que nous disons de nous, nous pouvons le répéter des industriels anglais (1). »

Tout autre est le fabricant allemand. « Il possède, — dit encore M. Guy, (2) — des facultés d'adaptation qui lui permettent de donner satisfaction aux goûts et aux besoins que

(1) Camille Guy, — *Des moyens de provoquer l'adaptation des produits de l'industrie aux besoins du commerce extérieur et aux habitudes des populations,* — p. 6.

(2) *Ibidem,* page 7.

ses clients lui manifestent. Le résultat est que, dans certains pays, les Allemands ont amené à eux les neuf dixièmes de la clientèle et que, préoccupés de la satisfaire à tout prix et par tous les sacrifices possibles, ils sauront la garder et la défendre contre toute concurrence étrangère. De cette évolution et de ses lamentables conséquences, les preuves sont nombreuses et significatives, » et M. Guy en cite une, caractéristique, d'après un article de Arvède Barine, dans la *Revue des Deux-Mondes* : « Il y a des années, l'Angleterre exportait en Russie des quantités considérables de mouchoirs rouges qui servaient surtout de mouchoirs de tête pour les femmes. Ils étaient de forme oblongue. Les femmes russes les auraient voulu carrés, mais le Lancashire résistait, d'autant qu'un changement de forme impliquait un changement d'outillage. Les jeunes filles russes continuèrent donc à maudire leur coiffure, jusqu'au jour où leur tristesse fut changée en joie par l'arrivée d'un commis-voyageur allemand. Aujourd'hui, leurs têtes sont toujours égayées de mouchoirs pourpres... mais ils ne viennent plus de Manchester. »

Nos commerçants ne récoltent pas de meilleurs résultats, sous le prétexte, il est vrai, qu'ils ne tiennent pas à produire de la camelote : « Pour les clients ordinaires qui, étant le nombre, sont aussi les maîtres, il ne faut pas d'article trop cher, fût-il excellent et durât-il plus longtemps. Quelque légitimes que puissent être les scrupules de nos industriels, l'expérience de tous les jours leur donne tort et démontre que jamais ni l'étranger, ni l'indigène ne se résoudront à payer plus cher pour être mieux servis (1). »

D'ailleurs, il n'est pas exact que les objets courants soient nécessairement de la camelote. Nous avons indiqué les conditions de vente à l'étranger qui permettent à nos concurrents de réduire considérablement leurs frais de négoce et de déverser par suite sur la place des produits de qualité moyenne, d'un prix cependant abordable aux petites bourses. C'est la quantité vendue qui fait récupérer les sacrifices consentis sur les prix, sans que la qualité en soit pour cela amoindrie. C'est une vérité trop connue, suffisamment pratiquée en France même par les grands magasins de nouveautés, pour qu'il soit besoin d'y insister.

(1) Camille Guy, *Ibidem*, page 8.

Certaines conditions locales imposent
même l'obligation de vendre des articles de
peu de durée, ce qu'on appelle « la camelote ».
Les Allemands, toujours bien informés, en
citent cet exemple dans leur *Export-Hand-
Adressbuch*, qui est entre les mains de tous
leurs commerçants : « Les Chinois sont habitués à préparer leur nourriture dans des vais-
seaux de fer à parois très minces ; le riz est
vite cuit, mais la casserole est brûlée en peu
de temps et il faut la remplacer souvent. Une
maison anglaise, pour défier toute concurrence, expédia en Chine un lot de pots de fer
plus épais, plus résistants, et qu'elle livrait à
des prix plus bas. Les Chinois se laissèrent
d'abord séduire et les pots de fer furent enle-
vés en moins de rien. Ce succès fut de brève
durée, car la vente s'arrêta net au bout de
quelques jours. La raison en était logique : le
combustible coûte très cher en Chine ; les cas-
seroles anglaises étant plus fortes, le riz cui-
sait plus lentement et, en définitive, elles re-
venaient à un prix beaucoup plus élevé que
les anciens pots de fer, dans lesquels le riz
était tout de suite cuit. Les Chinois revinrent
à leurs anciens ustensiles, d'un usage beau-

coup plus économique. » (*Le Temps.* — *20 février 1898.*) Cet exemple, choisi ici parmi bien d'autres, montre bien qu'il faut savoir se conformer aux besoins du marché local et ne pas ériger en principe immuable celui de la bonne qualité.

Une objection plus sérieuse consiste à faire valoir le prix élevé de la main-d'œuvre en France et peut-être aussi les impositions fiscales. Mais si, sous ce rapport, l'Allemagne est plus favorisée, l'Angleterre et les Etats-Unis notamment, se trouvent, au point de vue du coût de la main-d'œuvre, dans des conditions analogues, sinon pires que les nôtres. Et cependant leur commerce distance également de beaucoup le nôtre sur presque tous les marchés nouveaux, y compris la Russie. C'est qu'aiguillonnées par l'âpre combat pour les débouchés, les deux nations anglo-saxonnes, plus entreprenantes que les races latines, ont cherché et trouvé le moyen de pallier à l'inconvénient signalé, — inconvénient relatif, puisqu'il s'agit de l'amélioration du bien-être de l'ouvrier, — et ce moyen est le perfectionnement de l'outillage.

C'est là une question des plus importantes.

Les Américains ont un procédé de fabrication bien préférable au nôtre, que nous pourrions sans peine modifier. Notre matériel est généralement coûteux, parce que très fini, très solide. Le matériel américain, si ingénieux qu'il soit, est à peine dégrossi, coûte par conséquent moins cher, s'use vite et se remplace vite aussi... par quoi? par un matériel perfectionné. Le nôtre est inusable, mais il vieillit dans sa routine et le fabricant hésite à le changer, parce que ce seraient de trop grands frais généraux ! L'industriel français ne manque certes pas d'esprit inventif; c'est même, nous l'avons constaté, sa qualité dominante lorsqu'il s'agit de façonner un objet de choix; il n'a donc qu'à vouloir appliquer la même ingéniosité à l'exploitation industrielle sous toutes ses formes, pour se trouver facilement au niveau de tous ses concurrents, les surpasser même.

# CHAPITRE XI

## DÉTAIL DES PRODUITS A EXPORTER.

Articles déjà exportés. — La convention commerciale de 1893. — L'exportation avant et après cette convention.

Examinons les principaux produits qui, dès à présent et dans *les conditions actuelles de la fabrication française* et du marché russe, peuvent quand même y trouver le placement, sauf, bien entendu, à adopter les procédés de négoce employés en Russie par nos concurrents.

Il serait trop long d'entrer ici dans le détail voulu. Les intéressés qui désireraient se renseigner plus spécialement à ce sujet n'ont qu'à consulter les substantiels et fréquents rapports des agents diplomatiques et consulaires, insérés dans les publications de l'Office national du Commerce extérieur et du ministère du Commerce et de l'Industrie, qu'il est indispensable de répandre à profusion. Je me bornerai donc à établir, d'après mon enquête et les documents russes et français consultés, l'état général des échanges entre la France et la Russie. J'aurai notamment à montrer :

1° Les catégories de produits français qui trouvent déjà dans l'Empire un débouché rémunérateur et dont l'exportation pourrait augmenter encore ; 2° les nouveaux articles à exporter ; et 3° les produits russes à importer en France, à l'avantage réciproque des deux pays, tant au point de vue de la production que de la consommation.

L'étude du premier point est facilitée par la désignation officielle des articles français sur lesquels on a obtenu la réduction des droits de douane par la Convention additionnelle conclue entre la France et la Russie en 1893. C'est évidemment après une étude approfondie du pouvoir de production et des besoins de consommation des deux parties contractantes, et en prenant en considération les vœux des intéressés, que les deux nations ont conclu cet accord. Sous la réserve que j'ai faite au chapitre des Douanes d'une meilleure classification des articles et de leur tarification douanière, c'est donc là l'indication la plus exacte des échanges que, des deux côtés, on désirerait développer le plus.

Parmi les *cinquante-deux* articles désignés, nommons les principaux :

Condiments divers : olives, légumes, fruits et autres aliments préparés à l'huile, au vinaigre, en conserves; pâtés. — *Réduction de 15 %/₀ sur le tarif des douanes russes du 12 juin 1891.*

Confiserie : fruits au rhum, aux liqueurs, au cognac, etc. Chocolat, cacao. — *Réduction de 15 %/₀.*

Eaux-de-vie et spiritueux. Rhum, cognacs, etc. en fûts et en barils. — *Réduction de 10 %/₀.* — En bouteilles. — *Réduction de 15 %/₀.*

Vins de raisin, mousseux ou non. — *Réduction de 15 %/₀.*

Eaux minérales, naturelles ou artificielles. — *Réduction de 10 %/₀.*

Fromages. — *Réduction de 10 %/₀.*

Poisson mariné, à l'huile, ou salé. — *Réduction de 15 %/₀.*

Peaux préparées, laquées. Chaussures pour dames, achevées ou non ; gants. — *Réduction de 15 %.*

Cadres et baguettes. — *Réduction de 25 %.*

Ciments. — *Réduction de 10 %.*

Faïences. — *Réduction de 10 %.*

Majoliques de toutes espèces. — *Réduction de 25 %.*

Produits chimiques et pharmaceutiques. — *Réduction de 25 %.*

Médicaments préparés, dont l'importation est autorisée d'après des listes spéciales. — *Réduction de 20 %.*

Huiles végétales alimentaires et à brûler. — *Réduction de 10 %.*

Eaux aromatiques sans alcool. — *Réduction de 10 %. — Cosmétiques et parfums. — Réduction de 15 %.*

Zinc, cuivre, alliages de cuivre et autres métaux non précieux, fonte de fer, fer, acier, façonnés ou non. — *Réduction de 10 %.* — Sauf les outils pour l'agriculture, arts, métiers, usines. — *Réduction de 15 %.* — Machines, et appareils montés ou non, autres que ceux servant à l'agriculture. — *Réduction de 10 %.* — Machines et appareils agricoles non pourvus

de moteurs à vapeur et non spécialement dé-
nommés. — *Réduction de 25 %.*

Instruments de laboratoire et appareils de
précision. Télégraphie, téléphones, photogra-
phie, électricité, etc. — *Réduction de 15 %.*

Instruments de musique. — *Réduction de
20 %.*

Papiers de toute espèce et ouvrages en papier (abat-jour, fleurs artificielles en papier et
autres, etc.) — *Réduction de 10 %.*

Étoffes tissées et tricotées, en laine avec ou
sans mélange de coton. — *Réduction de 20 %.*
— Sauf les articles de laine dans lesquels il
entre de la soie. — *Réduction de 10 %.*

Dentelles de soie ou autres. — *Réduction de
10 %.*

Chapeaux et autres coiffures à rubans avec
leurs garnitures. — *Réduction de 15 %.* —
Chapeaux en poils ou en feutre. — *Réduction de 25 %.*

Plumes ; fleurs et plantes artificielles. —
*Réduction de 15 %.*

Articles de mercerie et de toilette, jouets
d'enfants. — *Jouissance d'une réduction
de 10 % lorsqu'il y entre des matières de
prix: soie, nacre, écaille, ivoire, métaux dorés*

*et argentés, etc. ; et de 20 %, lorsque les parties ou ornements sont en matières ou en métaux non-précieux : corne, os, bois, porcelaine, verre, écume, baleine, jais, etc., etc.*

En vertu du traité de commerce de 1874, tous les autres articles, jouissent du traitement de la nation la plus favorisée.

Voyons maintenant, groupés en catégories principales, les articles français exportés en Russie pendant la période quinquennale antérieure à 1893, puis pendant cette année même de la conclusion de la convention (car elle est entrée en vigueur en juillet), et enfin pendant la période quinquennale postérieure.

Comme il ne s'agit plus de chiffres globaux venant à l'appui de considérations générales, je prends cette fois, pour plus d'exactitude, les chiffres notés à l'importation française par la statistique des douanes russes, et non ceux relevés à l'exportation par la douane française ; de même, tout-à-l'heure, je constaterai l'importation russe en France d'après la statistique française et non russe. On sait, en effet, que les déclarations de sortie des marchandises sont bien moins exactes que celles de leur entrée, soumise à un rigoureux contrôle fiscal.

En outre, le transit des marchandises par les pays intermédiaires, désignés souvent comme ceux de provenance ou de destination, fausse également les chiffres des échanges réels entre les pays en cause (1).

Voici donc, d'après le tableau de statistique de la douane russe, les articles français, par catégories, importés dans l'Empire: (Voir p. 135.)

(1) En ce qui concerne les exportations de la France en Russie, les chiffres donnés par les tableaux officiels du commerce de la France s'écartent tellement de ceux de la statistique officielle russe qu'ils semblent inexplicables, même par le fait des déclarations de sortie inexactes et du transit. On se demande même s'il n'y a pas là une erreur matérielle, car, pour certaines années, les chiffres français de l'exportation de la France sont plus de 2 fois 1/2 moins forts que ceux indiqués par la statistique russe pour l'importation en Russie. Ainsi, en 1888, dans le tableau officiel du commerce de France, l'exportation en Russie figure pour 13,7 pour le commerce général et 10 millions pour le commerce spécial *en francs*, tandis que la statistique des douanes russes, chiffre l'importation de France en Russie à 12,4, *en roubles*:

| | CHIFFRES FRANÇAIS EN FRANCS | | | CHIFFRES RUSSES EN ROUBLES | | |
|---|---|---|---|---|---|---|
| En : 1889, | 17 millions 9 | | | 18 millions 9 | | |
| — 1890, | 16 | — | 6 | 18 | — | 8 |
| — 1891, | 13 | — | 6 | 16 | — | 8 |
| — 1892, | 12 | — | 5 | 17 | — | 5 |
| — 1893, | 21 | — | 5 | 27 | — | 9 |
| — 1894, | 23 | — | 8 | 28 | — | 3 |
| — 1895, | 22 | — | » | 22 | — | 8 |
| — 1896, | 25 | — | » | 23 | — | 4 |
| — 1897, | 25 | — | 5 | 21 | — | 7 |
| — 1898, | 39 | — | 4 | 27 | — | 1 |

| | EN MILLIONS DE ROUBLES | | | COMPARAISON DE L'ANNÉE 1893 AVEC LES PÉRIODES | | | |
| | | | | 1889-1892 | | 1894-1898 | |
| | De 1889 à 1892. | 1893. | De 1894 à 1898. | En plus. | En moins. | En plus. | En moins. |
| --- | --- | --- | --- | --- | --- | --- | --- |
| Vins. | 3,41.6 | 4,61 | 5,30 | 1,19 4 | | | 0,60 |
| Poisson mariné. | 0,54 | 1,28 | 0,83 | 0,74 | | 0,35 | |
| Laines de toute espèce. | 0,64 | 3,34 | 2,23 | 2,70 | | 1,11 | |
| Soie. | 2,42 | 2,40 | 2,23 | | 0,02 | 0,17 | |
| Métaux bruts. | 0,64 | 1,46 | 1,00 | 0,82 | | 0,46 | |
| Peaux. | 0,25 | 0,45 | 0,54 | 0,20 | | | 0,69 |
| Gommes. | 0,07 | 0,68 | 0,70 | 0,61 | | | 0,02 |
| Huiles végétales | 0,77 | 0,71 | 0,56 | | 0,06 | 0,15 | |
| Couleurs. | 0,72 | 0,75 | 0,73 | 0,03 | | 0,02 | |
| Briques. | 0,12 | 0,15 | 0,43 | 0,03 | | | 0,28 |
| Tissus de soie | 0,35 | 0,53 | 0,39 | 0,18 | | | 0,59 |
| Tissus de laine. | 2,43 | 0,52 | 0,48 | 0,10 | | 0,65 | |
| Objets en métal. | 1,11 | 3,53 | 2,90 | 2,42 | | 0,63 | |
| Total. | 11,47.6 | 20,42 | 18,52 | 9,02.4 | 0,08 | 2,04 | 1,67 |
| Autres marchandises. | 6,52 | 7,48 | 6,78 | 0,96 | | 0,70 | |
| Total général. | 17,99.6 | 27,90 | 25,30 | 9,98.4 | 0,08 | 3,71 | 1,67 |

Il résulte de ce tableau que l'exportation française n'a que très peu profité de la réduction du tarif russe pour les articles désignés dans la convention de 1893, tandis que précisément la vente de certains articles taxés au tarif ordinaire a, soit décuplé, soit quadruplé. Ainsi, parmi ces derniers, nous voyons les gommes, dont il avait été vendu pour 70.000 roubles dans la période de 1889 à 1892, monter à 700.000 roubles ; les briques, de 120.000 à 430.000 roubles. Parmi les articles bénéficiant de la nouvelle convention, nous n'apercevons une augmentation sensible que dans l'exportation des objets de métal, qui passent de 1.110.000 à 2.900.000 roubles ; des laines de toute espèce, de 640.000 à 2.230.000 roubles ; des peaux, de 250.000 à 540.000 roubles ; des tissus de soie, de 150.000 à 590.000 roubles ; et des vins, de 3.416.000 à 5.300.000 roubles. Pour les autres, le mouvement est insensible ou stationnaire, et il en est même dont la vente a diminué, telles les huiles végétales, dont le trafic est descendu de 770.000 à 660.000 roubles.

Ce qui frappe encore dans ce tableau, c'est l'empressement montré par nos négociants, en 1893, à profiter de la nouvelle convention, dans

la croyance où ils étaient que seules les taxes
douanières les avaient empêchés jusqu'alors de
faire des affaires en Russie. L'accroissement
de notre exportation dans ce pays s'étend,
cette année-là, à presque tous les articles et
son chiffre total est de près de 28 millions de
roubles, après la moyenne de 18 millions des
années précédentes. Or, ce ne fut là qu'une
poussée bien éphémère. Dès qu'on s'aperçut
que ce n'était pas tant les droits d'entrée qui
gênaient le commerce avec la Russie, mais
bien d'autres conditions que nous avons examinées précédemment, l'exportation de la plupart des articles exposés à la concurrence di-
minua, tandis que les marchandises dont la
France est exportatrice malgré tout continuaient leur mouvement ascendant. Ainsi
le poisson mariné dont la vente, en 1803,
avait atteint 1.280.000 roubles, ne figure plus,
dans les cinq années suivantes, que pour une
moyenne de 830.000 roubles ; la laine de toute
espèce descend de 3.340.000 à 2.230.000 roubles ; les métaux bruts, de 4.460.000 à 1.000.000
de roubles ; les objets en métal, de 3.530.000
à 2.900.000 roubles ; les tissus de laine, de
530.000 à 480.000 roubles, et le mouvement

général, qui était en 1893 de 28.000.000 de roubles, s'abaisse, dans les cinq années qui suivent, à une moyenne de 25.000.000 de roubles, en chiffres ronds.

Ce défaut d'activité, cette négligence à profiter d'excellents débouchés qui, — la réduction des droits aidant, — sont offerts en Russie aux articles qui peuvent facilement lutter contre la concurrence étrangère, ressortent davantage encore quand on voit ces mêmes articles importés en Russie par les Belges, les Américains, les Anglais, et surtout les Allemands.

En effet, ces derniers qui ont obtenu, par le traité de commerce de 1894, l'abaissement équivalent du tarif conventionnel russe, ont fait passer leur exportation en Russie de 180.000.000 de marks en 1893, et de 190.000.000 en 1894, progressivement à 215.000.000 en 1895, 355.000.000 en 1896, 346.000.000 en 1897, et 410.000.000 en 1898 ; elle a donc plus que doublé, et cela pour les mêmes articles dont nous pouvons lui disputer la vente. On estimera avec moi que tous nouveaux commentaires deviennent inutiles, la comparaison des chiffres étant suffisamment concluante.

Par contre, en vertu de son accord de 1893

avec la France, la Russie n'obtint l'application de notre. tarif minimum que sur un seul article : les huiles de pétrole et leurs dérivés et résidus. De ce fait, elle fut simplement placée sous le même régime que l'Amérique, sa plus redoutable concurrente dans la vente de ce produit. Or, pendant la période de 1889 à 1892, qui précéda cet accord, la Russie avait exporté en France pour 1.145.000 roubles par an, en moyenne ; en 1893, pour 1.160.000 roubles et depuis, de 1894 à 1898, elle a livré une moyenne annuelle de 2.860.000 roubles, c'est-à-dire qu'elle a augmenté son exportation en huile de pétrole de 2 fois et demie, ou de 150 pour 100. Le commerce russe a donc su tirer tout son profit de l'unique concession qui lui a été faite.

# CHAPITRE XII

## VINS ET EAUX-DE-VIE DE VIN.

Avant de passer aux articles français qui pourraient trouver sur le marché russe un nouveau débouché, je crois devoir réserver un chapitre spécial à la question du vin, l'un des principaux produits du sol français, qui tient une si grande place dans notre exportation et dont la vente en Russie, déjà importante, est susceptible d'une nouvelle extension.

J'avais fait connaître dans le *Temps* (1er et 3 août 1901) les conclusions de l'enquête dont j'ai été chargé en Russie, et les raisons qui militent en faveur d'une alliance économique entre ce pays et la France. Cette question a suscité depuis de nombreux débats,

tant dans la presse que dans les milieux intéressés des deux pays, et que des problèmes
commerciaux d'une solution urgente alimen-
tent chaque jour.

En France, la mévente des vins a amené
particulièrement l'attention sur les droits
élevés dont ils sont frappés en Russie. Dans
le même journal qui publia mes articles, « un
vigneron » a consacré une série de lettres aussi
documentées que spirituelles à « la crise du
vin », où il reproche aux diplomates, sinon
leur indifférence, du moins leur ingénuité en
ce qui touche la production et la vente de nos
vins à l'intérieur et à l'étranger. Il a pris,
entre autres, texte de mes articles du *Temps*
pour railler aimablement ma prétendue affirmation de profane que *le vin est un produit
de luxe*. Je cite : « Autre diplomate. Celui-
ci n'est peut-être pas de la carrière, mais il a
été envoyé en mission officielle. Il revient de
Russie : il a vu quantité de choses intéressantes, il vous a écrit récemment, et notre
commerce extérieur tirera profit de ses lettres.
Tout ce qu'il dit est excellent, doit être excellent ; mais, pour le vin, qui est ma partie, je
demande à rectifier. Il dit : « La France ne

peut expédier en Russie que des produits de luxe... des vins... » Nous y voilà ! Et ils sont tous les mêmes. Pensez-vous sérieusement qu'on puisse demander à M. Crozier, dont c'est cependant le métier, d'introduire des ambassadeurs pour discuter en conférence le régime des vins à cinq sous. Mais on se tordrait. On se tordrait noblement, sans doute, comme on apprend à se tordre au quai d'Orsay. »

Les diplomates ont bon dos, et sur leur dos on peut dauber avec d'autant plus de sécurité qu'on les sait peu enclins à polémiser dans les journaux. Mais n'étant pas, ou n'étant plus « de la carrière », — bien que j'avoue avoir pu en prendre le pli pendant les six ans que j'ai été attaché au « Département », — je me rebiffe et je saisis l'occasion pour renvoyer aux spécialistes le reproche qu'ils me font de connaître imparfaitement la question, alors que c'est leur propre défaut quand ils s'avisent de la traiter au point de vue international.

Tout d'abord, je ferai remarquer au « vigneron » que sa citation n'est pas fidèle et que, outre mon insistance de démontrer au contraire la possibilité de la vente en Russie des articles courants, je n'ai nullement classé le

vin parmi les produits de luxe *en général* ;
j'ai dit que certains articles français de choix,
— tel le vin, — *transportés en Russie*, peuvent y supporter des droits élevés, et je la
prouverai tout-à-l'heure, chiffres en mains.

Parfaitement ! le vin est encore en Russie
une boisson de luxe, ou, pour me servir
des termes ironiques du « vigneron », on y
est encore, sous ce rapport, « aux temps
du traité d'Utrecht, voire de Vienne ou de
Paris. » Et, en répondant à mon spirituel
contradicteur, j'entrerai en même temps dans
le vif de la question et j'essayerai de montrer
la face du problème qui semble, plus qu'aux
diplomates, être cachée à lui et à ceux de ses
collègues qui multiplient les démarches auprès des autorités publiques en faveur de
l'abaissement des droits russes sur les vins
français.

Malgré l'extension progressive de la zône
vinicole et de la production des vins en Bessarabie, dans la Nouvelle-Russie, dans la
région du Don, en Crimée et au Caucase, on
sait cependant que le vin n'est consommé en
Russie que par les classes aisées; les paysans
et les ouvriers, soit au moins 90 % de la po-

pulation, boivent de l'eau, ou bien leur boisson nationale, le *Kvass* (mélange d'eau et de farine de seigle fermentée), ou de l'eau-de-vie de seigle à l'occasion. Puis, étant donné la qualité généralement inférieure des vignes, les procédés souvent primitifs de culture et de vinification, il n'arrive du Midi, dans le reste de la Russie, que du vin transportable, de qualité moyenne ; aussi ne peut-il y être vendu moins de 50 à 60 kopeks la bouteille (1). Au cours actuel du rouble, invariable depuis cinq ans (le rouble-crédit valant le nouveau rouble-or, à raison de 2 fr. 66 2/3), 50 kopeks valent 1 fr. 33, et 60 kopeks, 1 fr. 86. Tel est donc, à l'intérieur de la Russie, le prix d'une *bouteille* de vin russe de qualité moyenne, tandis que le vin français de qualité ordinaire est vendu, lui, pas moins d'un rouble.

Voici, d'ailleurs, quelques prix de vins russes des marques les plus connues, notamment du Domaine des Apanages impériaux ; on n'y trouve pas de vins rouges à moins de 50 kopeks la bouteille (vin de Kachetie) ; les autres

---

(1) Au surplus, la quantité du vin produite dans tout l'empire atteint à peine la moitié de ce que consomme par an Paris seul.

vins ordinaires de Crimée vont de 70 kopeks la bouteille, à 1 rouble 15, type bordeaux ordinaire; les vins blancs, de 65 kopeks à 1 rouble 15, genre Saint-Émilion; le champagne de Crimée, 2 roubles 50, pris au dépôt à Saint-Pétersbourg, Moscou, Varsovie, Odessa ou autres grands centres, et même au vignoble, à Yàlta et à Tiflis.

La maison privée connue sous le nom de *Derby* ne vend pas de vins de Crimée au-dessous de 50 kopeks la bouteille, et le vin de Kachetie 60 kopeks. Le champagne Derby est vendu 3 roubles.

N'est-ce pas bien une boisson de luxe?

Calculons maintenant le prix d'un *litre* de vin français rendu en Russie, tous frais de droits et de transport compris. Prenons, comme prix suffisamment rémunérateur de vente, dans les ports de France, du vin ordinaire « loyal et transportable », le chiffre donné par le « Vigneron » du *Temps*, à savoir : 25 francs l'hectolitre. D'après lui encore, « le fret du litre de vin partant d'un de nos ports de la Gascogne ou de la Méditerranée varie de deux à sept centimes, quelle que soit sa destination au delà des mers. » Mettons donc

5 francs par hectolitre, ce qui est au-dessus de la moyenne, pour le transporter dans les ports russes de la mer Noire. Ajoutons 5 fr. de frais de logement. Les droits de douane étant de 97 fr. 70 par hectolitre, en chiffres ronds et pour les cas d'aléa, 100 francs, l'hectolitre reviendrait donc à 135 fr., ou *1 fr. 35 le litre, en Russie :* c'est, nous l'avons vu, le prix d'une *bouteille* de vin russe. Ainsi, malgré les droits d'entrée réellement élevés et que nos amis les Russes pourraient notablement réduire, il dépend quand même de nous d'augmenter la vente de nos vins en Russie. Que deviennent alors les lamentations des producteurs français et les reproches qu'ils adressent aux diplomates ?

Mais, messieurs les viticulteurs, consultez-vous, connaissez-vous seulement les rapports si étudiés, si nourris de renseignements précis, envoyés par les représentants diplomatiques, surtout par les consuls, aux deux ministères compétents, et que l'Office national du Commerce extérieur s'efforce de propager parmi les intéressés ? Si vous les connaissiez, vous ne seriez pas longs à vous apercevoir qu'ils n'ont pas seulement fait des progrès depuis « le traité d'Utrecht, voire de Vienne et de Paris », mais qu'ils peuvent encore vous aider, vous qui êtes de la partie, à distinguer entre les conditions du marché intérieur et celles du marché extérieur. Vous vous apercevriez que la crise du vin, aussi bien que celle de certains autres articles d'exportation française, n'est pas tant le résultat des droits de douane « prohibitifs », que celui de votre propre manque d'initiative. Tous les négociants exportateurs entreprenants l'affirment, les consuls le répètent et je l'ai à mon tour constaté pendant mon enquête sur place (1).

(1) M. Dumont, vice-président de la Chambre de commerce de Dijon et conseiller du Commerce extérieur, a présenté à cette Chambre un rapport étudié sur cette question. Ses propres calculs et les commentaires dont il les fait suivre pour démontrer la possibilité de l'extension de la vente de nos vins en Russie malgré les tarifs, confirment entièrement et une nouvelle fois ce que je viens de dire. M. Dumont met également à contribution les données empruntées à mon article sur ce sujet publié par *la Revue politique et parlementaire* (du 10 mai 1902) et reproduit ensuite dans le bulletin de la Chambre de Commerce russe de Paris. Voici donc une personnalité des plus compétentes, représentant les intérêts d'une ville sise « au centre du premier vignoble du monde », qui reconnaît ainsi l'exactitude des faits que je cite et le bien-fondé des conclusions que j'en tire.

(Voir : Extrait du registre des délibérations de la Chambre

On se souvient peut-être qu'à propos du voyage du Tsar en France, en 1901, MM. H. Ricard, député de Beaune, et G. Esclavy, président de la Ligue vinicole de France, au nom des 9.200 producteurs et négociants groupés autour de la Ligue, ont fait des démarches auprès des ministères des Affaires Étrangères, du Commerce, et de l'Agriculture, afin d'obtenir « que nos vins ne soient plus traités en parias chez nos alliés. » Nous avons vu en quels parias passablement cossus ils pourraient s'y présenter. Ils « pourraient », oui !... si on savait s'y prendre. Cette même Ligue vinicole, avec les puissants moyens matériels dont elle dispose, ne pourrait-elle pas se constituer, à l'exemple des Allemands, en une association pour aider à l'exportation de ses vins, ou du moins préconiser, parmi ses membres, l'envoi en commun de commis-voyageurs, la création d'agences locales, l'enquête sur place touchant la solvabilité des clients, la défense des marques de fabrique, etc. ? On pourrait vendre alors *directement* des millions d'hectolitres,

de Commerce de Dijon, séance du 5 janvier 1903, et reproduit par le bulletin de la Chambre de Commerce russe à Paris, Novembre-Décembre 1902).

avec un réel profit, et cela immédiatement, dans les conditions douanières actuelles. Qu'ils s'entr'aident d'abord, et Dieu-État les aidera !

Déjà, dans l'état présent des choses, sur la valeur totale de près de 10 millions de roubles (26 millions de francs), de vins étrangers importés en Russie en 1898, la France seule y a vendu, *par transport direct*, pour 6 millions de roubles (16 millions de francs), dont 2 millions et demi de roubles (6 millions et demi de francs), de vins fins en bouteilles. Et lorsqu'on examine la dernière période décennale dont nous possédons la statistique, nous voyons que sur 8 millions de roubles de vins importés annuellement, la France figure pour 3.300.000 roubles en 1889, et que son commerce des vins s'y développe progressivement sans fléchir une seule année pour arriver aux 6 millions en 1898; et cela, malgré les taxes, détaxes ou surtaxes que le Gouvernement russe a alternativement appliquées aux vins étrangers pendant cette période. Ainsi, l'exportation de nos vins en Russie est susceptible, malgré tout, de développement, et celui-ci serait bien plus rapide et plus important si nos vignerons et nos négociants y appliquaient l'effort nécessaire.

Ils devraient, en outre, mieux défendre leurs marques de fabrique. Les chiffres que je viens de citer sont, en effet, bien au-dessous de la véritable quantité consommée en Russie sous la dénomination de vins français. J'ai déjà dit, dans le chapitre relatif à la défense de nos marques de fabrique, que, quant au champagne, M. Mintslov a constaté la quantité prodigieuse de falsifications et d'imitations de ce vin qui entre dans la consommation russe. Par exemple, en 1894, sur 1.800.000 bouteilles, 635.000 seulement venaient de l'étranger ; 610.000 autres avaient été fabriquées « suivant le procédé français » et 654.000 par un procédé mécanique.

En définitive, le champagne authentique consommé en Russie n'entre que pour un tiers dans la quantité vendue. Mais cette proportion elle-même est encore au-dessous de la vérité, si l'on tient compte de tout le vin, dans lequel il n'entre presque pas de raisin, qui arrive de Hambourg, estampillé par la douane russe, avec cette dernière formalité pour toute garantie d'authenticité. Un autre spécialiste russe en vins, M. Alexandre Almendigen, cite l'exemple du Château-Margaux, dont, à Paris, il a payé 20 francs une bouteille datant de 3 ans. Ce vignoble ne produit que 400.000 bouteilles par an, et cependant on le trouve partout en Russie, dans tous les entrepôts, magasins, restaurants, etc., au prix de 4 francs la bouteille. La quantité vendue et le prix, dit avec raison M. Almendigen, démontrent suffisamment l'inauthenticité de ce vin. Même si la bouteille consommée à Paris a été payée un peu cher, il va sans dire qu'une bouteille du crû véritable vaut plus de 4 francs au vignoble même. Comme nous l'avons vu déjà, l'union des Fabricants de France pour la Protection de la propriété industrielle intervient parfois dans l'intérêt de ses membres ; mais les autres, les timorés, reculent devant les procédures exigées par la poursuite des falsificateurs à l'étranger. Ils pourraient du moins obvier à cet inconvénient en envoyant les marchandises directement, — munies de certificats d'origines, — c'est-à-dire par la voie de mer, et non par l'intermédiaire de l'Allemagne, qui achète souvent des vins français pour le compte de la Russie. Par là, on évite-

rait également les frais plus lourds des voies
ferrées et la prime commerciale prélevée par
les maisons allemandes, au détriment des
producteurs français et des consommateurs
russes.

Je connais aussi les doléances suggestives
confessées au correspondant d'un grand journal de Saint-Pétersbourg par les vignerons de
la Gironde au sujet de la concurrence déloyale
que leur font leurs propres compatriotes, certains négociants en vin, en « coupant » trop
libéralement les vins de Bordeaux avec ceux
d'Algérie, de Tunisie, voire d'Espagne. Mais
je préfère ne pas m'aventurer sur ce terrain
passablement brûlant. J'ai tenu simplement à
avertir les intéressés, que ces pratiques, déjà
dommageables pour les vignerons girondins,
sont signalées et exploitées contre nos vins à
l'étranger.

D'autre part, il est certain que les vins
vendus à l'étranger, qu'ils soient de qualité
supérieure, moyenne ou ordinaire, doivent
tous être riches en alcool et en tanin et, par
suite, *transportables*. Or, est-ce bien le cas
pour l'ensemble de notre production ? Voici à
ce sujet, l'opinion d'une personne autorisée,

celle du docteur Bordas, sous-directeur du Laboratoire municipal de Paris. Il disait à un rédacteur du *Temps* : « Il y a surproduction, non pas pour les vins de qualité supérieure ou même moyenne, mais pour les petits vins qui ne peuvent se conserver et doivent être, dès lors, consommés rapidement. La cause de cet excès de production est bien connue : les viticulteurs ont remplacé les vignes phylloxérées par des plants américains (greffés, s'entend), notamment l'aramon, qui donnent un rendement de beaucoup supérieur au cep d'origine française. Aussi la production, qui était avant le phylloxera de 60, 80 et 100 hectolitres par hectare, est montée, avec la vigne américaine, jusqu'à 800 hectolitres pour la même superficie. Notez encore qu'on a beaucoup planté et vous vous expliquerez aisément l'excès que l'on constate dans la production annuelle. Mais il n'y a pas surproduction pour les vins de première qualité, ou même de qualité moyenne : il n'y a surproduction que pour les petits vins qui ne peuvent se conserver et doivent être consommés vite. Alors, que se passe-t-il? Un vigneron vient de faire son vin ; il l'offre à des courtiers de grands marchands qui, sachant fort bien que le vin dont il est question ne peut vieillir, n'entendent l'acheter qu'à un prix dérisoire, mettons 5 francs l'hectolitre ; mais le vigneron n'accepte pas ces conditions. Il hésite, il attend et, dans cet intervalle, son vin se pique. Alors, il est obligé de s'en défaire à n'importe quel prix, et ce vin, dont on lui donnait 5 francs l'hectolitre, il ne peut plus le vendre qu'à 1 fr. 50. »

Telle est la véritable cause de la crise du vin à l'intérieur.

Est-ce à dire qu'on ne doive rien tenter pour obtenir l'abaissement des droits, nullement prohibitifs, c'est vrai, mais fort élevés, surtout ceux appliqués aux vins fins en bouteilles qui sont réellement excessifs ? Qui pourrait nier l'avantage d'acquitter une taxe plus raisonnable, autant au profit du producteur français que du consommateur russe ? Seulement, pour traiter, il faut être à deux : en demandant des concessions, il faut en faire à son tour : donnant donnant. Et c'est ici, dans le choix judicieux des concessions réciproques, que la diplomatie peut utilement intervenir. Les diplomates ne sont pas des spécialistes en toutes choses, c'est entendu. Mais, précisément, n'étant point de telle ou telle « partie », ils sont obligés de tenir compte de tous les intérêts nationaux, de consulter toutes les catégories de producteurs, et d'examiner le problème complexe du commerce extérieur avec le souci de concilier ces intérêts multiples, souvent opposés, sans oublier les besoins des consommateurs. Le ministre de l'Agriculture d'hier, M. Jean Dupuy, tout en assurant le Président de la Ligue vinicole que les efforts du gouvernement tendraient à obtenir de la Russie le maximum de concessions, n'a pas manqué d'ajouter : « concessions compatibles avec les autres intérêts français. »

Il faut, en outre, se préoccuper des exigences de l'autre partie contractante. En 1901, année où l'abondance de la récolte mit à l'ordre du jour avec une acuité particulière la crise vinicole, M. Delcassé, ministre des Affaires Étrangères, adressa à M. Calvet, sénateur, une lettre qui pose parfaitement la question des rapports économiques entre les deux pays : les démarches de notre Département des Affaires Étrangères auprès du Cabinet de Saint-Pétersbourg en vue d'obtenir l'a-

baissement des droits d'entrée en Russie sur les
produits des vignobles français ont été « sym-
pathiquement accueillies. » « Mais, — ajoute
M. Delcassé, — le Gouvernement russe a demandé comme contre-partie de la réduction
réclamée, des abaissements correspondants
sur le montant des droits acquittés, à l'entrée
en France, par le froment et d'autres produits
agricoles constituant le principal élément de
l'exportation russe, ainsi que la suppression
de mesures d'ordre sanitaire applicables au
bétail provenant de ce pays. »

Ainsi : passez-moi la rhubarbe, je vous pas-
serai le séné. « Je ne demande pas mieux que
de réduire nos droits sur vos vins, — nous
dit le Gouvernement russe, — mais, en
échange, laissez entrer nos blés et notre bétail. » La contre-proposition doit être examinée
avec toute l'attention qu'elle mérite; j'y procède avec le détail voulu dans la partie consacrée à l'importation chez nous des produits
russes.

Pour l'instant, je traiterai rapidement la
question de nos eaux-de-vie de vin en Russie
et de la concurrence qu'elles rencontrent dans
la production nationale. C'est là un fait nou-

veau qu'il convient de signaler afin que le négoce français, dûment averti, puisse en tenir compte.

J'emprunte les données sur la production et la consommation des eaux-de-vie de vin en Russie au *Bulletin de la Chambre de commerce russe à Paris* (N° 2 — *Mars-Avril 1902.*) La note du Bulletin étant intéressante à divers titres, je crois utile de la reproduire in-extenso :

« Le développement actuel de la production des eaux-de-vie de vin en Russie pourra avoir une répercussion sur l'importation. La France étant le principal fournisseur de ce produit, nous croyons utile de faire connaître les conditions actuelles de la production et de la consommation du cognac en Russie.

» L'industrie de l'eau-de-vie de vin en Russie est de date relativement récente ; c'est seulement au cours de ces dernières années qu'elle a acquis des chances de développement sérieux, grâce aux mesures prises par le Gouvernement, et au système de l'accise appliqué aux spiritueux et à leur commerce ; jusqu'à 1890, la production proprement dite du cognac, considéré comme produit de la distillation du vin, n'existait pour ainsi dire pas.

» Les cognacs de qualité supérieure étaient importés de l'étranger en bouteilles, ceux de qualité moyenne et inférieure en fûts. Le cognac importé en fûts était, ou mis en bouteilles à la douane au fur et à mesure des besoins, ou livré aux fabriques d'eau-de-vie pour le débit. En même temps que le cognac d'importation présenté à la consommation sous deux aspects, soit comme produit de provenance étrangère contrôlée sous estampille de la douane, soit comme marchandise provenant des fabriques d'eau-de-vie, sous estampille spéciale, on trouvait encore dans le commerce un produit désigné sous le nom de cognac russe, possédant la sève et la force ordinaires de l'eau-de-vie de vin et produit de la distillation du moût de raisin fermenté et non séparé du marc, ayant pour centre de production la région vinicole de Kizliar, dans le Caucase septentrional. C'est seulement pendant le cours de la dernière période décennale que la production de l'eau-de-vie de vin, grâce aux améliorations introduites, a commencé à devenir une branche réelle de l'industrie, principalement dans les provinces d'Erivan, d'Elisabethpol et dans la Transcaucasie, et, dans de moindres proportions, dans le Caucase septentrional, en Bessarabie et en Chersonèse (spécialement dans la ville d'Odessa). Mais jusqu'à la publication de la loi du 29 Mai 1900, qui a établi des règles fermes et précises, la distillation du vin ne pouvait prendre une grande extension.

» Les provinces d'Erivan et d'Elisabethpol possèdent chacune huit établissements qui s'occupent de la production de l'eau-de-vie de vin, et qui ont produit en 1900 dans la province d'Erivan 283.397 degrés, et dans celle d'Elisabethpol 276.842, soit en tout 560.239 degrés. De plus, les provinces de Tiflis et de Koutaïs possèdent chacune deux établissements, celles du Daghestan et de Bakou chacune un établissement, mais ces dernières ont interrompu leur production depuis cinq ans.

» L'eau-de-vie de vin produite par les fabriques de la Transcaucasie est livrée au commerce à un prix variant de 90 kopeks à 2 roubles 70 kopeks et plus la bouteille en gros.

» Tous les entrepôts possèdent, pour la préparation des qualités supérieures, des réserves d'eau-de-vie ayant de 5 à 10 ans d'existence. La force des eaux-de-vie de qualité supérieure

est en moyenne de 45 degrés, et légèrement plus élevée pour les eaux-de-vie plus
jeunes.

» Les cognacs importés de l'étranger sont
classés séparément, suivant qu'ils sont importés en bouteilles ou en fûts.

» En 1899, il a été importé 44.043 pouds de
cognac en fûts et 149.812 bouteilles.

» La France tient la première place pour
l'importation en Russie du cognac et l'Allemagne la seconde.

» Les qualités importées se répartissent
comme suit :

|  | En fûts. | En bouteilles. |
|---|---|---|
| De France . . . . | 34.824 pouds. | 104.397 bout. |
| D'Allemagne . . . | 5.199 — | 38.548 — |

» La valeur du cognac importé en 1899 a été
de 977.591 roubles pour le cognac en fûts et
de 398.894 roubles pour le cognac en bouteilles,
soit un total de 1.376.485 roubles. Le prix
moyen d'une bouteille a été de 92 kopeks pour
le cognac importé en fûts et de 2 roubles 66 kopeks pour celui importé en bouteilles.

» Le relèvement des droits de douanes sur

le cognac au tarif de 1891, doit être considéré comme un facteur très important du développement de la production nationale.

» Incontestablement, la production de l'eau-de-vie de vin en Russie est, à l'heure actuelle, sortie de la période d'essai; la pratique a démontré que toutes les contrées vinicoles possèdent les éléments voulus pour la distillation d'un excellent produit et a fixé les proportions dans lesquelles doivent être faits les coupages des eaux-de-vie provenant des diverses contrées pour constituer un produit d'excellente qualité.

» La question réside uniquement dans la nécessité de disposer du capital suffisant pour permettre aux fabriques et entrepôts de conserver des stocks plus importants d'eau-de-vie. Jusqu'ici la conservation des eaux-de-vie en Russie entraînait des dépenses excessives, nécessitées par les frais du matériel, du dépôt de la garantie du droit d'accise pour l'eau-de-vie conservée, des intérêts du capital engagé. Tout cela était autant d'obstacles au développement de cette industrie; la nouvelle loi du 29 mai 1900 tend à les aplanir : elle exempte les entrepôts du dépôt de la garantie du droit d'accise et adapte ce droit, dans une très large mesure, aux pertes résultant des distillations repétées et de l'évaporation pendant la période de conservation. Elle favorise les producteurs russes dans leur lutte avec le préjugé des consommateurs envers les produits nationaux, en garantissant jusqu'à un certain point, par l'apposition de l'estampille du fisc, la qualité de l'eau-de vie comme produit de la distillation du vin naturel sous le contrôle de l'État.

» Dans ces conditions, on ne peut guère douter que l'industrie de l'eau-de vie en Russie ne soit en voie de progrès et ne soit appelée à faire concurrence, dans une certaine mesure, à l'importation étrangère. »

En effet, dans une certaine mesure, qui doit être, à mon avis, assez minime; car, de même que pour nos vins, la France demeurera le principal fournisseur de tous les pays consommateurs de cognac, en raison de l'ancienneté de la renommée de ce produit, bien français par le sol, le climat et les procédés de fabrication. Le cognac français est, et restera, ce qu'est, et restera toujours, parmi les vins, le champagne français et autres vins fins.

# CHAPITRE XIII

## NOUVEAUX DÉBOUCHÉS SUR LE MARCHÉ RUSSE.

Automobiles. — Machines agricoles et industrielles. — Appareils électriques. — Objets en métal. — Tissus de laine et de soie. — Bijouterie, horlogerie et instruments de musique. — Meubles et autres articles fabriqués. — Produits agricoles et de la pêche.

Passons aux articles pouvant trouver un nouveau débouché sur le marché russe.

L'importance de la vente sur ce marché portant principalement sur les objets fabriqués, et la France étant particulièrement exportatrice, j'examine d'abord cette catégorie de marchandises.

Avant tout, l'industrie française dirigerait ses efforts avec un profit certain vers l'exportation des automobiles. Sur ce terrain, la France ne rencontre aucun concurrent sérieux, puisqu'elle y est au premier rang. L'objection qu'on présente souvent sur le manque de bonnes routes en Russie est loin d'être fondée. L'Empire est vaste et son réseau de chaussées est aujourd'hui de plus de 25.000 verstes dans la partie d'Europe. Je parle de routes bien empierrées, praticables en toutes saisons, et non de celles, d'une longueur de 1 million de verstes, accessibles seulement à la traction animale. D'ailleurs, afin de détruire une fois pour toutes la légende, M. Orlovsky, directeur du *Samokat*, journal russe de cyclisme et d'automobilisme, entreprit le voyage de Saint-Pétersbourg à Paris, en octobre 1899, à l'époque où les chemins sont tout détrempés par les abondantes pluies automnales de la Russie du Nord et, précisément sur toute la partie du territoire russe, il ne lui survint aucun encombre. Depuis, des courses d'automobiles ont été organisées avec le même succès, en été, entre Saint-Pétersbourg et Moscou, puis à des distances moindres, en plein hiver, sur des chemins couverts de neige (1).

(1) Je signalerai à ce propos une ingénieuse tentative, qui

Il est inutile de faire observer que là où passent les automobiles, les bicyclettes circulent à l'aise. Aussi, le nombre des vélocipèdes augmente-t-il chaque année. En 1898, il en a été importé 10.724, d'une valeur de 1.269.000 roubles, dont l'Allemagne seule a vendu pour 911.000 roubles. Nos bonnes marques n'auraient-elles donc pas une plus grande place à prendre dans ce trafic ?

Mais il s'agit surtout de l'utilisation des automobiles pour le transport des voyageurs en commun et pour celui des marchandises, soit sur rails, soit sur routes, par les chemins vicinaux et pour la correspondance avec les stations de chemins de fer. Il y a là de quoi occuper des milliers de ces voitures de poids lourd, actionnées par le pétrole, si abondant en Russie. Si nos fabricants cherchaient à conquérir ce nouveau débouché, le quintuple de leur production actuelle n'y suffirait point.

a pleinement réussi à Dresde, de locomotion à l'aide du trolley mais *sans rails*. En hiver, les roues de devant de l'omnibus sont enfermées dans des gaines, sorte de manchons, et les roues de derrière sont remplacées par des patins. Grâce à ce dispositif, les voitures circulent sans encombre sur les routes détrempées et même couvertes d'une épaisse couche de neige.

Mais les fabriques françaises sont déjà, paraît-il, impuissantes à satisfaire les besoins intérieurs. Lorsque, avant mon départ pour la Russie, je voulus me renseigner, sur les prix et les délais d'exécution, au cas d'une commande en Russie d'automobiles de poids lourd, une des plus grandes usines (1) me répondit qu'il lui faudrait au moins 18 mois, à dater de la commande, pour effectuer la livraison. Ainsi, quand une industrie est florissante, on ne cherche pas à profiter de la situation pour développer l'outillage et le mettre à même de suffire aux besoins. Un exemple analogue m'a été fourni pour l'industrie des locomotives, où un grand établissement de métallurgie (2) dut refuser la commande de 40 locomotives pour le Transsibérien.

Le Ministère des Voies et Communications de la Russie serait cependant le premier à encourager les efforts de nos fabricants. J'ai eu à ce sujet plusieurs entretiens avec son éminent chef actuel, le prince Hilkov, qui voudrait attirer surtout l'attention sur le midi de la Russie, où les routes praticables sont plus

(1) Panhard et Levassor.
(2) Cail.

nombreuses, le climat tempéré, et où les automobiles pourraient circuler pendant la plus grande partie de la saison d'hiver. Son concours est tout assuré aux tentatives des Français dans cette voie. Est-ce simple coïncidence, ou ma visite a-t-elle hâté l'expérience ? Toujours est-il que le prince Hilkov alla au Caucase pour se rendre compte en personne des facilités de circulation automobile sur les chaussées de cette contrée, et comparer la valeur respective des moteurs à pétrole, à électricité et à vapeur. Il fit le parcours tout le long de la côte qui borde la mer Noire du côté du Caucase, et rentra à Saint-Pétersbourg plus certain que jamais de la possibilité et de l'utilité de ce genre de locomotion, comme j'ai pu m'en convaincre à une nouvelle visite que je lui fis.

Enfin, pour obvier aux inconvénients des routes impraticables aux automobiles, le prince Hilkov eut l'ingénieuse idée de créer un nouveau genre de rails mobiles en bois. Ce ne sont pas à proprement parler des rails, mais de solides plateaux posés sur des traverses et pourvus de rebords, afin d'empêcher les roues du véhicule de quitter la voie. Ces voies sont

légères, bon marché et peuvent servir autant
aux chariots ordinaires qu'aux automobiles de
poids lourd. Le coût d'une verste n'est que
de 1.000 à 2.000 roubles. Un automobile de
5 à 7 chevaux peut y remorquer des charrettes
ordinaires, avec une charge de 200 à 250 pouds,
à une vitesse de 10 verstes à l'heure. Le ministre a fait déjà une expérience concluante de
ce nouveau mode de locomotion, dans le parc
de son hôtel, sur une étendue de 1/10ᵉ de
verste. A un automobile ordinaire de Dion et
Bouton de 3 chevaux 1/2, a été attachée une
charrette chargée de briques. Le poids total :
automobile, charrette avec sa charge, et les
hommes, était de 110 pouds, et bien que le
parcours restreint ne permît pas de développer
toute la vitesse possible, le convoi put circuler
à raison de 12 verstes à l'heure. De nouvelles
expériences sur une plus grande échelle et dans
un but pratique vont être faites et tout laisse
prévoir leur complète réussite. N'oublions pas
de noter que ces rails sont transportables et,
par suite, peuvent être utilisés avec un minimum de dépense.

Il faut dire qu'en général le gouvernement
russe se préoccupe beaucoup d'augmenter les

voies et moyens de transport entre les usines et lieux d'exploitation industrielle, et les stations de chemins de fer ou de bateaux.

De même, la grande Commission, nommée pour rechercher les moyens d'améliorer la situation de l'agriculture, et que préside toujours M. de Witte, s'est préoccupée en particulier de la grave question des chaussées et des chemins vicinaux. Elle a élaboré, avec l'approbation de l'autorité suprême, toute une série de mesures administratives et financières en vue d'accroître rapidement et dans de vastes proportions le réseau des routes et de le rendre praticable, autant que possible, en toute saison.

D'autre part, j'ai été témoin, à Saint-Pétersbourg, des essais faits par la municipalité pour substituer la traction mécanique à la traction animale, non seulement pour les tramways, mais encore pour les omnibus. Rappelons aussi la tentative, — signalée par le consul général de France à Varsovie, — qui fut faite pour introduire ce mode de locomotion en Pologne, notamment sur des lignes importantes : Pietrokov-Kalish et Kutno-Kalish. Cette tentative fut caractéristique en ce sens que le véhicule employé d'abord, et fabriqué à Manheim, se brisa au premier essai, à la suite de quoi l'entrepreneur s'adressa à une maison française, à laquelle il commanda plusieurs voitures. La qualité de celles-ci constatée, il est certain que l'exemple sera suivi par beaucoup. Ces essais ne sont d'ailleurs pas limités à la Pologne, car d'autres lignes, desservies par des automobiles, existent déjà en Crimée, au Caucase, etc.

Un autre débouché nouveau ouvert à notre activité est celui des machines agricoles et industrielles. En neuf ans, la valeur de leur importation a plus que triplé, car elle était de 24 millions de roubles en 1890 et de 80 millions en 1898. Ce sont les Allemands, les Anglais, les Belges et les Américains qui en détiennent la vente. Je ne vois pas pourquoi les producteurs français ne pourraient pas à leur tour vendre des locomobiles, des moteurs à gaz ou à pétrole, des machines à tisser (1), des machines pour l'imprimerie, la lithographie, la fabrication du papier, du sucre de betterave,

(1) La valeur des seules machines à tisser a plus que doublé de 1897 à 1898 ; elle s'est élevée de 7.300 000 roubles à 15.300.000.

des moulins à cylindre, des outils pour travailler le bois et les métaux, dont l'importation oscille autour de 3 millions 1/2 de roubles, etc., etc.

Parmi ces machines, j'attirerai particulièrement l'attention sur les locomobiles, qui jouissent d'un droit de faveur, sur les machines à travailler l'or et surtout sur les machines agricoles, qui entrent en franchise depuis le 1er janvier 1894. La France ne fournit guère que des trieurs et des appareils pour la culture de la vigne et la vinification. Toutes les autres machines aratoires, charrues, batteuses, moissonneuses, tarares, batteuses à vapeur, pelles et fourches, viennent d'Allemagne, d'Angleterre et des États-Unis (1). Les faucilles et les faux arrivent surtout d'Autriche et leur importation n'est jamais inférieure à 1 million de roubles. Aujourd'hui, l'attention de l'Autriche-Hongrie est attirée par son Consul général à Varsovie sur les autres engins agricoles, dont, dit-il, la de-

(1) Il est vrai que la France achète elle-même, en ces derniers temps, des moissonneuses et des faucheuses d'origine américaine. Dans ces conditions, il lui est difficile d'imposer à l'étranger un article qu'elle ne produit pas suffisamment pour ses propres besoins.

mande augmente chaque année en Russie ; et il conseille à ses nationaux de profiter du moment favorable pour essayer de distancer les importateurs actuels. Le même conseil pressant est adressé à nos industriels par le Consul de France à Novorossiisk: « Depuis 1898, dit-il, un article nouveau apparaît : je veux parler des machines agricoles qui, du premier coup, se placent en très bon rang. Malheureusement je n'ai, dans ce chapitre, aucune marque française à relever (1). »

C'est encore diverses fournitures pour installations électriques, dynamos, électro-machines de différents systèmes, câbles et conducteurs, câbles métalliques, fils de cuivre, coupe-circuits, commutateurs, compteurs, lampes à incandescence et à arc. M. Boutiron, qui, après avoir longtemps été consul général à Saint-Pétersbourg, puis conseiller d'ambassade,

(1) Signalons ici une circulaire du département des douanes du 1er août 1902, autorisant l'admission en franchise d'appareils servant à la destruction des animaux nuisibles dans les exploitations agricoles; mais ce n'est là qu'une mesure temporaire, son effet devant cesser le 31 décembre 1903. Comme elle profite surtout aux appareils de marques françaises (injecteurs Vermoul, Chaudon, etc., contre le phylloxéra), je crois en tout cas utile d'en avertir les intéressés.

a occupé le poste de chargé d'affaires de France en 1902, a bien voulu me fournir plusieurs indications utiles et fairé cette observation au sujet des installations électriques : « L'industrie locale, qui se développe actuellement, se trouve assez protégée pour lutter contre l'importation. La lampe seule ne se fabrique pas encore en Russie parce qu'elle n'est pas protégée et que sa consommation ne vaut pas le prix d'une fabrication. Celle-ci, pour être rémunératrice, devrait s'étendre à 15 millions de lampes au moins ; la consommation actuelle est de 5 millions seulement. La commission des tarifs se préoccupe d'élever le droit, qui est d'un kopek par lampe. »

Viennent ensuite les armes à feu, dont l'importation a atteint en 1897 près d'un million de roubles, et divers autres objets de métal importés, la même année, pour 25 millions de roubles.

Parmi ces objets, une mention spéciale doit être faite pour la quincaillerie émaillée, qui supplante facilement la production intérieure ; elle est vendue surtout à la foire de Nijni-Novogorod, où elle arrive par les voies maritimes et fluviales, peu grevée de frais de transport, pour être ensuite vendue en Sibérie. Ainsi le transport par chemin de fer de cette marchandise, fabriquée surtout en Pologne, coûte, de Varsovie à Nijni, 70 kopeks par poud, tandis que, envoyée du port de Saint-Pétersbourg par voie fluviale, elle ne coûte que 10 kopeks. Cet exemple montre que souvent on peut concourir même contre les produits de fabrication intérieure en expédiant les marchandises dans les ports russes reliés avec l'intérieur par de nombreuses voies d'eau navigables.

Dans la série des produits métallurgiques qui trouvent encore un écoulement considérable en Russie, on peut citer d'abord les fers et les aciers en barres et profilés. On en a importé, en 1897, 161.700 tonnes de la première catégorie et 53.000 tonnes de la deuxième ; puis les tôles, le zinc en feuilles (320.000 tonnes), les fournitures pour arsenaux, le matériel pour chemins de fer ; les embarcations en fer, qui aujourd'hui sont fournies principalement par l'Allemagne, l'Angleterre, et même la Hollande et l'Autriche (1).

(1) Notons toutefois qu'en vertu d'une décision du Comité des Ministres du 27 février (vieux style) 1901, le ministre de

Avant de passer aux autres objets fabriqués, je dirai deux mots de certaines matières premières destinées à la métallurgie et dont le sol russe, malgré sa richesse en minerai, n'a pas encore révélé la présence, du moins en quantité suffisante. Il s'agit du plomb et du zinc, qui sont même frappés de droits de sortie, ainsi que du cuivre, dont les gisements abondants attendent encore d'être ouverts à l'exploitation.

Nommons, par la même occasion, les autres articles frappés de droits de sortie : l'os brut ou ouvré, l'étoupe de laine, la masse de bois, le palmier et le noyer. Je les cite à titre d'indication pour ceux de nos exportateurs qui y auraient quelque intérêt.

Je reviens aux objets fabriqués et, avant tout, aux tissus de soie et de laine, à la laine et aux cotons filés, et autres produits de tissage et de filature, dont le commerce français subit depuis quelques années une crise pénible.

la Marine a décidé que toutes les fournitures pour son département devaient être exclusivement d'origine russe et achetées en Russie. Les commandes et achats à des intermédiaires étrangers résidant en Russie, ainsi qu'à des représentants d'usines et maisons de commerce étrangères, sont interdits.

Le développement rapide en Russie de la fabrication des soieries de qualité moyenne, barrant à présent la route aux articles d'importation, n'empêche cependant pas l'entrée des soieries françaises de qualité supérieure, tout en augmentant la demande des soies grèges et des bourres de soie. Ainsi, dans la période de 1879-1888, il en a été importé annuellement 67 tonnes ; dans celle de 1889-1898, cette importation s'élève à 695 tonnes, ou 10 fois 1/2 plus que dans la période précédente. Dans celle plus récente de 1889-1898, elle a augmenté de 18 fois 1/2 sur la période décennale de 1879-1888, avec une valeur de 8.700.000 roubles.

Quant à la part prise par divers pays à l'importation des tissus de soie, la Chine figure pour 43 %, la Perse pour 24 %, l'Allemagne pour 17 % et la France pour 7,3 %. C'est peu pour un pays qui continue à occuper dans l'univers entier le premier rang au point de vue de la transformation de la soie. Les fabriques lyonnaises, dont les tissus de haut prix trouvent aujourd'hui un écoulement assez difficile, auraient cependant chance de succès en Russie, où leur renommée est établie depuis longtemps.

Par contre, la France est, avec l'Allemagne, la principale importatrice en Russie de soie brute; sa part est de 23 °/₀ et celle de l'Allemagne de 30 °/₀. C'est trop pour un pays manufacturier et il serait préférable que l'inverse eût lieu.

Pour les tissus de laine, la France ne fournit à la Russie que 7 °/₀ de l'importation totale, tandis que l'Allemagne y entre pour 40 °/₀ et l'Angleterre pour 22 °/₀. Elle y vend moins encore de laine filée : 3 °/₀ seulement, tandis que la proportion est, pour l'Allemagne et la Grande-Bretagne, de 95 °/₀. De même pour le coton filé, l'Angleterre et l'Allemagne seules entrent dans la proportion de 77°/₀, et la France presque pour rien.

Etant donné la situation difficile dans laquelle se trouvent ces deux industries textiles, auxquelles échappent de plus en plus les marchés anglais et américains, tandis que la Russie importe annuellement pour 17 millions de roubles de laines filées, pour 6 millions de tissus de laine, pour 4 millions environ de tissus de soie, et pour plus de 4 millions de coton filé, il est évident que l'activité de nos négociants aurait grand intérêt à se tourner vers la Russie. Et j'ajouterai que la Pologne surtout a besoin de cotons filés.

Déjà, en 1894, les rapporteurs compétents de la Commission permanente des valeurs de douane, se préoccupant de la situation fâcheuse dans laquelle se trouvait cette industrie, disaient : « L'origine du mal est évidente, elle ressort avec un relief éclatant de tous les faits, de tous les témoignages. C'est la mauvaise situation de notre commerce d'exportation. L'exportation, et une exportation grandissante, active, expansive, est nécessaire à l'industrie textile française, comme l'air est nécessaire à la vie. Le soin de nous ménager l'accès des marchés étrangers, où nous avons depuis longtemps des relations d'affaires, et de nous ouvrir des débouchés nouveaux, doit être la préoccupation dominante de ceux qui ont le périlleux honneur de veiller à la conservation et au développement de la richesse du pays, et qui ont souci d'assurer à la France le rang si honorable qu'elle occupe et qu'elle a toujours occupé parmi les nations manufacturières du monde. »

Depuis, la crise n'a malheureusement rien

perdu de son acuité et les rapports de la Commission permanente ne cessent tous les ans de répéter que, dans cette branche de l'industrie, notre matériel est en général moins nouveau et moins perfectionné, que la réunion de la filature et du tissage dans une même exploitation empêche les filateurs de se spécialiser et d'abaisser leurs prix de revient, que nous n'avons pas assez égard aux habitudes et aux besoins spéciaux des consommateurs exotiques, etc., etc., en un mot, tous les errements que nous avons signalés déjà.

Après ces deux grandes industries : métallurgie et tissages, d'autres objets fabriqués sont susceptibles d'une vente relativement importante : telle la bijouterie fine et simili, ainsi que les fournitures pour simili. Il faudrait faire aussi un nouvel effort, et plus soutenu, pour accroître l'écoulement de l'horlogerie et des instruments de musique. La première est fournie aujourd'hui par la Suisse et l'Allemagne et, dans une proportion beaucoup moindre, par la France ; les seconds le sont principalement par l'Allemagne. En ce qui concerne les pianos, nos bonnes marques françaises trouvent déjà, mais pourraient trouver davantage, un débouché assuré.

Puis viennent nos meubles riches, qui se vendraient en plus grande quantité s'ils étaient offerts. De même les jouets, toujours plus appréciés pour leur cachet artistique ; les articles en cuir, les brosses et pinceaux, la papeterie de luxe et le papier à cigarettes, les livres et les tableaux, les graphophones pour lesquels les annonces allemandes et américaines pullulent dans les journaux russes ; les porcelaines, les faïences, la verrerie (pour ces articles, la France entre seulement pour 7 et 8 %, de l'importation totale, contre l'Allemagne pour 35 et 40 %.) ; les ciments, briques et tuiles, qui ont déjà assuré des profits à certaines initiatives françaises ; les tuyaux réfractaires et en grès ; les produits exotiques ou coloniaux : éponges, dents d'éléphants et ivoire, écaille, corail, bois précieux, ainsi que plumes, poils et soie.

Il y aurait une attention spéciale à porter sur les produits chimiques, les engrais, le tanin, les couleurs et produits colorants, la gélatine industrielle, le goudron végétal, l'essence de térébenthine, les teintures préparées, l'encre à écrire. Les premiers arrivent princi-

palement en Russie d'Allemagne et d'Angleterre; le tanin et les couleurs, encore d'Allemagne et aussi des États-Unis ; les engrais,
d'Allemagne et d'Angleterre, la gélatine d'Allemagne. Or, en France, nous dirigeons ces
mêmes produits surtout vers l'Allemagne et
aussi vers l'Angleterre, et le tanin seulement,
dans une proportion de 2 à 4 %, vers la
Russie. Il est donc certain qu'une bonne
partie de ces produits français arrive en Russie
d'Allemagne et d'Angleterre, grevée de frais
de transit et d'intermédiaires. Une vente directe serait beaucoup plus avantageuse pour
nous et pour les Russes.

Enfin, la gomme, la résine, le caoutchouc,
le liège, sont également d'une consommation
importante en Russie. Les trois premiers produits viennent encore et toujours d'Angleterre
et d'Allemagne, et quelque peu de France, et
le liège du Portugal. Or, ce dernier article
est fourni à la France par l'Espagne et l'Algérie. Ne pourrait-elle également puiser là
pour le compte de la Russie ?

Parmi les produits alimentaires que la
France exporte déjà et dont elle pourrait davantage développer la vente dans l'empire des

Tsars, je citerai, outre les vins, les huiles
végétales, le fromage, les sardines, la morue,
le hareng, diverses conserves, les pâtés de foie
gras, les truffes fraîches, sèches ou marinées,
les épices, le café, les fruits et légumes, les
plantes et semences.

Je n'énumère pas les autres articles fabriqués, de moindre importance, ni un certain
nombre de ceux, surtout parmi les objets
d'alimentation ou les matières nécessaires à
l'industrie, qui sont déjà exportés en Russie
et spécifiés dans la liste des produits qui bénéficient, depuis 1893, d'une réduction de
tarif. Il y aurait seulement à mentionner le
régime douanier appliqué à l'entrée en Finlande de certains produits français : le vin, le
sel de cuisine, l'huile d'olive, le liège ouvré,
qui jouissent du tarif minimum lorsqu'ils
sont importés par voie directe et sans trans-
bordement d'un port français, ou bien lorsqu'ils sont accompagnés d'un certificat d'origine, quand bien même ils auraient été trans-
bordés ou déposés dans les entrepôts de transit
des ports d'une tierce puissance, ou seraient
parvenus à ce port par une voie ferrée. Dans
ces conditions, le vin de raisin de toute es-

pèce, en fûts, paie 38 francs au lieu de 45 fr. par 100 kilogs ; le vin non mousseux, en bouteilles, 0 fr. 50 au lieu de 1 franc ; le sel de cuisine, 0 fr. 25 au lieu de 0 fr. 50 l'hectolitre ; l'huile d'olive en fûts, 18 fr. 80 au lieu de 23 fr. 50 par 100 kilogr. ; le liège ouvré, 36 francs au lieu de 42 fr. 40 par 100 kilogr. Ce tarif minimum est également applicable aux provenances de l'Algérie, de la Tunisie et autres colonies françaises.

Avant de passer à l'importation russe en France, il est bon de faire une courte remarque au sujet du récent relèvement temporaire du tarif russe sur certains articles exportés par la France. J'ai dit que cette surtaxe ne s'applique pas aux vins, cette branche importante de notre exportation, grâce à l'intervention opportune des intéressés. Elle frappe seulement, et plus spécialement, les vélocipèdes, la confiserie, les truffes (augmentation de 50 %), les cafés, les chaussures (30 %), les étoffes de coton et de velours (5 kopeks par livre). Les autres articles frappés de nouveaux droits ne nous touchent pas et, quant à ceux que je viens d'énumérer, nous nous trouvons dans les mêmes conditions que nos concurrents (1).

(1) Il serait bon de rappeler ici que, d'autre part, la France a également relevé les droits, tout récemment (en 1898 et 1899), sur certains produits, dont quelques-uns de Russie, notamment les porcs, les viandes fraîches de porc, les chevaux, le beurre; quant aux vins de raisins frais, dont la production en Russie progresse rapidement, l'augmentation des droits est particulièrement considérable. Les deux pays peuvent donc avoir les mêmes raisons de protéger leur production vinicole.

# TROISIÈME PARTIE
## PRODUITS RUSSES A IMPORTER

———

## CHAPITRE XIV

### EXTENSION DES ÉCHANGES. — LES PÉTROLES. LES CÉRÉALES.

Il s'agit enfin de savoir quels produits russes la France pourrait et devrait importer, tant dans l'intérêt de sa consommation générale que dans celui de sa consommation industrielle, afin d'étendre ainsi, en même temps, les relations économiques, fondement d'une durable et fructueuse entente entre les deux nations amies.

La Russie étant avant tout un pays agri-

cole, exportant principalement, du moins en
Europe, des denrées alimentaires et des matières nécessaires à l'industrie, je n'aurai pas,
sauf de rares exceptions, à noter d'articles
fabriqués.

J'ai déjà fait allusion aux pétroles et aux
blés, qui entrent pour la plus grande part dans
l'exportation de la Russie. Ici, je crois utile
de faire remarquer que la France aurait profit
à acheter ces marchandises à la Russie plutôt
qu'aux États-Unis : la distance entre les ports
français et les ports russes, est bien moins
grande qu'entre ces premiers et l'Amérique ;
par suite, les denrées en question doivent revenir à meilleur compte. Je n'ignore pas que
les Américains réduisent au minimum leurs
frais de transports maritimes et peuvent, sous
ce rapport, soutenir toute concurrence. Mais,
c'est précisément en vue de cette réduction, qu'il y aurait avantage à augmenter
le tonnage des chargements, ce qui abaisse-
rait le coût du transport, non seulement des
céréales, du pétrole, mais encore des autres
marchandises tant russes que françaises. Nous
arriverions alors à la solution cherchée de la
question, déjà traitée plus haut en détail, du

transport régulier et à bon marché par la voie maritime.

« Si on veut la prospérité certaine de la marine marchande, il faut qu'elle dispose de fret en quantité suffisante à la fois à la sortie et à l'entrée, le fret de sortie provenant des exportations, et le fret de retour étant fourni par les importations ; il faut que les navires ne soient pas exposés à revenir sur lest, sinon ce retour renchérit dans des proportions considérables le fret de sortie... Le fret ne saurait donc être remplacé par la prime ». Qui émet cette vérité élémentaire ? Le gouvernement français, par l'organe des ministres compétents, ceux du Commerce, des Finances, des Travaux publics, dans l'exposé des motifs de la loi sur les « zones franches ».

Malgré la quantité déjà appréciable de pétrole russe introduite en France, l'Angleterre en absorbe une plus grande quantité encore et des chargements considérables partent des ports de Batoum et de Novorossiisk à destination de Londres, Liverpool, et même Anvers et Hambourg, contournant ainsi toutes les côtes de France. Et voici qu'un syndicat particulier vient de se former en Angleterre en vue d'augmenter la vente du pétrole russe à l'étranger, notamment à Londres.

Actuellement, la part de l'Angleterre dans la consommation du pétrole russe est de 30 %, tandis qu'elle n'est en France que de 24 %. D'autre part, en 1893, année de l'application du tarif minimum aux pétroles de Russie et des États-Unis, la première a exporté en France 5 millions de kilogr. d'huiles de pétrole brutes, et l'Amérique 210 millions de kilogr. ; la première, 2 millions de kilogr. d'huiles raffinées et essences, et la seconde, 40 millions de kilogr. ; pour les huiles lourdes, seule la Russie nous a exporté 23 millions de kilogr. et les autres pays seulement 12 millions. Au total, 30 millions de kilogr. pour la Russie, et 250 millions pour les États-Unis, ceux-ci n'exportant pas d'huiles lourdes. De 1894 à 1899, l'exportation en France des deux pays s'est répartie comme suit :

|      | Russie | États-Unis |
|------|--------|------------|
|      | Kilogr. | Kilogr. |
| 1894 | 61.000.000 | 254.000.000 |
| 1895 | 71.500.000 | 241.000.000 |
| 1896 | 67.000.000 | 255.500.000 |
| 1897 | 74.500.000 | 263.500.000 |
| 1898 | 86.500.000 | 283.500.000 |
| 1899 | 88.000.000 | 282.000.000 |

On remarquera la disproportion considérable de notre importation de pétrole de ces
deux pays. Et cependant, outre celle déjà
invoquée, deux autres raisons importantes
militent en faveur de la préférence à donner
aux pétroles russes : d'abord le prix, le cours
des huiles russes, brutes ou raffinées, étant
toujours de 50 centimes à 1 franc par 100 kilogr.
au-dessous de celui des huiles américaines ;
ensuite, la qualité du pétrole brut. D'une
densité plus élevée, celui-ci contient en bien
plus grande quantité de précieux produits de
distillation, comme la paraffine, la vaseline,
la benzine, les huiles à lubrifier, le goudron
et autres résidus, dont le prix varie de 60 à
150 francs les 100 kilogr., tandis que l'huile
brute ne vaut que 7 francs. Enfin l'Amérique
a plus d'avantage, ses produits étant plus
légers, à les introduire en France déjà raffi-
nés et met ainsi un obstacle à un plus grand
développement de la raffinerie française. De
fait, tandis que la Russie exportait, en 1893,
23 millions de kilogr. d'huiles lourdes, et seulement 2 millions d'huiles raffinées et essences,
les États-Unis exportaient plus de 40 millions
de kilogr. de ces dernières. La proportion est

la même les années suivantes et on arrive à se chiffrer, en 1899, pour les huiles raffinées et essences des États-Unis, à 18 millions 1/2, et pour celles de Russie à 103.000 kilogr. seulement, tandis que notre importation de cette dernière en huiles lourdes et résidus, est de 33 millions de kilogr.

On objecte, il est vrai, que l'outillage des raffineries françaises de pétrole est établi depuis longtemps en vue de la manipulation du pétrole américain et que, par suite, il serait trop onéreux de transformer tout cet outillage pour raffiner le pétrole russe. On constate également que la benzine et la ligroïne russe n'ont pas le poids spécifique des produits similaires américains, qui sont utilisés dans les moteurs employés en France. Ces objections ne sont que des prétextes à l'inertie. D'abord, la raffinerie française a pu déjà utiliser le naphte russe en distillant ensemble les pétroles américain et russe ; on obtient ainsi un mélange possédant les qualités des deux pétroles sans en avoir les défauts : un éclairage parfait, n'exigeant aucune modification des lampes. Ensuite, au dire des personnes compétentes, l'adaptation des appareils au raffinage des pétroles russes ne serait pas si onéreuse, ni si compliquée qu'on l'affirme; mais, même en l'admettant, rien n'empêche, lors de la création de nouvelles usines, ou de l'agrandissement de celles déjà existantes, de tenir compte de l'avantage résultant, tant pour le fabricant que pour le consommateur, de traiter les huiles lourdes du Caucase, si riches en dérivés. La même remarque peut s'appliquer, avec non moins de raison, aux moteurs à pétrole. On trouve la meilleure preuve que cette adaptation nouvelle n'est pas un obstacle, dans les tentatives, fort louables d'ailleurs, qui ont pour but de remplacer les moteurs à pétrole par ceux à alcool, qui exigent une transformation plus radicale, sinon un changement complet dans les appareils.

Et puisque, incidemment, je touche à cette question, je ne puis m'empêcher de rappeler que dans bien des cas l'alcool ne saurait remplacer le pétrole. Une publication compétente en cette matière, la *Revue industrielle*, dit notamment à ce sujet : « Les personnes qui se sont mis dans la tête, en Allemagne et en France, de nous faire remplacer le pétrole par l'alcool, aussi bien pour l'éclairage que pour la force motrice, sont obligées de reconnaître que l'alcool est loin de posséder le pouvoir calorique du pétrole. Elles ne l'avouent pas hautement; mais quand elles ont à procéder à des expériences, elles arrivent petit à petit à carburer leur alcool pour en améliorer le rendement. Nous n'y voyons pas grand mal, à la condition qu'on n'appelle pas alcool un mélange d'alcool et benzine dans lequel la proportion de benzine varie de 20 à 50 %. »

Enfin, le chauffage par le naphte, remplaçant avantageusement et à divers titres le charbon pour alimenter les chaudières des navires, des locomotives et des usines, est également une grave question, si l'on considère le résultat qu'il a déjà donné après une longue expérience en Russie, et plus récemment en Amérique. Je citerai seulement les quelques essais concluants que viennent d'en faire certains armateurs américains. On a constaté qu'à poids égal, le naphte utilise tout son calorique, tandis que le charbon n'en consomme que 90 %. En outre, sa force de chauffage dépasse de 70 % celle du charbon : 1 kilogramme d'anthracite transforme en vapeur 10 kilogrammes d'eau, et 1 kilogramme de

naphte, 16 kilog. 50, d'après les expériences
de laboratoire ; dans la pratique, le résultat
est moins élevé, mais encore supérieur de
50 %, autrement dit, deux tours de naphte
équivalent à trois de charbon. Il y a donc, également économie de volume, c'est-à-dire de
logement, ce qui est un grand avantage pour
les navires, les transatlantiques notamment,
obligés d'emmagasiner de 5 à 6 tonnes de
charbon. Le naphte présente aussi l'avantage
d'un chargement plus facile, plus rapide ; et
son emploi exige un personnel plus réduit :
une pompe remplace toute une armée de dé-
bardeurs, et il en est de même pour l'équipe
de chauffe. Il est démontré que, sous ce rapport, une tonne de naphte présente une économie d'environ 10 francs sur la même quantité de charbon. De tous ces avantages, il
résulte que le chauffage des navires par le
naphte réalise sur le charbon une économie
de prix de 56 %.

Ces constatations ont été faites par les navires de la Compagnie canadienne des chemins de fer. Aussi d'autres compagnies américaines et anglaises emploient-elles de plus
en plus ce combustible liquide, concurrem-

ment avec le charbon, et suivant les ports à desservir. C'est là, pour les Américains, un nouveau moyen de supplanter leurs rivaux européens par la réduction des frais de leurs transports maritimes. Il n'est donc pas inutile de signaler à nos armateurs et aux grandes compagnies françaises ce fait nouveau et si important dans le trafic par mer : il nous serait possible, à nous aussi, de réduire les frais en employant du naphte russe.

Enfin, je n'ai pas à traiter ici la question de l'établissement en France, d'ailleurs éventuel, du « monopole de la fabrication des huiles minérales brutes ». Quel que soit le raffineur, l'État ou l'industrie privée, le bénéfice des achats en Russie demeure le même sous bien des rapports.

Passons maintenant au blé, cette autre branche principale de l'exportation russe.

La lettre, que nous avons citée en parlant de la mévente du vin, de M. Delcassé à M. Calvet, nous dit les conditions que le Gouvernement russe mettrait à l'abaissement de ses tarifs sur les vins et les eaux-de-vie de vin français : réduction correspondante de droits d'entrée en France sur les blés et autres produits agricoles, ainsi que suppression de mesures sanitaires applicables au bétail russe. Il s'agit donc de savoir dans quelles limites ces concessions pourraient être faites sans nuire aux intérêts de notre agriculture et à la santé publique. Examinons d'abord l'importante question des blés, importante autant pour notre production que pour notre consommation de ce principal « aliment complet. »

Un fait est certain : bon gré mal gré, nous importons plus ou moins de blé suivant nos besoins, dépendant eux-mêmes de notre récolte. Nous n'en avons demandé à la Russie en 1894 que pour 18 millions de francs, tandis que deux ans plus tard, en 1897, elle nous en a fourni pour la valeur de 160 millions. C'est là le minimum et le maximum de l'importation du froment russe pendant la dernière période décennale, de 1889 à 1898, et cependant ces extrêmes ne sont séparés que par l'intervalle d'une année; il n'y a donc, dans ce pouvoir de production d'une part et de consommation de l'autre, ni progression, ni régression d'un effort conscient dû, par exemple, à des mesures douanières ou à l'habileté commerciale, mais au simple hasard des influences climatériques.

C'est tellement certain que M. Méline, l'un des défenseurs les plus autorisés de la doctrine protectionniste, fut lui-même obligé de suspendre les droits de 7 fr. sur le blé durant deux mois de 1898. De fait, ayant la responsabilité du pouvoir, cet homme d'État n'eût pu agir autrement : lorsque la production d'un aliment indispensable au pauvre comme au riche ne suffit plus à la consommation, on ne saurait se dispenser de le faire venir de l'étranger, et au meilleur compte possible. Lors de la discussion au Sénat du projet des « bons d'exportation », que par euphémisme on nomma « bons d'importation », M. Couteaux — protectionniste, lui aussi, mais d'une sage modération et d'une science pratique — fit observer dans son remarquable discours : « Le libre échange et le protectionnisme sont des doctrines qu'il faut pratiquer ou abandonner tour à tour, suivant les besoins du pays. »

Cette juste observation s'applique particulièrement à la France. Celle-ci est principalement une nation industrielle : elle vend à l'étranger trois fois plus d'objets fabriqués qu'elle n'en achète, et sa consommation d'objets d'alimentation et de matières nécessaires à l'industrie dépasse de beaucoup sa production. Aussi, quelle que soit la doctrine économique du jour, nous sommes forcés d'importer suivant les besoins de notre consommation alimentaire et industrielle. Tel est le cas notamment pour le blé. La France en consomme actuellement 122 millions d'hectolitres, d'après les évaluations de M. Couteaux ; 130 millions, d'après celles de la Commission permanente des valeurs de douane. Par contre, notre production annuelle de blé, en prenant la moyenne des dix dernières années, est seulement de 105 millions d'hectolitres. C'est donc 17 ou 25 millions d'hectolitres qui nous manquent chaque année, et aucune muraille de Chine ne saurait augmenter sensiblement le rendement de notre sol, dont la culture est déjà fort intensive et, par suite, souvent onéreuse. Aussi *le blé tient-il toujours la tête parmi les objets d'alimentation importés en France.* Ce n'est certes pas pour favoriser la spéculation sur le pain cher que nos protectionnistes les plus ardents réclament sans cesse de nouveaux droits sur le blé, ou l'institution de bons d'exportation. On sait que leur dessein est de ne pas laisser avilir les prix et de sauvegarder ainsi les intérêts de l'agriculture. Reste à savoir si ce but est atteint par l'élévation des tarifs de douane et dans quelles limites on pourrait souhaiter sa réalisation.

La France étant une nation industrielle à population dense, possédant des terrains de culture limités, ne peut que chercher, par une activité plus grande de ses manufactures et de sa vente à l'extérieur d'objets fabriqués, à se créer des ressources pour le paiement des produits d'alimentation qu'elle importe forcément. Et si l'on empêche, par des mesures factices, cet équilibre naturel de se produire, la cherté des vivres fait augmenter aussi le prix de la main-d'œuvre, rend difficile, sinon impossible, la concurrence de l'industrie nationale contre ses rivales du dehors, et atteint par là même la masse des ouvriers; et cela dans un pays où, sur 10 millions d'électeurs, le blé est acheté par 9 millions et produit par 1 seul million. Au reste, les cultivateurs eux-mêmes ne souffrent-ils pas à leur tour de l'augmentation des salaires, non seulement des ouvriers des champs, mais encore des ouvriers de fabriques et d'usines, et par suite, du renchérissement de toutes les denrées et de tous les objets manufacturés, sans même tirer une compensation réelle du prix élevé auquel ils espèrent pouvoir vendre leurs produits.

On croit, en effet, que si on laissait entrer librement, ou seulement frappés de droits insuffisants, les blés étrangers, on atteindrait gravement une branche importante de notre agriculture, et cela malgré la productivité de notre sol et le climat propice. Ce serait exact s'il s'agissait de la viticulture, par exemple, ou encore de l'horticulture et de la culture potagère, qui conservent une situation réellement privilégiée : abondantes, elles donnent des produits de première qualité et non seulement suffisent à la consommation intérieure, mais peuvent encore déverser leur trop-plein au dehors, où elles jouissent d'ailleurs d'une renommée justifiée. Ces conditions exceptionnelles se rencontrent moins souvent dans les autres pays de culture semblable, tandis que les céréales sont cultivées partout et dans les pays spécialement agricoles avec plus de succès que dans les pays industriels ; certains, comme la Russie et l'Amérique du Nord, sont de véritables greniers universels. Ici, les cours de la denrée ne dépendent plus de la récolte plus ou moins abondante d'une région limitée, mais de la production du monde entier. Le prix du blé est principalement influencé par l'état du marché international, et ce ne sont pas les droits de douane derrière lesquels on espère s'abriter qui peuvent arrêter les effets de la loi de l'offre et de la demande, qui règlent aujourd'hui, grâce à la facilité des communications, le commerce universel des blés.

Voici quelques données à l'appui : les importations du froment en France ont pris une réelle importance, tandis que les exportations sont tombées à peu près à zéro, à partir de 1878, bien que le tarif de douane minime de 60 centimes par quintal fût appliqué depuis 1860. Or, le prix de l'hectolitre de blé s'est maintenu à 23 fr. 08, par rapport aux 23 fr. 42 en 1877, où les importations balançaient les exportations. Bien mieux : l'année suivante, 1879, a été, en France, au point de vue de la récolte, la plus mauvaise du siècle, et le prix du blé, au lieu de monter en proportion des besoins, a au contraire fléchi à 21 fr. 92. En mars 1885, le droit sur le blé fut porté à 3 fr., et néanmoins les cours tombèrent de 17 fr. 76 en 1884 à 16 fr. 92 en 1885. Les cours du marché international demeurant toujours bas, on crut y pallier en France par le relèvement successif des droits sur les blés à 5 fr. en 1887, puis à 7 fr. en 1892. Malgré cette nouvelle taxe, qui représente 50 pour 100 du prix de revient d'un quintal, les cours fléchissent de 23 fr. le quintal en 1892 à 21 fr. 50 en 1893 ; et il faut noter qu'en France la récolte a été bonne précisément en 1892 et mauvaise en 1893 ; seulement l'inverse s'était produit dans les pays de grande production. Viennent successivement trois années, 1894, 1895, 1896, où la récolte est abondante en France, et cependant, sans autre raison que l'influence du marché universel, les cours sont en hausse en 1896 sur ceux de 1894 et de 1895. En 1897, la récolte est en déficit partout; le prix monte à ce point qu'avant la nouvelle récolte de 1898, excellente en France, on est obligé de suspendre pendant deux mois de cette dernière année tout droit de douane, et le cours moyen de l'année se maintient quand même à 26 fr. 81. En 1899, la récolte étant bonne partout, le prix est de 20 fr 50. Et lorsqu'on compare, pendant la même période, les cours du blé en France à ceux de l'Angleterre qui ne taxe aucun produit d'alimentation, on s'aperçoit mieux encore combien ils sont solidaires des prix du marché universel, dont le siège principal est à Londres : la différence moyenne n'est nullement de 7 fr., — montant de la taxe française, — mais seulement de 2 fr. 50. Enfin, je ne fais point entrer ici, — cela conduirait trop loin, — les considérations relatives à un facteur important du commerce international : la valeur marchande des métaux monétaires, qui subit souvent des fluctuations sensibles.

Ainsi, il est difficile de soustraire par des mesures douanières notre production agricole à l'influence des récoltes et des stocks d'approvisionnement des autres pays. Il est également malaisé de pousser par ces mesures à l'augmentation du rendement de notre culture. Elle ne peut être qu'intensive, et elle l'est déjà à un haut degré ; vouloir lui demander davantage, c'est oublier que le blé appauvrit beaucoup le sol et demande par suite des engrais abondants ; que la propriété foncière en France est trop morcelée pour pouvoir supporter l'accumulation des capitaux sur des surfaces aussi restreintes. Par contre, en Russie, en Amérique, grâce à leurs territoires immenses, la production agricole est extensive et se fait avec une avance de capitaux relativement faible. Comment, dans ces conditions, la culture intensive pourrait-elle lutter avec quelque succès contre la culture extensive?

Je me demande même si nos grands propriétaires fonciers, disposant de terrains et de capitaux suffisants, sont placés dans des conditions plus avantageuses que le petit fermier pour soutenir la concurrence contre la production étrangère? Voici du moins ce qu'affirmait récemment le duc N..., un des propriétaires les plus importants des bords de la Loire, dans une conversation avec un journaliste russe, rapportée dans un journal de Moscou : « En France, aujourd'hui, il faut être très riche et, de plus, un original prodigue, pour être agriculteur et se livrer à l'agriculture. Ce luxe n'est permis qu'aux pauvres gens, aux petits fermiers qui n'ont pas à payer l'élément principal : le travail. Étant donné l'élévation des impôts fonciers perçus par l'État, et surtout par le département, la cherté de la main-d'œuvre et la concurrence des blés de Hongrie, des Balkans et d'Amérique, une grande propriété, disposant d'un capital de roulement, n'a aucun intérêt à cultiver les céréales, les blés. Même dans les années d'abondance, cette culture n'est pas productive. » Aussi, le duc et, affirme-t-il, la plupart des propriétaires fonciers, ont-ils renoncé pour toujours à ensemencer leurs terres. Lui-même s'occupe de tout, sauf de culture : dans sa ferme modèle, il fait élever de la volaille, vend du lait, du beurre et du fromage, des légumes, des fruits ; il élève des moutons à laine et des moutons à viande, des chevaux, qu'il vend à la remonte par dizaines chaque année, à raison de 700 à 1.000 fr. par tête ; enfin, il traite et vend des vins.

On ne réfléchit pas plus à cette situation particulière de l'agriculture française qu'aux conditions du marché universel ; et aujourd'hui encore, nous avons vu se reproduire une nouvelle tentative pour « protéger efficacement notre agriculture » par l'institution de bons d'exportation. Heureusement, l'argumentation lumineuse, pleine de sens et de savoir, du Ministre de l'Agriculture, M. Dupuy, du Ministre des Finances, M. Caillaux, de M. Couteaux et d'autres orateurs du Sénat, n'a pas eu de peine à démontrer que ce serait là une nouvelle prime à la spéculation, sans profit aucun pour les petits cultivateurs, qui pour la plupart ne produisent le blé que pour leur propre consommation et, s'ils le vendent, du moins n'est-ce pas eux qui l'exportent. « Qui donc paiera la prime de sortie des blés ? — demanda M. Jean Dupuy. — Ce seront le consommateur, l'ouvrier, le citadin et, tandis que le Trésor sera obligé d'accroître les impôts, tandis que le consommateur paiera son pain plus cher, tandis que le prix de la vie s'accroitra chez nous, notre blé ira se vendre au dehors, à bas prix, pour le plus grand profit de nos concurrents. » M. Méline lui-même s'était montré à la Chambre, et pour les mêmes raisons, hostile aux bons d'exportation.

Ne peut-on en dire autant des effets de la taxe élevée appliquée actuellement aux blés ? Nous avons vu que oui. Nous pouvons, nous devons donc entr'ouvrir nos frontières aux blés russes. Je dis « russes », parce que c'est en Russie que nous cherchons aujourd'hui à vendre nos vins, que nous pourrons également exporter nos produits horticoles et potagers, ainsi que ceux de notre industrie.

Il est une autre circonstance qui nous invite à nous entendre avec la Russie sur ce terrain. C'est qu'elle est, sur le marché universel, le principal fournisseur de seigle; aussi l'importance de son offre de cette céréale influe-t-elle notablement sur les cours. Or, la France ne consomme pas de seigle; sa production est relativement insignifiante et ce serait plutôt à l'Allemagne qui, après la Russie, en produit, en consomme le plus, et en est la principale tributaire de la Russie, à s'inquiéter de la situation prépondérante du seigle russe sur le marché. Les fournisseurs de blé sont plus divers, et la Russie autant que les autres ne peut en imposer le prix. Les économistes russes en conviennent eux-mêmes. L'un d'eux, M. V. Kaspéroff, qui traite la question du commerce des céréales dans la publication officielle, éditée à l'occasion de l'Exposition universelle de 1900 : *La Russie à la fin du dix-*

*neuvième siècle* (1), dit que, pour le seigle, le produit du vaste bassin du Volga détermine les prix, non seulement en Russie, mais aussi dans l'Europe entière.

« Il est vrai, ajoute-t-il, que l'influence des contrées du Volga est transmise à l'Europe occidentale par le mécanisme compliqué du marché international grâce auquel cette influence est atténuée et devient moins brusque; cependant, c'est elle qui détermine les principales directions et les principaux mouvements des prix, en hausse ou en baisse ; seule, elle est assez puissante pour agiter jusque dans ses fondements le marché européen. »

Par contre, quant aux blés, la Russie est loin de jouer ce rôle prépondérant : « Si la Russie fournit plus de la moitié de la récolte des seigles du monde entier, sa récolte des blés ne représente qu'environ la septième partie de la récolte universelle. L'Amérique du Nord

(1) Ouvrage publié sous la direction de M. V. de Kovalevsky, Adjoint du Ministre des Finances de Russie, et dont l'édition française a été préparée sous la direction de M. Arthur Raffalovich, Vice-Président de la Commission Impériale de Russie à l'Exposition Universelle de Paris, agent du Ministère des Finances en France.

et l'Amérique du Sud donnent près de deux
fois plus de blé que la Russie. Aussi l'importation des blés et des farines de blé de l'Amérique sur les marchés de l'Europe occidentale
n'a par conséquent pas qu'une seule région d'où
elle tire des blés ; elle en a deux, la Russie et
l'Amérique, et les variations des récoltes dans
ces deux pays peuvent avoir lieu en sens opposé
et se compenser. »

Après avoir montré à l'aide de chiffres que
cet équilibre se produit le plus souvent, en effet,
l'auteur fait remarquer : « Cette compensation
réciproque que produisent les deux pays fournissant le marché international, a pour effet
de rendre les variations de la demande des
blés beaucoup moins considérables que celles
des seigles ; aussi les prix du blé sont-ils beaucoup plus constants que ceux du seigle... *Le
prix du blé* est, dans toute la force du terme,
*un prix international.* »

Je l'avais constaté plus haut, et si j'y reviens
en puisant les renseignements à une source
russe c'est pour bien spécifier que nous n'avons
pas à redouter l'avilissement de nos cours par
les arrivages de blés russes, lors même que
nous leur accorderions un régime de faveur.

« Nous n'inondons plus l'Europe occidentale de nos grains, — assure l'auteur russe. — Nous aussi, nous commençons à nous inspirer de calculs économiques. Certes, il nous reste beaucoup à faire dans cette voie ; mais on peut dire dès aujourd'hui que le temps est proche où la Russie sera une alliée de l'Amérique au point de vue de la prudence et de la sagesse qu'elle appliquera à ménager les prix internationaux des grains. L'effort commun de ces deux pays de production des céréales suffira entièrement à maintenir dans l'Europe occidentale des prix peu variables. Que ces prix ne fléchissent pas trop bas et ne s'élèvent pas outre mesure, toute l'humanité contemporaine y est intéressée. Pour atteindre cet idéal, le perfectionnement du marché mondial est un moyen infiniment plus sûr que l'établissement de droits sur des céréales qui n'ont pour effet que d'empêcher l'application de combinaisons régulières ; et, dans cette voie, la Russie a marché rapidement en avant dans les dernières années du siècle qui finit. »

D'autre part, l'opinion publique, la presse, en Russie, se préoccupent de plus en plus de la fréquence des disettes dans ce pays qui constitue cependant un des greniers de l'Europe. On se demande s'il ne vaudrait pas mieux assurer d'abord, par des mesures appropriées, la consommation intérieure, que d'aller fournir à bas prix la consommation étrangère. Le prince Mestchersky, directeur du *Grajdanine*, objecte fort judicieusement : « Est-il bien sûr que la Russie produise tant de blé qu'elle ne puisse point vivre sans exportation ?... Ils ne sont cependant pas des imbéciles ou des menteurs ceux qui, après des études approfondies, affirment que la quantité de blé produite par la Russie ne suffirait point à la consommation du peuple russe, s'il en mangeait dans la même proportion que les autres peuples. Suivant ces spécialistes, le blé russe exporté n'est pas du trop-plein, mais celui dont se prive le peuple. Aussi serait-il plus sage que le peuple mangeât à sa faim le pain qu'il produit, et que sa consommation normale à l'intérieur rendît inutile son exportation. »

Le Gouvernement, à son tour, prend diverses mesures à la fois pour mieux régler le marché intérieur des blés et pour constituer des stocks de réserve qui pourraient autant que possible prévenir les conséquences des mauvaises récoltes et parer aux disettes. La grande Commission, ayant pour objet l'étude des besoins de l'agriculture, a été instituée ; des comités régionaux, composés de représentants des zemstvos de districts et de gouvernements, et d'autres personnalités compétentes, recherchent les moyens d'améliorer la condition de l'agriculteur, et, parmi leurs vœux, les plus pressants réclament d'abord qu'on assure, par des prix normaux, la subsistance du paysan. Il en résulte que nous-mêmes avons de moins en moins à redouter l'avilissement des prix comme conséquence de l'importation russe.

Une dernière remarque : le blé que la Russie exporte est principalement de la catégorie des froments durs et demi-durs ; or, la France n'en produit pas et elle en consomme beaucoup. Le froment demi-dur, riche en matières azotées, est mélangé aux blés français, tendres, à farine plus blanche, mais moins nourrissante. Quant au froment dur, il sert à certaines moutures spéciales (macaroni, vermicelle, etc.)

J'ai cherché à examiner la question sous ses faces diverses, et la conclusion logique, me semble-t-il, est bien la possibilité d'engager utilement la conversation avec le Gouvernement russe sur ce terrain de l'abaissement des droits de douane sur les blés russes contre la réduction correspondante sur les vins français. Ce n'est pas seulement notre viticulture qui en profitera, sans dommage pour l'agriculture, mais encore la fabrication manufacturière et la masse des ouvriers, qui en vit. Et, les négociations une fois entamées, elles pourront porter également sur d'autres produits agricoles du côté russe, et de notre côté, sur les produits industriels.

# CHAPITRE XV



## OBJETS D'ALIMENTATION.

Bétail et viande. — Volaille et gibier.
Beurre et œufs. — Poisson.

Parmi les autres produits alimentaires à
importer, une des premières places devrait
appartenir au bétail sur pied ou abattu. La
réponse du Cabinet de Saint-Pétersbourg, que
nous fait connaître la lettre de M. Delcassé à
M. Calvet, vise aussi la suppression en France
de mesures d'ordre sanitaire applicables au
bétail de provenance russe. La question est
plus simple : il s'agit de savoir si les raisons
qui ont motivé ces mesures, prises il y a
quelque vingt ans, subsistent toujours et si la
viande vive et à l'étal de l'élevage russe con-

vient, en tant que prix et qualité, au marché français.

Aujourd'hui, les moutons russes seuls ont accès en France; ce sont les bêtes à cornes qui sont prohibées. Or, les importateurs français protestent contre cette rigueur injustifiée. J'ai entre les mains une notice d'une grande maison importatrice de bétail de Marseille. Son auteur, en exposant les raisons qui militent en faveur de l'importation des bœufs russes en France, dit notamment: « Cette prohibition remonte à de longues années; elle trouva sa cause dans la peste bovine qui décima le bétail russe; mais *depuis bien longtemps déjà, cette cause a disparu*, et personne n'ayant réclamé contre la prohibition, elle pèse toujours aussi lourdement que par le passé. » Puis l'auteur fait remarquer que le service sanitaire concernant le bétail est beaucoup plus rigoureux en Russie qu'en France, et il fait ressortir, d'autre part, ce fait que l'entrée du bœuf américain, « dont l'état maladif n'est pas douteux, » est autorisée sans aucune restriction. Cependant l'Angleterre, elle, « dans la crainte de contaminer son bétail a imposé récemment l'abattage des bœufs américains dans les ports de débarquement ».

A son tour, la Belgique « ne les reçoit plus que par Anvers, et il s'agit seulement de ceux en route à la date du dernier règlement, qui les frappe de 45 jours de quarantaine. » Il en est de même en Allemagne. « En France, — lisons-nous plus loin, — on continue de les recevoir sans aucune difficulté; ils n'ont aucune quarantaine à faire; ils peuvent aller partout et se trouver en contact avec le bétail indigène. Il y a de ce côté un relâchement, tandis qu'on persiste à refuser le bœuf russe, duquel il n'y a actuellement rien à redouter. »

De fait, l'inspection vétérinaire est en Russie parfaitement organisée et fort vigilante, dans l'intérêt même de l'élevage, qui s'y développe d'une façon considérable. Les Allemands et les Anglais ne l'ignorent pas; les premiers, si sévères pour le bétail américain, introduisent les bestiaux russes, sur pied ou abattus, sans grandes formalités. Les Anglais, si délicats dans le choix des viandes, ont envoyé en Russie, il y a deux ans, une mission dirigée par un membre du Parlement, pour étudier sur place la question des viandes russes, autant au point de vue de la surveillance sanitaire que de la qualité des produits. Les membres de la mission ont étudié en détail les abattoirs de tous les centres; ils ont visité les régions considérées comme pouvant être suspectes et ont consigné leurs observations dans un rapport circonstancié qui, sur tous les points, a été des plus élogieux. Depuis, les produits de l'élevage russe ont un large accès en Angleterre, sans précautions spéciales.

Plus récemment encore une mission, cette fois envoyée par la Société agricole de Moscou, s'est rendue à Londres pour y étudier les meilleurs moyens de transport du bétail russe en Angleterre, ainsi que les conditions de ce marché. La mission y a rencontré l'accueil le plus empressé des autorités, des producteurs et des négociants anglais, qui l'ont renseignée sur les sortes de viandes demandées. De son côté, le gouvernement russe multiplie ses encouragements, souvent sous forme de subsides, aux sociétés russes d'élevage, dans le but de leur faire produire des races bovines et ovines répondant à la qualité demandée sur les marchés étrangers.

Un nouveau règlement sanitaire a été promulgué le 12 (25) juin 1902. Il prescrit une surveillance des plus étroites et des mesures sévères concernant la prophylaxie et l'extinction des épidémies animales, et l'immunisation des produits animaux. On a créé de nombreux postes d'inspecteurs ; les vétérinaires, agents de police, et toutes personnes appelées à soigner les animaux, même celles qui ne sont pas au service de l'État ou de la municipalité, sont tenus de dénoncer les cas suspects et des mesures sont prises dans l'intérêt général, sans que les propriétaires des bêtes atteintes soient ou non consentants. Quand l'abattage est jugé indispensable, les propriétaires sont dédommagés. Les conditions de transport, l'enlèvement du fumier et des cadavres contaminés, etc., sont également réglementés d'une façon précise. En un mot, tout est prévu pour écarter et détruire à temps les dangers d'épidémie.

Pour ce qui est de la convenance du bœuf russe au marché français, bien qu'il ne puisse rivaliser avec nos races limousines et normandes, la chair en est suffisamment bonne. D'ailleurs, nous avons vu qu'on pourrait l'obtenir tel que nous le voudrions. C'est, du moins, l'avis de la maison de commerce de Marseille dont il a été fait mention tout à l'heure.

En ce qui concerne le transport, la même maison s'est livrée à une enquête, d'où il résulte que les bateaux français seraient disposés à amener le bœuf russe d'Odessa à Marseille a raison de 30 fr. par tête, et les bateaux anglais pour 25 fr. seulement et au maximum. « Peut-être arriverons-nous à un taux meilleur pour toute la pontée, » ajoute l'auteur de la notice. Et, à la suite d'un calcul détaillé auquel il se livre sur tous les frais de transport, de douane, de visite sanitaire, etc., il conclut que la viande russe reviendrait meilleur marché que toutes celles importées d'ailleurs, et à qualité au moins égale, à l'exception, toutefois, de la viande indigène. Au reste, — pourrais-je ajouter avec M. Krestovnikov, — il serait plus facile et plus avantageux encore de transporter en France la viande abattue : elle occupe moins de place et n'est pas exposée, comme la viande vive, aux maladies de mer et à l'amaigrissement.

En outre, nous pouvons aussi importer pour réexporter, et fournir ainsi l'Angleterre de viande russe abattue chez nous. Nous alimenterons ainsi les lignes de bateaux de la mer Noire à Marseille, et de Riga et Saint-Pétersbourg à Dunkerque, Boulogne ou Calais. Le calcul ayant déjà été fait, il serait à désirer qu'on tentât l'expérience.

Notons ensuite que le bœuf sarde, italien, suisse, belge et hollandais, étant prohibé comme atteint de la fièvre aphteuse, le bœuf français, anglais et américain ne peut suffire à alimenter notre marché. Il en est donc là de même que pour les blés, et l'on doit conclure que l'introduction de ce nouveau produit russe ne ferait nullement concurrence à l'élevage français et augmenterait avec avantage les ressources de notre alimentation.

On peut en dire autant du mouton et du porc. Le premier nous vient déjà de Russie, mais en fort petite quantité; c'est surtout la République Argentine et l'Allemagne qui nous le fournissent. Le porc salé vient principalement d'Angleterre et des Etats-Unis. On va chercher très loin ces deux sortes de viande quand il serait si facile et bien plus profitable de s'en approvisionner en Russie. La qualité peut être obtenue à souhait. Ces derniers temps, une maison d'exportation de Libau ayant demandé des jeunes porcs à viande, âgés de huit à dix mois, les éleveurs russes fournirent cette marchandise en croisant les races indigènes avec des sujets des races du Yorkshire et du Bershire. L'Allemagne apprécie beaucoup le porc russe et, à elle seule, absorbe presque totalement l'exportation de la Russie (90 %).

Cette partie du chapitre fut écrite et publiée dans la *Revue politique et parlementaire* (le 10 mai 1902), lorsque, en mars 1903, les journaux nous informèrent que M. Mougeot, succédant à M. Dupuy comme ministre de l'Agriculture, venait de lever enfin l'interdiction qui pesait sur le bétail de provenance russe. L'initiative des pourparlers entre les pays intéressées était due au gouvernement français, à M. Dupuy, assurait-on. Quoi qu'il en soit, la levée de la prohibition a reçu aussitôt une première compensation, qui n'est point négligeable, dans l'achat par le gouvernement russe de producteurs de nos grandes races, afin d'encourager par l'exemple les éleveurs russes à rechercher nos reproducteurs de préférence à ceux d'Angleterre, de Suisse, de Hollande et d'Allemagne, qu'ils ont coutume d'acheter. Aussi, outre le profit que tirerait de cette décision l'élevage français, notre consommation pourra-t-elle avoir la viande à sa convenance grâce au croisement des races bovines russes avec les races françaises.

Malheureusement, ces sages mesures et ces beaux projets sont menacés d'un autre côté, ou plutôt toujours du même côté : par le protectionnisme irrationnel. La Chambre des Députés vient de surélever encore les droits d'entrée sur le bétail, déjà fortement taxé.

Après ce que j'ai dit à propos du blé, il me semble superflu de démontrer longuement l'inanité des taxes comme moyen de protection tant de l'agriculture que de l'élevage français. Il me suffira de faire remarquer qu'ici encore la loi de l'offre et de la demande est déterminante. Nous faisons déjà venir le bœuf de l'Angleterre et de l'Amérique du Nord, le mouton de la République Argentine, de l'Allemagne et de la Russie, et notre élevage n'y peut rien, puisqu'il ne suffit pas à la consommation. M. Payen montre, dans l'*Economiste français*, combien les droits de douane sont impuissants à fixer les cours de la viande. En 1880, les cours étaient élevés, et l'importation des bêtes à cornes montait à 196.000 têtes. En 1881, l'im-

portation est seulement de 150.000 et les cours
sont en baisse. En 1882, intervient la taxe
douanière de 15 fr. sur le bœuf, ce qui n'empêche pas l'entrée de 104.000 têtes. Les cours
continuent à fléchir : on relève le droit à 25 fr.
en 1885, puis encore en 1887 et 1892 et le prix
de la viande ne s'en ressent nullement. Les
efforts devraient plutôt être dirigés, d'après
M. Payen, vers la suppression graduelle de
nombreux intermédiaires et l'organisation de
sociétés coopératives de production, voire de
consommation.

Quant à la taxe nouvelle votée par la Chambre,
l'appréciation judicieuse en est faite dans un
article du *Temps* (2 juillet 1903), sous le titre
significatif de « l'instabilité économique ».
Quel est le motif de cette surtaxe ? « Une inva-
sion de bétail étranger se serait-elle révélée ?
ou bien les cours se seraient-ils effondrés ? »
Et l'auteur répond par des chiffres édifiants.
En 1902 il n'est entré en France de bœufs
étrangers que 379 ; de vaches, 972 ; de
moutons, 171.720 seulement. Et en regard
l'auteur cite les renseignements donnés à la
Chambre par M. Mougeot sur la situation de
l'élevage français : « En 1902, le troupeau fran-

çais atteint le chiffre considérable de près de
15 millions de têtes ; sa valeur n'est pas inférieure à 3 milliards 125 millions de francs. »
Notre élevage est donc plus prospère qu'il n'a
jamais été, et cependant les cours de la viande
s'élèvent chaque année dans des proportions
également jusqu'ici inconnues. « Tandis que le
kilogramme ressortait, pour le bœuf, à un prix
moyen de 1 fr. 27, du 15 au 19 juin 1901, ce
prix était de 1 fr. 30 du 15 au 19 juin 1902, il
est parvenu à 1 fr. 35 du 15 au 19 juin 1903.
Pour le mouton, les prix actuels sont les plus
élevés qu'on ait observés pour la période du
15 au 19 juin depuis cinq ans ». Ils ont progressivement monté de 1 fr. 74 par kilogramme
en 1899, à 1 fr. 98, en 1903. C'est tout le profit
qu'a tiré de la protection et de la prospérité de
l'élevage le *consommateur* qui est cependant
M. Tout-le-monde.

« Devant de tels faits, ajoute avec raison le
rédacteur du *Temps*, on conçoit que le ministre
de l'agriculture n'ait pas pris l'initiative des
relèvements auxquels la commission des
douanes a souscrit. Non seulement le gouvernement ne les estimait pas utiles, mais il les
jugeait dangereux au point de vue de nos rela-

tions extérieures. M. le ministre des finances
a été amené à faire cette observation : la commission des douanes n'a pas jugé à propos d'entendre le ministre des Affaires Étrangères ».
En vain le ministre de l'Agriculture est inter-
venu à son tour : la Chambre « avait son siège
fait (1). »

En somme, on peut répéter ici ce que disait
la société russo-allemande pour le développement des relations commerciales entre les deux
pays, dans sa requête au Chancelier d'Allemagne, où elle protestait contre l'exclusion
projetée du bétail russe : « On peut affirmer
en toute sûreté que sur les marchés européens
les viandes russes peuvent concourir avec
succès contre la viande d'outre-mer ; les besoins de l'Allemagne ne peuvent être satisfaits
par sa production propre ; aussi les difficultés
opposées jadis à l'importation de la viande
russe pesaient-elles lourdement sur la population. En outre, il est certain que la défense
absolue de l'importation de cette viande en-

(1) Souhaitons que notre commerce des vins en Russie
n'ait pas à payer les frais de cette protection inutile du bétail.
C'est en prévision de ces éventualités que le tarif général
russe de 1903 comporte une augmentation de 33 pour 100 des
droits existants sur les vins.

travera les futures négociations pour le renouvellement du traité de commerce avec la Russie
et l'indisposera contre nous. Ce résultat serait fâcheux, car la Russie présente pour l'exportation allemande des objets fabriqués un
marché très important, dont le resserrement,
voire la perte, peut avoir pour l'Allemagne
des conséquences fatales et qui seraient loin
d'être compensées par les avantages aléatoires
que l'élevage allemand pourrait tirer de cette
prohibition. »

C'est le bon sens même, et il serait à souhaiter que les pouvoirs publics, les producteurs et les négociants français se pé-
nètrent de ce principe, afin de ne pas se laisser distancer par des concurrents, tant pour
l'exportation que pour une importation bien
comprise.

Cette réflexion s'applique aussi bien aux
oiseaux domestiques, vivants ou tués, au gibier, au beurre et aux œufs.

Les oiseaux domestiques vivants n'arrivent
chez nous que dans la proportion de 5 % de
l'exportation russe, tandis que l'Allemagne à
elle seule en consomme 70 %. Les oiseaux
tués et le gibier sont expédiés principalement

en Angleterre (57 %), et en Allemagne (37 %).
La France n'en reçoit pas du tout.

Les rapports de la Commission permanente
des valeurs de douane constatent que le commerce français de la margarine « a tué celui
des petits beurres et concentré les transactions sur les beurres de 1re qualité. » Ainsi,
ces derniers seuls peuvent être l'objet d'une
exportation rémunératrice, tandis que la consommation intérieure se pourvoit avec avantage à l'étranger. Or, l'exportation des beurres
russes augmente chaque année sur le marché
de l'Europe, par suite précisément d'une série
de mesures prises en vue de relever la qualité
de ce produit : création d'écoles professionnelles, subsides aux sociétés agricoles, emploi
de wagons et bateaux glacières spéciaux (1),
etc., etc. Depuis la construction du Transsibérien, la Sibérie entre dans ce commerce
pour une grande part. Aujourd'hui déjà, la
France se fournit en Russie dans la proportion
de 15 % de l'exportation totale de la Russie,
tandis que l'Allemagne consomme 27 %, l'Anglerre 23 % et la Turquie 20 %.

(1) Ces derniers, récemment construits et aménagés, font
le trajet de Riga en Angleterre en 3 jours 1/2.

L'Angleterre cherche déjà à profiter de ce que le tarif douanier allemand projeté pourra notablement affaiblir les transactions commerciales entre la Russie et l'Allemagne, et fait tout son possible pour remplacer cette dernière comme importatrice des produits agricoles russes, afin de pouvoir également la supplanter par l'exportation en Russie de ses objets fabriqués. Nous venons de voir ce qu'elle a fait pour la viande ; elle encourage de même les exportateurs russes du beurre, du fromage et des œufs. Elle accueille avec autant d'empressement une mission de la Société agricole de Moscou, qui trouve auprès des négociants tous les renseignements désirables sur les produits de l'industrie laitière et la promesse que ces renseignements continueront à être fournis aux intéressés, au besoin en langue russe ; en outre, les négociants britanniques s'engagent à envoyer eux-mêmes en Russie des spécialistes pour mettre sur place les producteurs au courant des meilleurs procédés de fabrication laitière. En attendant, la Russie a livré sur le marché anglais, en 1900 seulement, 10.500 tonnes de beurre.

Mais c'est surtout l'exportation des œufs

qui s'est accrue pendant ces dix dernières années. Elle est devenue 3 fois 1/2 plus considérable et elle atteint aujourd'hui la somme de
25 millions 1/2 de roubles. L'Allemagne en
reçoit plus d'un tiers, exactement 36 %, l'Autriche 29 %, l'Angleterre 22 %, la France 3,5 %
seulement.

Etant donné l'importance toujours croissante de leur exportation et que la France est
un pays importateur d'œufs, je crois utile de
reproduire ici le passage le plus significatif
d'une note parue dans le *Bulletin de la Chambre de Commerce russe de Paris*, de mai-juin
1902. Il y est dit d'abord que, pendant le seul
mois de décembre 1901, la Russie a exporté
66 millions d'œufs, au lieu de 37 millions
pendant le même mois des deux années précédentes. Puis, l'auteur ajoute : « L'expérience
a prouvé, et le développement croissant de
l'exportation en fait foi, que la qualité des
œufs russes leur permet de faire concurrence
avec succès aux œufs autrichiens, italiens et
belges. Les acheteurs étrangers sont unanimes
à reconnaître l'excellence du produit ; le seul défaut que l'on reproche parfois aux œufs russes
est leur petitesse, défaut auquel s'ajoute quel-

quefois l'inconvénient d'un triage mal fait. Ce dernier défaut est imputable aux agissements peu consciencieux des négociants russes qui servent d'intermédiaires entre les producteurs nationaux et les acheteurs étrangers. Aussi se préoccupe-t-on actuellement de rechercher les moyens de supprimer ces intermédiaires qui absorbent une partie des bénéfices et nuisent à la bonne réputation de la marchandise. On s'est arrêté à l'idée de grouper, à l'exemple de l'Allemagne, les producteurs en sociétés qui entreront en relations directes avec les acheteurs. »

D'ailleurs, en ces dernières années, la Russie a pris une place assez importante également dans l'exportation en France. Ainsi en 1901, sur le total de 164.451 quintaux d'œufs importés chez nous, l'apport de la Russie est de 37.284 quintaux. Mais, d'après le *Bulletin de la Chambre de Commerce russe*, ce qui empêche un plus grand développement de ce commerce, c'est la spéculation qui s'est emparée du marché : « Les spéculateurs allemands s'entendent entre eux et s'efforcent de régler le cours suivant leur fantaisie, sans se préoccuper de la qualité de la marchandise, ni de la situation du marché. Il faut, en effet, tenir compte, en France, de l'apport de la production nationale : cette production est insuffisante, pendant la saison (septembre-décembre), à alimenter le marché, mais elle peut à certains moments influer sur les cours. Les spéculateurs qui achètent les marchandises ou plutôt les duplicatas de lettres de voiture de wagons déjà en route, en Bourse de Berlin, car à de très rares exceptions près ils ne font jamais leurs achats directement en Russie, fixent leur prix sans se préoccuper de l'apport français, et arrivent, chaque saison, par suite de l'élévation constante qu'ils veulent faire subir aux prix, à encombrer la place. Les marchandises séjournent alors un certain temps et restent en souffrance; elles sont mauvaises au moment de la vente, ce qui en éloigne les acheteurs, et, en jetant un discrédit sur le produit, rend difficiles de nouvelles affaires.

» Les achats directs, en Russie, ont été rares jusqu'à présent, et dans les quelques cas isolés où ils ont été tentés, les spéculateurs ont combiné leurs efforts pour y mettre obstacle, employant tous les moyens pour entraver les livraisons, allant jusqu'à menacer de déprécier la marchandise et d'empêcher la vente. D'ailleurs, l'achat direct au producteur n'était guère réalisable, et il n'y avait pas intérêt à s'adresser aux intermédiaires russes, eux-mêmes peu consciencieux. Il n'en va plus de même avec la formation de sociétés de producteurs, telles que celle de Rybinsk, qui donne à la question la solution la plus satisfaisante. »

Et voici que la Société d'agriculture rurale de Moscou vient de créer un comptoir de commission pour la vente à l'étranger des produits de la ferme, et en particulier des œufs de la région de Kazan. Son but est de favoriser l'établissement de rapports directs entre les acheteurs étrangers et les producteurs russes. Il paraît que des pourparlers ont déjà été engagés dans cette région et des relations établies avec quelques importateurs français (1).

Parmi les autres comestibles, on doit attirer l'attention, toujours dans le même but de

(1) Voir pour les détails de cette organisation, et l'adresse du directeur du comptoir, M. Petrov, le *Bulletin de la Chambre de Commerce russe* de septembre-octobre 1902.

réciprocité utile, sur les produits de la pêche. Tandis que la France fournit et fournirait encore davantage à la Russie des poissons de mer, que celle-ci importe déjà en grande quantité, la Russie pourrait nous envoyer des poissons d'eau douce, particulièrement le saumon, l'esturgeon, la carpe, et, parmi les crustacés, les écrevisses, ainsi que plusieurs préparations du poisson : le caviar, comme comestible, et les vessies natatoires servant à préparer la colle, la peau de certains poissons pour la maroquinerie, les peaux de tambours, etc.

Nous pourrions profiter, pour cet article comme pour le bétail, du relèvement des droits réclamé en Allemagne sur les produits russes, pour prendre la place de celle-ci, tant comme importation des objets d'alimentation que pour l'exportation de nos objets fabriqués. Déjà, la Société russe de pêche et de pisciculture, dans une réunion récente, a proposé au gouvernement, comme mesure de représailles, de relever également les droits sur le poisson allemand et « d'envoyer directement le poisson russe en France, ce qui fera perdre à l'Allemagne le profit qu'elle reçoit du transit de ce produit. »

Citons encore le thé, que la Russie peut nous fournir non seulement comme intermédiaire de la Chine, mais encore comme productrice, et à bien meilleur compte. En effet, depuis quelques années, des essais de plantations de thé, au Caucase, ont donné de merveilleux résultats. Pour la seule plantation des frères Popov, la récolte n'était, en 1897, que de 20 pouds, pour monter en 1898 à 150, en 1899 à 350, et en 1900 à 600 pouds. Mais c'est principalement le département des domaines de l'État qui s'occupe de cette culture sur une grande échelle et on espère, d'ici une dizaine d'années, récolter de 20 à 30.000 pouds. Quant à la qualité, le thé du Caucase vaut, à peu de chose près, le thé chinois.

Enfin, avec le tabac, le houblon, le kummel, nous aurons clos la liste des produits alimentaires que la France pourrait importer de Russie.

# CHAPITRE XVI

## MATIÈRES NÉCESSAIRES A L'INDUSTRIE (VÉGÉTALES ET ANIMALES).

Lin, chanvre. — Graines oléagineuses. — Bois. — Soie brute. — Laines. — Peaux et pelleteries.

Le lin et le chanvre sont les plus importants dans la rubrique des matières végétales nécessaires à l'industrie.

La culture de ces graminées textiles diminue considérablement en France, tandis que leur consommation industrielle augmente. Malgré les primes d'encouragement distribuées depuis 1892, les surfaces affectées à cette culture se sont réduites de 65.112 hectares en 1892, à 46.626 hectares en 1899. La comparaison serait plus frappante encore avec l'année 1840, où cette culture s'étendait sur 274.389 hectares. « Pour peu que l'abandon, chaque année plus notable, de la culture du chanvre et du lin s'accentue encore, — dit M. Grandeau dans le *Temps* (1), — et rien ne permet de penser qu'il en doive être autrement, ces cultures auront peut-être disparu en 1903 avec l'expiration des crédits annuels de 2.500.000 francs. » Et l'éminent agronome conclut avec raison que les 30 millions qu'auront coûté au budget, en 12 ans, les primes au lin et au chanvre, affectés à des besoins plus justifiés, auraient exercé sur l'agriculture française « une influence autrement marquée que la répartition de l'énorme somme consacrée à des primes qui, en définitive, n'ont pas enrayé la diminution des cultures qu'elles devaient protéger et, de plus, n'ont donné, par are cultivé en chanvre ou en lin, qu'une maigre subvention de 0 fr. 70. »

M. Picard, dans son rapport de 1899, en sa qualité de président de la Commission permanente des valeurs de douane, dit à son tour : « Le lin russe tend de plus en plus à remplacer

(1) 11 janvier 1901.

sur le marché les lins de l'Occident; on estime, en 1898, à 85 pour 100 la part de la Russie dans la récolte. » Il ajoute : « Notre importation a été, en 1898, de 84 millions de kilogr., valant 52 millions de francs, au lieu de 79 millions de kilogr., valant 51 millions en 1897. La presque totalité de ces entrées provient de Russie, soit directement, soit après avoir transité à travers l'Allemagne et l'Angleterre. »

C'est là encore un exemple de l'utilité de la communication directe pour le commerce franco-russe. L'agriculture française doit donc en prendre son parti, d'autant plus qu'elle trouve une compensation plus rémunératrice dans la culture de la betterave ; en même temps, nos filatures pourraient se procurer à meilleur compte le lin dont elles ont besoin (1).

(1) Notons qu'en vertu de la nouvelle loi russe sur le commerce du chanvre (du 24 avril 1902), la vente de ce produit à l'intérieur et à l'extérieur de l'Empire est réglementée de façon à en garantir la qualité. Sous peine d'emprisonnement ou d'amende, il est interdit d'ajouter au chanvre aucun mélange ou déchet, ni une substance étrangère quelconque, pas plus que de le mouiller pour en augmenter artificiellement le poids. L'emballage doit se faire de manière à rendre possible l'examen des filasses sans délier la botte, etc.

M. Boutiron, dont j'ai donné les sages avis à plusieurs reprises, m'a fait remarquer que notre agriculture s'y résoudra d'autant plus facilement que la culture du lin est très funeste aux terres, qu'elle exige beaucoup d'engrais, qu'elle est en somme très coûteuse et que les millions distribués en primes n'ont jusqu'ici contenté personne. Qu'on interroge là-dessus nos cultivateurs normands ! Ceux-ci abandonnent peu à peu cette culture, vue d'ailleurs d'un mauvais œil par les propriétaires eux-mêmes.

Quant aux graines oléagineuses, notre industrie va les chercher jusqu'aux Indes anglaises et à la République Argentine et n'y fait appel en Russie que dans une proportion beaucoup moindre, c'est-à-dire 6,4 % de l'exportation russe, tandis que l'Angleterre y entre pour 28 %, la Hollande pour autant, et l'Allemagne pour 18 %.

Le même fait se produit pour les bois, tant communs que précieux. Or, on sait que les forêts russes couvrent des surfaces prodigieuses (260 millions d'hectares dans la Russie d'Europe, en forêts de l'Etat, c'est-à-dire sans compter la propriété privée), et contiennent toutes les essences ligneuses, depuis les sapins et les chênes séculaires du Nord, jusqu'au bouleau coréllien et au palmier du Caucase, fournissant de si précieux matériaux pour la fabrication des meubles de luxe et menus objets. A mentionner aussi et surtout le roseau de la Caspienne, qui sert à la fabrication des allumettes.

Pour ne citer qu'un fait au sujet de l'importance qu'attribuent d'autres nations à ces richesses forestières, je signalerai la mission d'un représentant de la Compagnie des chemins de fer anglo-africains, envoyé en Russie pour y acheter 3 millions et demi de traverses pour la ligne projetée.

Nous faisons venir également des bois de Russie, mais ce sont seulement quelques bois de construction, tandis que nous nous en fournissons davantage en Autriche, en Suède, aux États-Unis, en Belgique, en Allemagne, etc. Notre participation dans l'exportation russe est de 6,7 % seulement, tandis que l'Angleterre figure pour 38 % et l'Allemagne pour 35 %.

Pour en finir avec les produits végétaux, je nommerai le son, le safran, la réglisse et les semences alimentaires. Et je passe aux produits animaux.

Les récents débats sur « la crise intense du tissage des soieries pures », à la Chambre des Députés, ajoutent de l'intérêt à la question des cocons de vers à soie. On sait que, pour y remédier, on a proposé, soit d'abaisser les droits de douane sur la matière première, soit de les relever sur les tissus. Heureusement, on a laissé les choses sous le régime suffisamment protecteur tel qu'il a été établi en 1892. En effet, M. Millerand, ministre du Commerce, a fait ressortir que ce n'est pas la prohibition de 18 millions de francs représentant la valeur des soies importées de la Suisse qui pourrait remédier à la crise, lorsque la production de la région lyonnaise à elle seule a atteint en 1899 le chiffre de 149 millions et demi. Le résultat de cette prohibition, — comme l'a dit encore le Ministre, — c'est que les soieries étrangères auxquelles on aura fermé la France, iront simplement faire concurrence à nos soieries sur les autres marchés. On en revient donc toujours au seul remède possible : l'extension de notre vente à l'étranger, en employant les moyens que j'ai déjà longuement exposés et qui nous permettront de concourir avec nos rivaux.

Un de ces moyens réside dans l'économie à réaliser sur le coût de la matière première.

J'ai cité, au moment où je parlais de la vente de nos tissus de soie à l'étranger, l'opinion de la Commission permanente des valeurs de douane, engageant à une exportation plus active. Or, la même Commission, dans tous ses rapports de ces dix dernières années, constate le relèvement continuel des cours de la matière première. Dans la seule année 1898, la hausse des cocons frais sur l'année précédente a été de 20 pour 100. D'autre part, malgré les primes d'encouragement, « notre propre production de soie diminue avec une régularité inquiétante, » — dit M. Picard dans son rapport pour l'année 1898. Ainsi, le nombre des éducateurs de vers à soie en France a été de 145.000 en 1896 ; il est descendu à 133.000 en 1897 et à 123.000 en 1898. Il n'y a qu'une légère augmentation en 1899, où nous comptons 128.000 éducateurs ; mais nous sommes loin des chiffres de la période de 1890 à 1896, qui variaient de 140 à 154.000. Et M. Picard ajoute : « Une partie notable de nos populations du Midi semble se désintéresser de l'élevage du ver à soie pour reporter son activité sur la culture de la vigne et des légumes. »

Cette résolution est aussi sage que celle prise par les cultivateurs du lin, qui lui ont substitué la betterave. C'est là un calcul imposé par un intérêt bien compris.

Puisque, malgré tous les encouragements, notre éducation des vers à soie n'arrive point à pourvoir nos fabriques ; que, par suite des droits d'entrée sur la matière première, nos frais de fabrication sont augmentés d'autant, ce qui, à son tour, nous place dans de mauvaises conditions pour la vente sur les marchés étrangers, il me semble que la conclusion se présente d'elle-même : il faut abaisser les droits qui ne profitent pas aux éducateurs et qui nuisent beaucoup aux fabricants. D'ailleurs, malgré tout, l'importation de la soie et de la bourre de soie ne cesse de progresser et, parmi les principaux pays qui nous en fournissent, la Russie nous envoie les cocons et la bourre.

C'est, parmi les possessions russes, la Boukharie et le Turkestan qui produisent le plus de cocons. Un ingénieur français, M. Levat, envoyé en mission dans ces pays, dit, dans son rapport à la société des ingénieurs civils de

France, que certains de nos nationaux y ont pris une place prépondérante, tant pour l'achat de cocons que pour la vente aux indigènes de graines sélectionnées, qui constituent également une branche très rémunératrice de l'industrie séricicole : « Elle est presque entièrement concentrée dans des mains françaises. Ce n'est que justice, car c'est un grand français, Pasteur, qui a ressuscité la sériciculture par la sélection. »

En somme, nous avons tout intérêt à tirer en plus grande quantité de Russie cette matière première. Notre industrie de la soie en bénéficiera et nous aurons augmenté nos échanges avec la Russie. On connaît déjà la raison qui me fait insister sur cette augmentation.

Une autre industrie importante, celle du tissage de la laine, pourrait également, avec profit, s'alimenter de matières premières en Russie. La tonte française ne représente qu'environ le 1/6e de la laine brute transformée en France. Celle-ci fait venir les autres 5/6e de la Plata, de l'Australie, de la République Argentine, d'Angleterre, de l'Urugay et d'Espagne. D'ailleurs, comme le constate la Commission permanente des valeurs de douane, les produits de la tonte française baissent de plus en plus et, « d'une manière générale, les troupeaux se développent dans les pays neufs et diminuent dans les pays de civilisation avancée. » La cause en est expliquée dans le rapport de M. Picard pour 1897 : « En Europe, — dit-il, — la division de plus en plus grande de la propriété est peu favorable à l'élevage. D'ailleurs, les pays européens ne sauraient lutter avec l'Australie, le Cap et la Plata pour le bon marché de la production. Aussi le contingent de leurs troupeaux n'est-il plus réglé que par les besoins de l'alimentation, à l'exclusion de ceux de l'industrie. Ils se sont ingéniés, par des croisements habiles, à créer des races précoces qui atteignent dans un court délai leur plein développement et fournissent un poids de viande très supérieur à celui des anciennes races indigènes. Seule, la Russie voit ses effectifs progresser encore, grâce à l'étendue des espaces sans culture et au régime de la propriété. »

En effet, au point de vue de l'élevage des bêtes à laine, la Russie occupe dans le monde une des premières places. Les immenses espaces de steppes vierges, peu peuplés, du

Midi et de l'Est de la Russie, ne pouvaient êtres utilisés qu'à l'élevage d'innombrables troupeaux de moutons et de brebis. Aussi les troupeaux russes forment-ils la huitième partie des bêtes à laine de tous les pays. En même temps, la qualité se perfectionne graduellement ; non seulement le poids vif augmente, mais encore celui de la toison, dont la qualité est devenue meilleure. Ces animaux sont de deux catégories : à toison fine et à toison commune, et, en ces derniers temps surtout, toutes deux sont devenues l'objet d'une égale sollicitude.

Les laines de mérinos sont particulièrement appréciées. Le type de l'animal qui les fournit et qu'on élève de préférence depuis une dizaine d'années, est de forte taille et sa toison de finesse moyenne. C'est le type *Rambouillet*, amené de France. Il sert à améliorer les troupeaux russes et est également élevé en grande quantité à l'état pur. Le *Karakoul*, si demandé aujourd'hui pour ses peaux, et qui est originaire de l'Asie Centrale, est aussi élevé avec succès dans la Russie d'Europe. Son croisement avec le mouton de la Russie méridionale donne d'excellents résultats, et l'amélioration a porté à la fois sur la laine et la viande de cette dernière espèce. Il y a des races ovines renommées autant pour la laine que pour la viande en Bessarabie, en Crimée et au Caucase, où elles se distinguent par la qualité de leur chair ; enfin, la race valaque, dont la laine longue et blanche sert à la fabrication des tapis.

Avec l'Angleterre et l'Allemagne, la France reçoit déjà des laines russes. En 1898, elle en a importé pour près de 4 millions de francs, représentant 27 °/₀ de l'exportation totale de l'empire. Étant donné la qualité et la variété des laines russes que je viens d'indiquer, j'estime que les tisseurs français auraient le plus grand avantage à les utiliser dans de plus vastes proportions.

Viennent ensuite les peaux et pelleteries. On sait le trafic considérable que fait la Russie de ces articles à l'extérieur. Je me bornerai donc à formuler ici le souhait que les importateurs français achètent les peaux et fourrures directement, soit à la foire de Nijni-Novogorod, soit sur les marchés de la Sibérie même. Par suite de certaines conditions imposées au commerce des peaux, le principal centre commercial russe, Moscou, ne saurait disputer à Nijni-Novogorod la prédominance. Grâce à la situation géographique de ce dernier, les peaux qui arrivent de Sibérie par voie fluviale trouvent là un point de concentration naturel, d'où la marchandise est directement expédiée à l'étranger. Le tarif particulier dont jouissent les peaux transportées par chemin de fer, les mesures restrictives concernant leur dépôt à Moscou, etc., sont autant de motifs de la préférence donnée sur ce dernier à Nijni-Novogorod.

Faisons remarquer en passant que, suivant le *Compte rendu de la Foire de Nijni-Novogorod* pour 1898, publié par le Comité de la Bourse de cette foire, les peaux d'agneaux des steppes sont achetées principalement pour l'Amérique. Il faut noter aussi que cette foire concentre non seulement le commerce des fourrures de Sibérie et du nord de la Russie d'Europe, mais encore celles du Caucase, d'Astrakan, de la Perse, du Thibet, etc. Bien mieux, à côté des peaux préparées de Russie, on en trouve qui proviennent de Leipzig, de Paris et de Londres et, chose singulière, une quantité notable de fourrures arrive à la foire par Londres. C'est qu'en effet les Anglais s'approvisionnent directement auprès des chasseurs sibériens, amènent chez eux les pelleteries par mer, les travaillent et les expédient à Nijni-Novogorod. Je cite cet exemple à titre d'indication pour l'initiative des fourreurs français.

Le Karakoul est acheté à Nijni-Novogorod en grande quantité par les maisons étrangères, particulièrement pour la foire de Leipzig. Les agents des maisons françaises, — est-il dit dans le compte rendu du comité de la Bourse, — « quoique présents à la foire, y achètent peu. »

En somme, l'Allemagne à elle seule achète plus de la moitié de l'exportation totale des pelleteries russes, exactement 51 %; l'Angleterre, 23 %, et la France 8,5 % seulement.

Disons, pour en terminer avec les produits animaux, que la renommée des cuirs russes n'est plus à faire; que tout le crin apporté sur la foire de Nijni est expédié à l'étranger ; que les soies de porc sont d'excellente qualité ; que les boyaux et les plumes d'oiseaux sont très demandés à l'extérieur, et enfin, que les jaunes et les blancs d'œufs trouvent un débouché facile et peuvent être fournis en grande quantité à l'industrie.

Malheureusement ici encore, plusieurs de ces produits, notamment les peaux, les soies de porcs, la gélatine, dont la consommation manufacturière est si importante en France, y sont en grande partie importés par les Allemands, qui prélèvent ainsi une forte commission, au détriment tant des producteurs que des consommateurs.

# CHAPITRE XVII



MATIÈRES NÉCESSAIRES A L'INDUSTRIE
(PRODUITS DU SOUS-SOL) OBJETS FABRIQUÉS
LA PETITE INDUSTRIE RURALE.

Parmi les produits du sous-sol, attirons l'attention, aujourd'hui surtout que le prix des charbons est si élevé, sur la tourbe, qui se trouve en Russie en grande quantité et à si bon marché, tandis que celle tirée par la France de la Hollande renchérit de plus en plus. On sait qu'employée dans les hauts fourneaux, elle y rend plus de services encore que la houille, parce qu'elle ne contient pas de soufre.

Cette question si importante de l'économie

du combustible pour le service des chemins
de fer, des usines et des fabriques, pourrait trouver, dans une certaine mesure, sa
solution dans l'emploi, en plus du naphte
signalé précédemment, de la tourbe ou de la
lignite russe.

D'après un rapport de l'ingénieur Reichel à
la Société technique de Saint-Pétersbourg, la
puissance calorique de la tourbe pour la production de la vapeur n'est que de 15 °/₀ moindre
que celle du charbon. Mais, résultat plus important encore, on est parvenu en ces derniers
temps à en tirer du coke, ce qui a été longtemps
un problème insoluble. Cela permet de l'employer avec plus d'avantage que le coke de charbon, non seulement dans les locomotives, mais
pour le chauffage de toutes les chaudières. Un
autre ingénieur, M. Karyschev, a soumis un
rapport au ministre des voies et communications sur l'activité de l'usine d'État qu'il a
construite et qui produit le coke de tourbe.
Il y signale que les résidus, après la transformation de la tourbe en coke, peuvent à
leur tour trouver des emplois divers et que
leur valeur peut couvrir tous les frais de la
production du coke. Ce sont notamment :

l'alcool métilique, l'acide acétique, l'ammoniaque, la paraffine, la vaseline, surtout la créosote, qui sert à garantir les bois contre la pourriture, notamment les traverses des voies ferrées. Cette première et unique usine, non seulement de Russie, mais du monde entier, produit déjà plus de 4.000 pouds de coke par jour et on projette d'en construire d'autres qui, d'ailleurs, si nombreuses seraient-elles, ne pourront encore de longtemps suffire à la consommation du pays. Mais c'est là une précieuse indication pour les compagnies de chemins de fer et les fabricants français, qui pourront faire venir de la tourbe de Russie, la travailler et obtenir ainsi un combustible d'un prix trois fois moindre que celui du charbon et du coke de charbon.

Toutefois, il y aurait à dire quelques mots sur le charbon russe et notamment sur celui du Donetz. Les représentants des mines de charbon du Midi de la Russie se sont réunis à diverses reprises dans ces dernières années en congrès et ont cherché le moyen d'exporter ce charbon sur les marchés de la Méditerranée. Le rapporteur de cette question au dernier congrès, M. Avdakov, ingé-

nieur des mines, a démontré par des chiffres
probants la possibilité de lutter contre les charbons anglais dans les ports du Danube, au Bos-
phore, au Pirée, à Alexandrie, en général sur
toute la partie orientale de la Méditerranée,
jusqu'aux côtes d'Italie. Au point de vue des
frais de transport, le charbon du Donetz a un
avantage sur le charbon anglais jusqu'à Gênes.
Mais le Conseil permanent des congrès reçoit
des offres de service pour l'achat du charbon
russe même dans les ports du Midi de la
France et de l'Espagne. Suivant le *Bulletin de
la Chambre de Commerce russe à Paris*, ces
propositions sont faites par des agents qui con-
naissent parfaitement les conditions du marché
dans les ports de la Méditerranée et estiment
que la houille du Donetz peut faire avantageusement concurrence aux charbons anglais. Au
point de vue de la qualité, elle ne le cède en
rien aux charbons de Cardiff, tant pour la
diversité des espèces employées par l'industrie et les chemins de fer que pour sa puissance
calorique. Il est vrai que les contrées industrielles du Nord de la Russie ne cessent de se
servir du charbon anglais, celui du Donetz
étant empêché d'y arriver à cause des frais oné-

reux du transport par chemin de fer. Par contre, les produits de ces importants charbonnages russes, situés à proximité des ports de la mer Noire, peuvent être facilement exportés à l'étranger.

Mais l'innovation la plus profitable dans l'importation des produits du sous-sol russe, serait celle du fer. On n'ignore pas que les richesses minéralogiques existent dans ce pays en quantités incalculables : fer, cuivre, étain, zinc, manganèse, mercure, cobalt, nickel, or, argent, plomb, platine, antimoine, pirites sulfureux, soufre pur, ciment, asphalte, graphite, etc., etc. Mais, de tous ces minerais, le fer, le manganèse, le mercure et le platine sont seuls exploités de façon à pouvoir non seulement suffire à la consommation intérieure, mais encore à l'exportation. Par contre, le cuivre, le zinc et le plomb sont même frappés de droits de sortie.

Ce qui peut nous intéresser pour le moment, c'est le fer et le manganèse, dont la métallurgie française a si grand besoin. La production russe a de quoi la satisfaire.

Le gisement de fer du Krivoï-Rog seul, après une exploitation déjà si ancienne, contient

encore aujourd'hui cinq milliards de pouds
reconnus. Les personnes compétentes affirment que ce chiffre est encore loin de donner
la richesse réelle de ce terrain. Le bassin entier du Krivoï-Rog (avec les couches de fer de
Kertch, en Crimée), contient au minimum
60 milliards de pouds, et je ne parle ici que
des gisements situés à proximité de la mer
Noire et d'où le minerai pourrait être trans-
porté à Marseille avec des frais minimes. Des
gisements non moins considérables existent
dans le Donetz, au Caucase, dans l'Oural, etc.
En ce moment, des dizaines de millions de
pouds de fer sont en réserve dans le bassin du
Krivoï-Rog, et on peut l'avoir sur place pour
8 kopeks le poud seulement. Des tentatives
d'exportation de ce minerai en Autriche ont
été faites en ces derniers temps et la métallurgie de ce pays n'a eu qu'à se louer de cette initiative. L'Allemagne en importe également,
ainsi que du manganèse. Or, la France fait
venir ces deux minerais de l'Allemagne et, en
petite quantité, du manganèse de Russie. Il est
évident que nous aurions plus de profit à les
recevoir directement.

Le manganèse est exploité également au

Caucase et dans l'Oural et, en plus, dans le gouvernement d'Ekathérinoslav. Le Caucase occupe, pour l'extraction de ce minerai, la première place dans le monde. Pendant les trois années, de 1898 à 1900, elle a augmenté de deux fois et demi. En 1898, on en a extrait plus de 16 millions de pouds; en 1899 plus de 34 millions, et en 1900, plus de 40 millions. Pendant la même période, l'exportation a presque doublé : de 15 millions de pouds en 1898, elle est montée à plus de 28 millions en 1900. Quant aux pays où ce minerai est exporté, c'est, en 1899, l'Allemagne qui tient la tête avec plus de 9 millions de pouds ; puis, viennent l'Angleterre, avec près de 8 millions et demi, les États-Unis, avec plus de 6 millions et demi, et la France n'atteint même pas un demi-million (exactement 439.000 pouds), sur une exportation totale de plus de 25 millions de pouds. Évidemment l'industrie française préfère donner une prime à l'Allemagne, qui achète ce minerai à la Russie pour le revendre ensuite à la France.

Il y aurait encore à signaler le platine et le mercure. Pour le premier, la Russie est le pays du monde entier qui en produit le plus, production qui va chaque année en augmentant. Elle est presque seule à fournir le marché universel; l'Oural donne à lui seul près de 90 % de la production mondiale. La Sibérie est tout aussi riche en platine, mais malheureusement son exploitation y est fort mal dirigée. M. Boutiron conseille à nos acheteurs de prendre sur ce sujet les avis de l'agent consulaire de France à Irkoutsk.

La Russie commence également à exporter le mercure; seulement, c'est toujours l'Allemagne et l'Angleterre qui absorbent toute la quantité produite, la première 57 % et la seconde 43 %. Ne pourrions-nous, sans intermédiaires, nous fournir également de platine et de mercure dans le pays qui les produit?

Enfin, avec les pierres précieuses de l'Oural et de la Sibérie, nous aurons épuisé la catégorie des produits du sous-sol russe que nous pourrions actuellement importer avec profit. Telles, par exemple, les topazes laiteuses dorées d'Ekatérinenbourg, qui ont une certaine valeur en France; l' « Alexandrine », nouvelle pierre, verte le jour et rouge la nuit; les autres variétés de topazes et d'opales, sans parler des émeraudes, jades, malachites, saphirs, rubis, jaspes, etc., etc., dont l'Oural est si riche. Signalons encore pour mémoire l'ambre qui vient des rives de la Baltique, et l'ivoire de mammouth, qu'on recueille assez fréquemment dans la zone polaire de la Sibérie, principalement à l'embouchure des fleuves, surtout à celle de la Léna.

Après ce que j'ai dit sur le caractère de l'exportation exclusivement agricole ou des matières brutes de la Russie, en Europe du moins, j'aurai vite épuisé les quelques produits fabriqués qu'elle pourrait nous fournir. On peut citer les huiles de lin et d'anis, les articles en caoutchouc, particulièrement les galoches, le samovar, etc.

Il ne serait pas moins intéressant d'accroître, sans préjudice pour notre production, l'importation des produits de la petite industrie rurale de la Russie.

Cette industrie est fort ancienne, et elle comprend la confection manuelle de tous les objets d'usage courant : vêtements, linge, meubles, ustensiles, ornementation intérieure, bibelots, instruments de physique, etc., etc. Le nombre des artisans qui s'y emploient, les *Koustari*, est bien plus considérable que celui des ou-

vriers des usines et fabriques. Ces derniers
sont environ 3 millions, et les autres près de
8 millions. Ce sont des paysans qui travaillent
chez eux, en répartissant la besogne entre les
divers membres d'une même famille, quand,
durant l'hiver, la terre étant gelée et couverte
de neige, il est impossible de se livrer au travail des champs.

Nous ne nous occuperons ici que des objets
déjà exportés ou susceptibles de l'être. D'abord,
la toile, dont la renommée est si ancienne qu'au
treizième siècle elle était déjà connue de toute
l'Europe. En Angleterre, il n'est pas un magasin de tissus qui ne vende de la toile russe
tissée à la main. Aux États-Unis, une grande
Compagnie achète depuis 50 ans ce produit et
le répand par toute l'Amérique, sous la dénomination de « Russian crash. » Ce tissage est
concentré surtout dans les gouvernements
de Iarosslav et de Kostroma.

Les broderies, bien connues en France et
plus encore dans les autres pays, tels que l'Angleterre, l'Allemagne, les États-Unis, ont
même suscité de nombreuses imitations. Dans
une des rues les plus fréquentées de Londres
existe depuis de longues années un grand ma-

gasin de broderies russes qui sont tout bonnement confectionnées sur place : La dernière exposition au palais de Tauride, à Saint-Pétersbourg, a révélé combien il y avait de variété et d'originalité de goût dans cette branche de l'industrie des Koustari : les essuie-mains de Kazan, à rayures bigarrées, de style un peu oriental; ceux du gouvernement d'Olonetz, aux colorations vives, de vieux style russe, influencé par le voisinage de la Finlande; les broderies de fils de soie, d'or et d'argent; ou encore ces applications sur soie de motifs de soie ou de velours brodés d'or dont le dessin s'inspire des antiques vêtements russes.

Les dentelles, d'une telle finesse que certaines, notamment celles du gouvernement de Penza, peuvent être confondues avec du point de Venise. Celles de la province de Tambov ont été récompensées à l'Exposition Universelle de Paris, en 1900. Le métier en est d'ailleurs fort ancien et des documents du treizième siècle témoignent que le commerce en était déjà florissant à cette époque. Les dentelles en fil, en soie, en argent, en or, brodées de perles et de pierres précieuses, recouvraient les vêtements, depuis ceux des tsars jusqu'à ceux des simples bourgeois. On en trouve qui ont conservé le style ancien ; d'autres sont faites d'après des dessins importés ; enfin, il y en a de modernes, avec un mélange des styles ancien et contemporain. Toutes trouvent un débouché facile en Angleterre.

Les tapis, d'un dessin si original, d'un coloris aussi résistant que celui des tapis d'Orient, sont confectionnés au Caucase et surtout dans le Turkestan. Il en est aussi qui viennent de la Sibérie, de l'Ukraine (gouvernement de Poltava), de la Bessarabie et des gouvernements du centre (Saratov, Koursk, Tambov, Voronèje, etc.) Les plus renommés sont ceux du Caucase, d'une tonalité très riche et d'une grande variété de dessins. Parmi les tapis purement russes, ceux du gouvernement de Tambov ont été récompensés à la dernière Exposition Universelle.

Viennent ensuite les fameux châles et fichus d'Orenbourg, tricotés avec de la laine de mérinos, si moelleux, si souples et si légers qu'on peut les faire passer par l'anneau d'une bague.

Puis, les non moins fameux coffrets et plats moscovites en papier mâché, avec peintures à rellets nacrés, d'un art si original. Ou encore de menus objets en bois recouverts d'une laque d'une solidité à toute épreuve (le secret des Koustari) : cuillers, sébiles, coffrets, œufs, jouets et autres bibelots, qu'on imite déjà sur une grande échelle à Hambourg et à New-York, d'où on les expédie dans d'autres pays sous l'étiquette de « koustari ». Il existe en Amérique une fabrique qui fait de la vaisselle russe en papier mâché, et le jouet si russe des « forgerons », (un moujik et un ours frappant à tour de rôle sur l'enclume), est fabriqué à la machine, en bois, à Nuremberg, et en fer-blanc aux Etats-Unis. Parmi les objets en bois, citons encore les jeux de crocket et d'échecs, et, comme objets en osier, les paniers, les paravents, les meubles de jardin, dont le travail satisferait les plus exigeants. Ce sont les gouvernements de Moscou, de Nijni-Novogorod et de Viatka qui se distinguent surtout dans ces derniers produits.

Certains objets de bronze et de fonte sont également exportés en Amérique. A Edimbourg, au dépôt russe des Koustari, on vend en grande quantité, outre la dentelle et la toile, des objets en grès, des icônes, des petites croix en métal, des objets de toilette et de pharmacie en corne, etc.

Citons enfin la bimbeloterie en cristal, marbre, malachite, sélénite et en pierres précieuses.

Le gouvernement, les zemstvos et des particuliers encouragent de toutes façons cette industrie nationale : on a fondé des écoles, des musées, organisé des expositions, publié des dessins ; des comités locaux orientent la vente et les achats, règlementent le crédit, établissent des dépôts de vente, si bien que l'habileté technique et l'affinement du goût progressent à vue d'œil. Tous les efforts privés en vue de l'éducation professionnelle sont concentrés par un comité de Moscou, placé sous le patronage de la grande-duchesse Elisabeth Feodorovna, sœur de l'impératrice. En même temps, le ministère des Finances apporte l'appui du gouvernement en développant l'enseignement professionnel et en accordant des subsides. On a pu voir d'ailleurs, à l'Exposition Universelle de 1900, de curieux échantillons de cette production, et la Chambre de commerce russe à Paris annonce la prochaine organisation d'une exposition permanente de ces objets dans ses bureaux.

Toutefois, il est encore un produit mi-ou-vré qui demande une mention spéciale pour l'importance qu'il a dans notre industrie métallurgique. En 1901 s'est produit un événement insolite : une usine métallurgique de Kertch, celle des Gorïaïnov, a expédié pour Marseille 300 tonnes de fonte. C'était le premier essai d'exportation, non plus d'une matière minérale brute, mais d'un produit de hauts fourneaux et qui, jusqu'ici, loin de répondre à la demande intérieure, était importé de l'étranger. A mon avis, la métallurgie française doit en être satisfaite au même titre que la fonderie russe. Au lieu de faire venir les pesants minerais de fer et de manganèse, chacun à l'état brut, nos forges les recevront sous un volume moindre, d'une composition mi-ouvrée, et débarrassés des scories, ce qui réduirait d'autant les frais de transport par mer et dans l'intérieur de la France et économiserait le charbon, si cher aujourd'hui. Il me semble utile de signaler cette nouvelle source, qui pourrait alimenter à meilleur compte nos usines.

M. Boutiron m'a objecté toutefois qu'il faudrait pour cela présenter des fontes d'une qualité supérieure à celles que Kertsch a produites jusqu'à ce jour ; car l'exportation russe n'est à mettre en ligne de compte que si elle est irréprochable. Peu d'usines étaient aussi bien placées que Kertsch, et aussi bien outillées pour faire de l'exportation, et cependant ses essais n'ont pas été heureux, faute d'une direction habile. La nouvelle administration qui achètera cette usine aurait donc avantage à travailler dans ce sens.

Quoi qu'il en soit, même dans l'état actuel des choses, dès la première année, l'exportation de la fonte s'est développée avec une rapidité extraordinaire : elle a été, en 1901, de 1.918.000 pouds, d'une valeur de 489.000 roubles, au lieu de 18.000 pouds, d'une valeur de 15.000 roubles en 1889. Ces quantités ont été livrées en majeure partie aux industries anglaise et autrichienne.

La France, par sa situation géographique, aurait encore un plus grand profit que l'Angleterre à se servir, pour sa transformation métallurgique, de cette matière mi-ouvrée, sans parler des multiples avantages que nous avons déjà fait ressortir, tant au point de vue de l'accroissement des échanges de marchandises entre les deux pays que de la diminution des frais de transport que ces échanges amèneraient.

# QUATRIÈME PARTIE
## NÉCESSITÉ D'UNE ENTENTE ÉCONOMIQUE

## CHAPITRE XVIII

### LA PROTECTION ET LA CONCURRENCE INTÉRIEURE.

La crise financière et industrielle. — La protection douanière. — Syndicats, cartels et trusts. — Connexité de ces manifestations de la vie économique.

J'ai montré l'essor formidable du commerce allemand en Russie et je crois avoir prouvé, à la suite de bien d'autres qui ont approfondi la question (1), la nécessité pour notre commerce

(1) Voir, outre les ouvrages cités au cours de mon étude, ceux dont les titres seuls sont assez significatifs : de G. BLONDEL, *L'essor industriel et commercial du peuple allemand ;* de M. SCHWOB, *Le danger allemand ;* de V. BÉRARD, *D'où vient la*

extérieur d'adopter les mêmes procédés, afin d'obtenir, dans les limites possibles, les mêmes résultats. Or, après le développement prodigieux du commerce international atteint par l'Allemagne, nous la voyons depuis un certain temps subir une crise financière et industrielle. On a voulu en déduire que son commerce et son industrie sont allés trop loin et qu'ils subissent aujourd'hui le contre-coup de leur expansion trop rapide. Ainsi, objectent les prudents et les timorés, l'exemple n'est point encourageant.

On confond ici la situation du marché des titres avec celle du commerce des marchandises. Le premier ne reflète pas toujours l'état réel des entreprises industrielles. Autrement dit : une industrie peut être très florissante, ses produits peuvent se vendre dans d'excellentes conditions, tandis que ses titres en Bourse, pour des raisons de spéculation, de mauvaise gestion financière, ou pour une cause plus générale, sont cotés bien au-dessous de leur valeur réelle.

Au reste, ce ne sont pas seulement certaines

*décadence économique de la France;* de E. E. WILLIAMS, *Made in Germany,* etc., etc.

branches de la production allemande qui traversent une crise passagère ; tous les pays industriels en sont plus ou moins atteints et les causes en sont ailleurs que dans l'expansion du commerce extérieur. La crise actuelle n'a pas épargné non plus la France, l'Angleterre, la Belgique, l'industrie naissante de la Russie, etc. Dans les considérations générales de la publication périodique de M. Raffalovich, le *Marché financier*, où j'ai déjà puisé à diverses reprises, on trouve les lignes suivantes : « Au milieu des désastres de l'année 1901, nous avons cru découvrir qu'il y avait une similitude très grande dans les fautes commises dans les entreprises industrielles de création récente, en Allemagne, en France, en Belgique, en Russie ; financiers et ingénieurs, chargés les uns de la trésorerie, les autres de la partie technique, ont trouvé moyen de se tromper pareillement dans les différents pays. Souvent le capital, à la fondation, a été exagéré ; les apports ont reçu une rémunération excessive ; plus tard, les devis se sont trouvés dépassés, les immobilisations ont été exagérées ; dans le moment où le public était disposé à apporter ses capitaux, on a eu le tort

de ne pas constituer des fonds de roulement
assez considérables. Il est vrai que, à force
d'émettre de nouvelles valeurs, on a fini par
ne plus trouver d'acheteurs et que les financiers sont restés avec de gros paquets de titres
ou avec des créances qu'ils ne pouvaient plus
monnayer. Une autre constatation, c'est que,
dans les moments difficiles, lorsque le crédit
se resserre, lorsque l'échafaudage de hausse
s'affaisse et se désagrège, les premières vic-
times sont les entreprises industrielles ou les
banques qui étaient en décomposition latente
depuis longtemps et qui ne se soutenaient
plus qu'à force d'expédients, qu'à force d'au-
dace, en transgressant et leurs statuts et le code
pénal. On l'a bien vu en Allemagne, lorsqu'en
octobre 1900, deux banques immobilières,
ayant leur siège à Berlin, ont succombé, lorsqu'en juin 1901 on a eu le krach de la Banque
de Leipzig et de la société de dessiccation des
drèches de Cassel.

« Un élément fâcheux qui a aggravé la situation, c'est la détestable loi sur la Bourse, entrée
en vigueur en 1899. Œuvre de haine de la part
de la majorité du Parlement (1), œuvre de fai-

(1) Sous la pression des agrariens, des députés du centre

blesse gouvernementale, le *Bœrsengesetz* a
brisé un instrument inappréciable, la liberté
des transactions sur le marché des valeurs et
sur le marché des marchandises. La réglementation allemande a contribué au renchérissement des capitaux, a accentué les oscillations dans les deux sens en supprimant la
contre-partie ; le découvert, si utile pour ramener les cours à un niveau plus sain, a disparu pendant longtemps (1). »

A ces causes locales de la crise industrielle
en Allemagne, et à celles plus générales dues
à la spéculation des financiers, d'autres sont
venues s'ajouter : la guerre du Transvaal, qui
a amené « un renchérissement des capitaux
sur le marché anglais » ; l'expédition de
Chine ; la crainte de la concurrence américaine ; les besoins de capitaux des entreprises
industrielles, qui ont dépassé toutes les pré-
visions ; autant de difficultés qui ont provoqué
le malaise général des affaires. Mais quel rapport ont-elles avec l'essor merveilleux du
commerce allemand à l'étranger ? Au contraire

hostiles au commerce en général, et au commerce des capitaux en particulier, — explique plus loin l'auteur.

(1) *Le Marché financier*, en 1901, p. 3 et 4.

il me semble que c'est grâce à lui que la crise financière pourra être, — si elle ne l'est déjà, — arrêtée. « La structure économique de l'Allemagne, consolidée et enrichie durant la période de 1894 à 1899, a fait preuve de force et d'élasticité devant la crise, » — dit judicieusement M. Raffalovich.

Le vrai danger pour toute industrie, qu'elle soit ancienne, comme en Allemagne et en France, ou récente, comme en Russie, c'est la protection à outrance. C'est elle qui amène, par des mesures factices, la perturbation dans le jeu naturel de l'offre et de la demande, c'est elle qui aboutit à la surproduction, laquelle, à son tour, et par une anomalie singulière au premier abord, provoque le renchérissement des produits à l'intérieur et leur avilissement à l'extérieur. Tel, par exemple, le système des primes pour les sucres, payés trois fois plus cher par les Français que par les Anglais, chez qui nous les exportons.

Quelle est l'origine de cette situation anormale? On s'est aperçu, en 1884, que notre industrie sucrière ne pouvait soutenir la concurrence, sur le marché européen, contre l'Allemagne et l'Autriche. L'exportation des sucres, au lieu d'augmenter, diminuait en faveur de l'importation. Alors, on institua les primes de sortie qui, en effet, eurent pour résultat de développer l'exportation, et, par suite, la culture de la betterave. Mais aussitôt, les Allemands et les Autrichiens adoptèrent le même système, d'où une nouvelle crise pour les sucres français. On augmenta la valeur de la prime. Nos concurrents y répondirent par la fondation de grands cartels sucriers qui leur permirent de monopoliser pour ainsi dire leur marché national et d'écouler le surplus de leur production au dehors, à des prix si bas que toute concurrence nous devenait impossible.

M. Louis Puech, qui traite cette question dans un article de l'*Éclair* (1), fait remarquer avec raison : « Et nous voilà revenus à la situation de 1884, avec cette circonstance aggravante que la production de la betterave s'étant développée dans des proportions inouïes, grâce à la protection qui lui a été accordée pendant plus de dix-

_____________
(1) 9 août 1902.

huit ans, si l'État cessait brusquement de la
secourir, ce serait un véritable désastre. La
conférence de Bruxelles vient de supprimer
les primes : elle a également prescrit l'égalité
de la taxe douanière. Nous allons donc nous
trouver en présence de cette alternative : ris-
quer le désastre ou voter une réduction importante de l'impôt de consommation sur le sucre,
c'est-à-dire aggraver nous-mêmes le déficit
qu'il est déjà presque impossible de combler.
En matière économique, la moindre erreur
entraîne les résultats les plus inattendus. »

En Allemagne, les syndicats, les cartels
faisaient payer à leurs nationaux 21 francs
la tonne de houille, alors qu'ils l'exportaient à 10 francs la tonne. Et c'est de
là que provient cette même crise dont on
cherche la cause ailleurs. Les fabriques
et les usines allemandes les plus florissantes, la métallurgie, l'électrotechnie qui
travaillaient en payant le combustible et les
matières premières des prix fort élevés, n'ont
pu soutenir la concurrence à l'étranger ; elles
ont dû alors restreindre la production, licen-
cier des ouvriers, ce qui, d'autre part, a augmenté les frais d'exploitation, répartis sur une

plus faible quantité de produits. On était acculé à une impasse et la crise survint.

C'est également là, et non ailleurs, qu'il faut chercher l'origine de la mévente des vins en France. A l'abri des droits de douane, l'industrie vinicole s'est développée outre-mesure et cette surproduction a amené un excédent de marchandises qui n'ont pas trouvé d'acheteurs.

C'est aussi le cas pour l'industrie métallurgique naissante de la Russie, qui a progressé en ces dernières années dans des proportions si formidables. Le gouvernement russe, il est vrai, explique fort ingénieusement pourquoi il est allé si loin dans sa protection de l'industrie indigène. Le Ministère des Finances de Russie fait dire à son organe, le *Messager des Finances* : « Il existe deux politiques commerciales : le libre-échange et la protection. Sans discuter une fois de plus leurs avantages et leurs inconvénients respectifs, il semble qu'il y ait lieu d'admettre comme fondée l'opinion que chacun de ces systèmes peut convenir à un pays donné, suivant le degré de développement économique auquel il est parvenu. Les deux systèmes visent, par des voies différentes, à un seul et même but : fournir, au meilleur marché possible, aux populations, des articles fabriqués. Mais, en même temps, tandis que le libre-échange tend à ce but sans se préoccuper d'où la population tirera les produits dont elle a besoin, du dehors ou du dedans, le système protectionniste prend à tâche de développer la production intérieure et d'arriver à dépendre le moins possible des marchés étrangers. Dans le premier système, les prix se nivellent par l'effet de la concurrence internationale ; dans le second, grâce à la concurrence intérieure. La Russie a adopté le second système : la protection. »

L'exposé du système est élégant. N'empêche que les mêmes causes produisent les mêmes effets. La crise industrielle ne sévit pas moins, sinon plus, en Russie qu'en Allemagne. (Le progrès économique de cette dernière ne l'en a pas préservé plus que la première, encore à ses débuts dans ce développement.) Le même article du *Messager des Finances* avoue que dans certaines branches de l'industrie russe, les prix ont baissé trop brusquement, « ce qui, sans doute, est regrettable, les oscillations brusques jetant la perturbation dans les calculs des producteurs et nuisant au cours normal des affaires industrielles. Pour certaines entreprises, *cette baisse a même atteint un niveau inférieur à celui des frais de production, quoique cependant les prix ne soient pas tombés au-dessous des prix moyens du marché international.* »

Ainsi, les prix en Russie sont si bas qu'ils sont inférieurs aux frais de production; et cependant, ils ne sont pas au-dessous des prix moyens du marché international. Donc, toute concurrence leur est impossible sur ce marché; donc, pas d'exportation, et la consommation intérieure est bien au-dessous de la production. Tel est le résultat de la protection à outrance de l'industrie, dans un pays éminemment agricole, l'agriculture étant et devant rester sa principale ressource.

Certes, la spéculation et la mauvaise organisation financière des entreprises industrielles sont pour beaucoup dans ce marasme. Le *Messager des Finances* ne se fait pas faute de le faire ressortir. Après avoir rappelé les mêmes errements que nous avons signalés en Allemagne, le journal officieux fait remarquer

en particulier : « Il ressort des renseignements que possède à présent le Ministère des
Finances, que des irrégularités ont eu lieu
dans l'organisation des entreprises, que des
fondateurs ont évalué à un taux démesuré
leurs droits, le bénéfice de leurs négociations
et les apports matériels qu'ils cédaient aux
compagnies créées par eux, que des commissions déraisonnables ont été payées aux intermédiaires et agents de toute nature ayant
concouru à l'organisation. Il est facile d'ap-
précier la lourdeur du fardeau que ces dépenses improductives font peser sur les entreprises. Il y a eu des exemples de sociétés où,
au moment du passage de la période de pro-
motion à celle d'exploitation, il ne restait plus
guère de disponible que la cinquième partie
du capital-actions originaire. Dans le midi de
la Russie, un certain nombre d'entreprises se
sont créées et organisées sur le terrain de la
spéculation la moins déguisée ; on peut citer
des cas où ce n'était ni la demande, ni l'existence de ressources naturelles suffisantes qui
appelaient à la vie telle ou telle entreprise, mais
uniquement le désir d'une poignée d'individus
d'exploiter la hausse et l'emballement du

public pour se faire attribuer, comme fondateurs, des avantages considérables. » Et il ajoute plus loin : « Lorsque l'argent est devenu plus rare, *les entreprises de cette catégorie se sont vu fermer toute possibilité de crédit et les affaires des sociétés respectives n'ont pas tardé à péricliter.* » (Souligné dans le texte.)

Certes. Mais par l'exemple de l'Allemagne encore, nous avons vu que ce n'est pas là l'unique origine du mal ; et si nous considérons le développement économique dans son ensemble, ces effets de la spéculation ne sont que des accidents, tandis que la protection démesurée de l'industrie, dans un pays agricole comme la Russie, et de l'agriculture dans des pays industriels comme l'Allemagne et la France, demeure la cause permanente de la perturbation dans les échanges internationaux. C'est si vrai que le même *Messager des Finances*, qui a voulu nous montrer le système protectionniste amenant par la concurrence intérieure le bon marché des objets fabriqués, au grand avantage des nationaux, est obligé de conclure son article par ces lignes significatives : « Si, reconnaissant le peu

d'aptitude de leurs entreprises à s'accommo-
der à la situation nouvelle, aux lacunes d'organisation commerciale d'à présent et à l'insuffisance de leurs notions du marché, *les
industriels jugeaient utile de chercher dans
l'union de leurs forces une issue aux difficultés qu'ils traversent, ils ne rencontreraient
pas d'obstacles dans cette voie de la part du
Ministère des Finances.* » Cela veut bien
dire que, malgré la loi, on tolérera, que
même on encouragera, la formation de ces
syndicats, cartels, trusts, qui ont donné de si
beaux résultats en Allemagne, aux États-
Unis, etc., et contre lesquels le Ministère des
Finances de Russie voudrait précisément
lutter, d'accord avec les autres pays.

C'est un cercle vicieux : une fois qu'on y
est engagé, on ne peut en sortir. La protection amène la surproduction ; la surproduction, l'abaissement des prix ; l'abaissement
des prix, l'organisation du monopole sous
forme de syndicats ; le monopole, l'enchéris-
sement des prix à l'intérieur et la vente à
perte au dehors, et ainsi de suite. « La connexité entre l'existence des syndicats et les
droits de douane est un fait établi », — dit

l'agent même du Ministère des Finances de Russie, M. Raffalovich. Et il continue, comme s'il répondait par avance à l'organe de son ministère : « A l'abri de la protection, les fabriques se groupent, élèvent les prix tout près de la limite à laquelle l'importation deviendrait possible, mais elles ne la franchissent pas. Les syndicats ont tout un arsenal pour forcer le consommateur industriel à se soumettre et à se servir exclusivement chez eux (amendes, boycottage, etc.). C'est à l'aide de ces procédés qu'ils maintiennent l'effet des droits de douane. Le cartel a porté un coup à la vue théorique que le droit protecteur doit développer la production indigène et devenir superflu à la longue (1) ».

Bien mieux, l'article du *Messager des Finances*, si remarquable par l'habileté avec laquelle il fait ressortir les avantages du protectionnisme, contient lui-même une critique des syndicats, en tant que remède contre l'avilissement des prix : « L'État ne peut se laisser guider dans ses actes par les avantages du seul moment présent, ni par les intérêts

(1) *Le Marché financier* en 1901. p. 193.

de certains groupes, il doit veiller au bien
futur du pays. L'exemple de l'industrie du
sucre montre à quelles suites fâcheuses
mènent les mesures d'exception. Pour soutenir cette industrie, le Gouvernement (il y a
fort longtemps d'ailleurs), cédant aux ins-
tantes sollicitations des fabricants, institua
des primes d'exportation. Quoique ce mode
d'encouragement ait été abandonné par la
suite, l'erreur commise n'en eut pas moins
pour effet d'amener l'industrie du sucre, dans
son développement ultérieur, à une situation
si anormale que, faute d'autre issue et pour
protéger les intérêts des consommateurs, il
fallut adopter un système de réglementation
de la production, dit *normirovka*, qui, maintenant encore, est un sujet de nombreux sou-
cis pour le Gouvernement. »

La *normirovka*, qui veut dire, on s'en
doute, *établir la norme*, consiste en ceci : Un
syndicat de raffineurs s'est constitué en 1895.
Chacun de ses membres déclare d'avance la
quantité de sucre qu'il pourra produire dans
l'année. On fait le total de la production de
toutes les raffineries et on établit ensuite la
part que chacune a le droit de livrer sur le

marché intérieur, de façon que le stock livré n'entraîne pas une baisse de prix inférieure au minimum fixé. Tout le reste de la production, sauf une certaine réserve, doit être exporté et il est fait remise à cette dernière catégorie de l'accise perçue. Ce n'est pas une prime à l'exportation, si l'on veut, mais le résultat atteint est le même qu'en France. Le prix du sucre à l'intérieur est double ou triple de celui qu'il est vendu à l'Angleterre, malgré le stock de réserve où l'on puise lorsque les cours du sucre montent trop. L'industrie sucrière procure des bénéfices de 20 à 70 pour 100 aux quelques propriétaires de raffineries ; en revanche, les neuf dixièmes de la population russe n'emploient le sucre que comme un aliment de . luxe, alors que les Anglais engraissent leurs porcs avec ces mêmes sucres russes ou français.

Et ce régime est appliqué dans un pays qui a pour boisson favorite le thé, dont le gouvernement lui-même s'efforce avec une louable persévérance d'étendre la consommation, notamment en subventionnant les sociétés de tempérance qui ouvrent des restaurants, des réfectoires, d'où l'alcool est exclu, et en monopolisant la vente de ce dernier. Voici du moins un monopole qui, de même que celui du tabac en France, est pleinement justifié, tant au point de vue de la santé publique que des intérêts du fisc. Mais le sucre, mais le pétrole, mais les produits de la métallurgie, vendus par les producteurs le double à l'intérieur de ce qu'ils les vendent à l'extérieur? Et cependant les raffineurs, malgré leurs énormes bénéfices, sollicitent du Gouvernement de nouvelles faveurs.

Un autre exemple nous est fourni par l'industrie du pétrole : elle est déjà ancienne et des plus florissantes ; elle n'a pas à redouter la concurrence, pas plus à l'intérieur qu'à l'extérieur ; elle satisfait aujourd'hui à la moitié de la consommation du monde entier ; pendant longtemps elle a donné, et donne encore, des bénéfices de 30 à 100 pour 100 ; son outillage s'améliore progressivement, rendant la production de moins en moins coûteuse ; les frais de transport à l'intérieur ont baissé dans une proportion considérable, grâce à l'emploi de bateaux et de wagons-citernes et de pippes-lines, si bien qu'avant que ces divers modes de logement fussent utilisés, le transport d'un quintal de pétrole coûtait, de Bakou à Astrakan, 1 rouble 10 kopeks, tandis qu'aujourd'hui, il ne coûte plus que 18 kopeks ; de même, de Bakou à Tsaritsine, autrefois 1 rouble 80 kopeks, et aujourd'hui, 24 kopeks ; de Bakou à Nijni-Novogorod, autrefois 2 roubles 40 kopeks, et aujourd'hui 52 kopeks (1). Et malgré toutes ces conditions exceptionnelles, le pétrole russe est vendu bien plus cher aux nationaux qu'aux étrangers. Dans les centres du marché international, à Londres, à Hambourg, ainsi qu'à Marseille, Stockholm, Gênes ou Trieste, les prix subissent des fluctuations dépendant de la libre concurrence ; en Russie, ils demeurent presque invariables, aussi élevés que par le passé, malgré la crise actuelle qui, cependant, permet encore la distribution d'un dividende de 35 pour 100, malgré la progression constante de la production et l'abaissement du fret à l'intérieur, car le transport s'y fait par la voie maritime et fluviale, en bateaux-citernes, (par la Caspienne et la Volga), tandis que l'exportation est obligée de recourir d'abord aux voies ferrées du

(1) Voir *Industrie du naphte*, par Goulichambaroff, dans *La Russie au dix-neuvième siècle*.

Caucase (de Bakou à Batoum ou à Novorossiisk), ce qui double presque les frais.

*La Revue annuelle de l'Industrie du
naphte de Bakou,* pour 1899, éditée par le
Conseil des congrès des industriels du naphte,
dit en propres termes :

« Les marchés intérieurs du pétrole en
Russie sont fort stables, car la demande est
toujours fixe et n'a pas de rapports avec le
marché international, » bien que, — lit-on
plus loin, — les fluctuations de prix du pétrole
à Bakou soient très sensibles. Autrement dit,
la fameuse « concurrence intérieure » est
nulle ; tous les consommateurs de pétrole
d'éclairage comme de pétrole combustible
(*mazout*), se plaignent de la cherté constante
de ces produits.

Dans un rapport très substantiel, M. Eu-
gène Dubief, vice-consul de France à Bakou,
fait cette remarque : « Par suite de l'appau-
vrissement du sol, par suite aussi de la
cherté de la main-d'œuvre, le naphte coûte,
aux Etats-Unis, de deux à trois fois plus
qu'au Caucase. (En 1901, la proportion a
été celle de 30 à 8). Les frais de distillation sont également beaucoup plus lourds. Et

cependant, non seulement le consommateur de New-York paie sa kérosine moitié moins cher que celui de Saint-Pétersbourg, mais cette kérosine envahit le monde entier, elle s'impose même dans la mer Baltique, elle a partout réduit le pétrole russe au rôle d'appoint (1). » Quelle en est la cause? se demande M. Dubief. Simplement la prévoyance, l'esprit d'initiative, l'amélioration de l'outillage, chez les producteurs américains, tandis que les Russes, semblables d'ailleurs en cela à leurs amis les Français, s'en remettent pour la plupart à la Providence-Etat.

Dans ce cas, il ne s'agit pas, il est vrai, de protection douanière, mais d'un impôt intérieur fort élevé. Mais l'ancienneté et l'état florissant de l'industrie du pétrole, d'une part, et la fixité des cours, de l'autre, ne prouvent pas moins que la concurrence intérieure n'atteint pas toujours son but.

Voici une autre industrie russe, bien plus ancienne encore, la fabrication textile, qui s'est développée normalement suivant les demandes

(1) *Rapport sur l'industrie du naphte à Bakou et à Grosny en 1900-1901.* — Supplément au *Moniteur officiel du Commerce* du 31 juillet 1902.

croissantes de la consommation nationale ou de l'exportation en Asie; grâce à la protection cette fois, la concurrence intérieure aurait dû amener peu à peu l'abaissement des prix, suivant la méthode préconisée par le *Messager des Finances*. Or, le cours des produits textiles, durant ces dernières années, n'a cessé de monter. En fixant, pour plus d'évidence, à 100 le prix moyen de ces marchandises, on voit qu'il est de 97,0 en 1897, et, pendant les deux années de crise, notons-le, 1899 et 1900, il est de 100,4 et 110,6.

Je me borne à ces faits suffisamment convaincants. Et voyez à quel point les phénomènes économiques se compliquent lorsque le système protectionniste trouble le jeu naturel de l'offre et de la demande. Les fabricants exportateurs, arrêtés par cette barrière des pays trop protectionnistes, viennent fonder des succursales de leurs fabriques à l'intérieur de ces pays, et font ainsi concurrence aux fabricants nationaux. Un exemple frappant de cette dénationalisation de l'industrie nous est présenté par la Pologne russe. La plupart des manufactures nouvellement fondées à Lodz sont allemandes. Tout y est allemand : le directeur, les employés, les ingénieurs, l'outillage, les capitaux; seuls, les ouvriers sont Polonais. La loi qui exige la nationalité russe pour le directeur est tournée : il y a bien un directeur russe en nom, mais c'est son adjoint étranger qui est en réalité le chef; et c'est ainsi que ces fabriques allemandes fournissent leurs produits aux consommateurs russes sans payer le moindre droit d'entrée.

Quelles nouvelles mesures pourrait-on appliquer pour évincer ces concurrents intérieurs? Seraient-elles d'ailleurs logiques, désirables, puisque, de l'avis même du gouvernement russe, c'est aux capitaux et aux techniciens étrangers qu'on doit le développement si rapide de l'industrie indigène.

J'ai déjà rappelé la judicieuse observation de M. Couteaux : « le libre échange et le protectionnisme sont des doctrines qu'il faut pratiquer ou abandonner tour à tour, suivant les besoins du pays. » Cette méthode rationnelle aurait pu être suivie par la Russie, d'une part en donnant plus libre accès aux objets fabriqués qu'elle produit en quantité insuffisante, ou même qu'elle ne produit point, tout en sauvegardant dans une certaine mesure ses inté-

rêts fiscaux; et de l'autre, en tarifiant, en
protégeant les produits que l'industrie indigène, après une période de croissance, pourrait fournir, tant au vaste marché intérieur
qu'au marché extérieur, notamment à celui de
l'Asie où, nous le savons, elle ne redoute pas
la concurrence. Ici, les besoins de la consommation sont constants, les débouchés chaque
jour plus étendus; l'industrie se développe
donc progressivement et les risques de surproduction, de crises, sont bien moindres que
lorsqu'il s'agit d'industries créées d'un coup
et élargies démesurément par des moyens factices, au point de dépasser, en 1897, la valeur
de 2 *milliards de roubles* de produits fabriqués, tandis que ceux de l'agriculture, véritable source de richesse de la Russie, se
chiffrent la même année par moins de un milliard et demi de roubles. Et cet engouement,
encouragé par les droits protecteurs, fut tel
qu'en 1900 encore, année de crise générale, le
rapport du ministre des Finances sur le budget de l'Empire enregistrait 1 milliard 816 millions comme valeur de la production industrielle.

A leur tour, les protecteurs de l'agriculture

française semblent peu se préoccuper des lo:s
économiques en général et de la place réelle
qu'occupe la France dans les échanges commerciaux. Si le passé de l'agriculture française
ne lui suffisait pas, peut-être les errements
des agrariens allemands pourraient-ils leur
servir d'avertissement salutaire, d'autant plus
que, sous ce rapport, la situation des deux
pays est presque identique. M. Grandeau rappelle (1) que la France et l'Allemagne ont
une superficie totale très voisine : 53 et 54 millions d'hectares; elles consacrent à la culture
du blé, du seigle, de l'orge et de l'avoine des
surfaces de même étendue : 14.500.000 hectares en France; 14.114.000 en Allemagne;
les rendements moyens par hectare étant
plus élevés chez nos voisins, la légère différence entre les surfaces cultivées se com-
pense. Chez eux, comme chez nous, le même
phénomène se produit : l'émigration de la population rurale dans les villes; avec une progression constante et rapide, les ouvriers de la
terre se transforment en ouvriers de fabrique.
Comme la France, l'Allemagne a été long-

(1) *Le Temps*, du 23 août 1901.

temps exportatrice de blé ; comme nous (on l'a vu dans le chapitre consacré à la question des blés), elle est devenue peu à peu importatrice ; comme nous, elle a tenu à protéger son agriculture à l'aide de droits d'entrée progressifs sur les céréales : nuls de 1865 à 1880, on les a fixés en ces dernières années à 1 fr. 25 le quintal de blé ; puis ils ont été portés à 3 fr. 75 en 1885 et à 6 fr. 25 en 1897. Aujourd'hui, le projet de loi voté par le Parlement allemand, sur la demande des agrariens, porte le droit sur le blé à 6 fr. 85 au tarif minimum, et à 8 fr. 12 1/2 au tarif général.

Le grand argument des agrariens était, avant comme aujourd'hui, observe M. Grandeau, « l'affirmation que, grâce aux progrès qu'elle avait faits, la production indigène devait assurer l'alimentation du pays. » Et le savant agronome démontre, avec chiffres à l'appui, « combien cette assertion est dénuée de fondement », comme je crois l'avoir montré en ce qui concerne la France.

Ainsi, notre propre exemple, celui de nos voisins, ne suffisent pas aux protectionnistes trop systématiques, des deux côtés de la fron-

tière. Voici que l'égoïsme des agrariens
d'outre-Vosges pousse le gouvernement impérial à une expérience plus insensée encore ;
si elle est tentée, ce sera ni plus ni moins que
l'arrêt du progrès naturel et réellement profitable de l'industrie, pour favoriser une agriculture qui, aussi naturellement, aussi forcément,
ne saurait s'étendre davantage. Les esprits les
plus impartiaux de l'Allemagne s'alarment ;
parmi eux, l'illustre historien Mommsen, le
plus grand des philosophes actuels Édouard
von Hartmann, crient casse-cou. Avec la
logique du penseur et la méthode du savant,
ce dernier fait ressortir l'arbitraire des nouvelles exigences des agrariens, déjà trop
favorisés au détriment de toutes les autres
classes. Il montre que leurs demandes tendent à transformer tous leurs compatriotes
en tributaires des propriétaires fonciers et il
énumère tout ce qui a déjà été fait en leur
faveur : droits d'entrée sur les céréales, primes
aux sucres, affranchissement de l'impôt de
fabrication de l'alcool et des liqueurs, crédit
d'État inférieur à 4/5 pour 100 à l'escompte
ordinaire de la Banque de l'Empire ; autant
d'avantages au profit des agriculteurs et aux

frais du reste des contribuables. On pouvait donc s'attendre, après ces largesses, à ce que le succès couronnât les efforts de la production agricole; or, les intéressés avouent qu'il n'en est rien. Et cela leur est un nouveau prétexte de dire que l'agriculture ne saurait se suffire sans une protection de plus en plus efficace. En réalité, les cultivateurs économes et actifs, généralement les paysans et les petits fermiers, vivent parfaitement sans aucune aide; seuls, les incapables se ruinent. Or, il n'est pas dans l'intérêt de la nation d'entretenir malgré tout ces derniers, fait remarquer le philosophe allemand. Car on ne fait qu'encourager la dilapidation des deniers publics au profit des groupes inactifs et on confond ainsi l'intérêt national avec celui de quelques individus improductifs.

D'autre part, la hausse artificielle des denrées alimentaires, en empêchant l'importation, grève le budget de tous les consommateurs et diminue la richesse publique. Les tarifs prohibitifs et la guerre douanière qui s'ensuivra affameront les classes indigentes, car la production nationale ne suffit pas à la consommation. Enfin, l'Allemagne importe des produits agricoles pour 1 milliard de marks ; du bétail, de la viande et autres produits alimentaires pour 800 millions ; des marchandises coloniales, du tabac, et surtout des matières nécessaires à l'industrie, pour 1 milliard 500 millions. Toutes ces marchandises sont indispensables à la consommation alimentaire ou industrielle de l'Allemagne ; le jour où elles lui manqueraient, les usines et les fabriques s'arrêteraient, et il en résulterait une crise comme on n'en aurait encore jamais vu.

Telle est, résumée, la partie essentielle de la brochure de M. von Hartmann (1). Plus loin, il montre que, seules, près de 13.000 familles de grands propriétaires sont intéressées à cette « production agricole », si ruineuse pour toute la nation. Elle n'amènera qu'un nouveau renchérissement de la vie, autant pour la masse des petits cultivateurs que pour les consommateurs. Aussi, ajouterai-je, le triomphe des socialistes aux dernières élections est-il concluant : c'est la réponse péremptoire du peuple allemand à la politique du pain cher.

(1) *Revue Tagesfragen.* — *Die agrarische Frage* von Eduard von Hartmann. — Leipzig. 1901.

M. Grandeau, dans l'article cité plus haut, observe à son tour : « Cette division des citoyens d'un pays en deux catégories m'a toujours paru bizarre, lorsqu'il s'agit surtout de la question alimentaire ; les *producteurs*, jusqu'ici, n'ont pas trouvé, que je sache, le moyen de cesser d'être *consommateurs*, et il semble qu'à tout prendre, les uns comme les autres devraient avoir pour objectif la vie à bon marché. Mais c'est là, paraît-il, une utopie, et je m'incline. Toutefois, il semble impossible que les exagérations protectionnistes n'amènent pas, dans un avenir plus ou moins prochain, un retour à des mesures plus conformes aux principes de solidarité entre les peuples. »

J'insiste tant sur cette question du protectionnisme agrarien, déjà traité en détail dans le chapitre des blés russes, parce que ce m'est une nouvelle occasion de montrer, par l'exemple de l'Allemagne qui rappelle le nôtre, que l'accroissement de notre fortune publique dépend principalement du développement de notre industrie, tandis que la Russie, proportionnant son élan dans le domaine industriel à sa puissance normale de production, ne saurait tirer un réel profit que des richesses de son sol et de son sous-sol.

En somme, la protection de l'industrie n'a pas réussi à la Russie ; la protection de l'agriculture, en France, n'a pas donné de meilleurs résultats ; et voici que l'Allemagne, poussée par l'égoïsme des agrariens, va fournir l'occasion aux deux pays amis sur le terrain politique, de s'entendre sur le terrain économique. Déjà la Russie, s'apercevant de ses mécomptes en tant que puissance industrielle, cherche à se cantonner de nouveau dans son rôle traditionnel de grenier de l'Europe. J'ai dit qu'une grande Commission venait d'être nommée par le Gouvernement pour rechercher les moyens d'améliorer la situation de la masse des producteurs agricoles, et que précisément cette Commission était présidée par M. de Witte, ministre des Finances.

Bien que remplacé aujourd'hui aux Finances par M. de Pleské, — un de ses meilleurs collaborateurs et financier du plus haut mérite, — M. de Witte demeure président de cette Commission et, de plus, passe à la présidence du Comité des ministres, aux attributions assez étendues pour permettre à ce remarquable homme d'Etat d'imprimer une direction d'ensemble à la vie économique du pays ; en même temps son pouvoir est suffisamment imprécis pour qu'il ne puisse être porté, sous l'impulsion même de ses éminentes qualités, à favoriser les intérêts dont il avait la garde exclusive et qu'il administrait en gardien exclusiviste. Les finances, le commerce, l'industrie n'y perdront rien, et l'agriculture y gagnera beaucoup.

# CHAPITRE XIX

## LE PROTECTIONNISME SYSTÉMATIQUE EST UN OBSTACLE AUX ÉCHANGES COMMERCIAUX.

M'étant rendu en Russie, pendant les mois d'été de 1902, pour y compléter mes investigations de 1900 sur l'état actuel du commerce franco-russe, j'ai cru devoir soumettre le chapitre qu'on vient de lire aux représentants autorisés du ministère des Finances de Russie. Sur le conseil de M. Romanov, gérant le ministère des Finances en l'absence de M. de Witte, j'ai eu plusieurs entretiens avec M. Langovoï, chef du service de l'Industrie au même ministère, dans les attributions de qui rentrent également les traités de commerce et qui jouit, dans ces questions, d'une compétence incontestée.

Le but de mes visites a été de connaître les raisons que le ministère des Finances pourrait opposer à celles que je fais valoir en faveur d'un système fiscal et économique qui ne viendrait pas contrecarrer les échanges internationaux, indispensables pour la prospérité de toute grande nation. J'ai soumis à M. Langovoï les passages où cette question est traitée et il a bien voulu me faire part des arguments de son administration. Je les rapporte avec la déférence et l'impartialité dues à toute conviction sincère.

« La Russie est un pays agricole, du moins elle l'a été jusqu'ici, c'est exact, — me dit le haut fonctionnaire russe. — Mais il ne s'ensuit nullement qu'elle ne doive pas tenter de développer également son industrie. Elle en a les moyens : ressources naturelles abondantes, force productrice voulue. Elle possède de vastes territoires au sol fertile, au sous-sol riche en minerais divers ; une variété de climat qui fait éclore à l'une des extrémités de l'empire une végétation tropicale, et à l'autre la faune et la flore arctiques. Pourquoi laisser ces richesses improductives et aller acheter ce qu'on possède si abondamment chez soi ?

» Certes, on ne saurait, du jour au lendemain, créer une industrie répondant à tous les besoins d'une population de 130 millions d'habitants. Il importe de procéder avec méthode, graduellement, c'est évident; mais encore faut-il commencer, et quel moyen employer pour développer l'industrie nationale naissante, sinon de la protéger contre la concurrence étrangère?

» Vous objectez, — continua M. Langovoï, — que malgré nos efforts, le but que nous poursuivons, — l'abaissement du prix des objets fabriqués résultant de la concurrence intérieure, — n'a pas été atteint; vous constatez que les prix se maintiennent au même niveau et vous citez l'exemple du sucre, du fer, des tissus. Laissons de côté, si vous voulez bien, le pétrole, que nous n'avons pas à protéger et dont la stabilité de prix à l'intérieur est due, non à une entente entre les producteurs, mais à l'impôt (accise) assez élevé et qui rend imperceptibles pour la consommation indigène les fluctuations du cours de gros dans le rayon de production (1).

(1) En effet, l'accise est de 60 kopeks par poud de pétrole,

» Quant au sucre, il n'est pas tout à fait exact que ses cours n'aient pas subi de modifications depuis l'établissement de la *normirovka* : ils baissent, insensiblement il est vrai, mais progressivement. Durant les cinq dernières années, cette baisse a été de 30 à 40 kopeks par poud. D'ailleurs, le système de la normirovka va être prochainement modifié en vue de ramener le prix du sucre à un taux plus bas encore, dont profitera la consommation intérieure.

» Pour le fer, la cause réelle de sa cherté, — malgré la prétendue surproduction, malgré la crise, — est que les usines ne savent pas ou ne veulent pas se plier aux exigences de notre vaste marché intérieur, ne sollicitent pas les nombreux acheteurs, paysans et autres, et n'attendent que les commandes de l'État, à qui elles cherchent à vendre le plus cher possible, préférant tirer de plus grands bénéfices de commandes nécessairement limitées, que de gagner sur la quantité en fournissant la population et en lui vendant à des prix raisonnables. Il s'agit d'habituer la jeune métallur-

dont le prix brut est de 7 kopeks le poud, pris en citerne à la gare de Bakou.

gle du Midi de la Russie à faire davantage cas du marché intérieur qui s'étend chaque jour, et à suivre l'exemple des vieilles usines de l'Oural, qui se sont créé peu à peu une clientèle stable et, par suite, ont peu ou point souffert de la crise du fer.

» Aussi, notre ministre des Finances se préoccupe-t-il en ce moment de développer parmi les paysans, qui en ont tant besoin, la vente des produits métallurgiques dont le prix leur est inabordable. Il s'agit donc de trouver un moyen qui favoriserait à la fois l'achat par le paysan et l'écoulement par l'industrie de ses stocks de fer. »

Ce moyen consiste à faire vendre par les dépôts des zemstvos à leur clientèle toutes les sortes de produits métallurgiques indigènes, au prix de gros. Il est préconisé dans le nouveau règlement établi par le ministère des Finances et dont M. Langovoï a bien voulu me remettre un exemplaire.

Voici le système en quelques mots :

La Banque d'État ouvre un crédit aux zemstvos. Ceux-ci entrent en relations directes avec les usines et fabriques et soldent immédiatement le prix des marchandises, ou bien jouissent également, pour une certaine partie, du crédit. Ensuite, leurs dépôts vendent aux paysans, au prix d'achat, augmenté seulement d'un léger boni représentant les intérêts de banque et les frais de manutention, et généralement à crédit et à longue échéance. De cette façon, non seulement la métallurgié indigène se créera une clientèle nombreuse, mais encore celle-ci verra son sort notablement amélioré, puisqu'elle pourra se procurer à bon compte et en fractionnant la dépense, les instruments aratoires et surtout, fait capital, remplacer par du fer le chaume des toits, réalisant ainsi le problème jusqu'ici insoluble de conjurer ce terrible fléau : l'incendie si fréquent de villages entiers.

Pour compléter sur ce point les raisons que fait valoir M. Langovoï et les renseignements sur les mesures prises en faveur de la métallurgie nationale, je rappellerai les termes du rapport du ministre des Finances sur le budget de 1903, et dans lequel la crise de l'industrie du fer occupe une place importante. Tout en constatant les conséquences fâcheuses du brusque abaissement des prix sur certains produits, le ministre ne trouve nullement la situation alarmante. Il constate d'abord que, malgré la crise, la production actuelle est quand même plus importante que cinq ans auparavant, à l'époque où cette industrie a pris tout son essor. En somme, elle a fait de grands progrès, et il y a simplement aujourd'hui stagnation, non recul : le résultat obtenu demeure acquis. Les difficultés présentes ne sont qu'accidentelles et ne sauraient durer. D'une part, la production des objets d'un écoulement difficile se restreindra ; certaines entreprises peu solides disparaîtront ; mais la plupart des usines s'adapteront à la situation du marché, retireront de leur travail un bénéfice assurément moindre qu'avant, et qui était exagéré, mais encore suffisant, et se préoccuperont davantage des besoins du marché. D'autre part, l'abaissement des prix provoquera et augmentera la demande parmi la masse des consommateurs éloignés par le prix et qui deviendront une clientèle constante. Par suite, les prix se maintiendront à un niveau qui assurera aux producteurs un bénéfice raisonnable.

En attendant que cet équilibre naturel s'établisse, le gouvernement croit devoir prendre diverses mesures, afin de pallier au brusque abaissement des prix qui a provoqué la gêne présente. Ces mesures sont la diffusion, par l'entremise des zemstvos, du fer parmi la clientèle rurale, et la répartition entre les usines de nouvelles commandes pour les chemins de fer de l'Etat.

Je reviens à l'exposé de la démonstration de M. Langovoï.

C'est l'industrie cotonnière qui lui fournit l'argument décisif en faveur du système protectionniste adopté par la Russie. La transformation du coton y occupe la première place. Son développement a été si rapide et si grand qu'elle peut actuellement, non seulement satisfaire à la consommation intérieure, mais encore vendre ses produits au dehors dans une proportion qui s'accroît chaque année. Comparativement aux manufactures des autres pays, elle tient également une place en vue, au même rang que l'Allemagne et la France, sur le continent européen. Quant à sa progression, elle est plus rapide que celle de tous les autres pays producteurs de cotonnades : pendant dix années, de 1890 à 1899, l'augmentation a été en Angleterre, qui tient la tête de cette industrie, de près de 4 %, sur notre continent de 33 %, aux États-Unis d'Amérique de 25 %, aux Indes de 44 %, et en Russie de 76 %. Parallèlement, la consommation de ce produit en Russie a augmenté pendant la même période de 1 fois 1/2.

Do même l'outillage se perfectionne; il s'est considérablement amélioré depuis la nouvelle loi ouvrière de 1897, qui a réduit les heures de travail. Cependant la durée do travail des machines, des broches et des métiers, continue à demeurer plus grande que dans les autres pays en raison de leur prix élevé. Ainsi, une broche coûte 30 roubles en Russie, et à peine 15 en Angleterre (1). Le tissage s'alimente aujourd'hui entièrement de ses propres filés, à part certaines catégories supérieures, ou des teintes spéciales. Aussi, la fabrication cotonnière est-elle en mesure, non-seulement de répondre aux besoins variés de la population indigène, mais encore à ceux de l'Orient, où la vente des tissus de coton russes augmente sensiblement chaque année.

(1) Cette disproportion dans le coût de l'outillage est à remarquer. Je la trouve, ainsi que les autres renseignements que je cite ici, dans la publication du ministère des Finances que M. Langovoï a eu l'obligeance de me remettre. Pour le moment, j'expose ; j'aurai à commenter tout à l'heure.

D'autre part, la matière première, dont la valeur entre pour 30 % dans l'estimation totale du produit fabriqué, est également fournie de plus en plus par la production indigène. Elle représente actuellement le tiers du coton brut transformé par les fabriques russes. La plus grande partie est cultivée au Turkestan, et le reste en Transcaucasie. Comme qualité, elle ne diffère pas sensiblement des cotons moyens d'Amérique : d'ailleurs, elle est cultivée sur des semences provenant de ce pays. On a également essayé, mais sans succès, la culture des cotons égyptiens et américains supérieurs. Aussi, pour les filés fins, continue-t-on à employer ces derniers.

Quant au tissage, la fabrication est aujourd'hui si perfectionnée qu'elle répond à toutes les exigences du marché, autant pour les articles d'usage courant que pour ceux dont l'élégance, la netteté de dessin et le fini satisfont les goûts les plus délicats.

Les statistiques douanières montrent également que l'industrie cotonnière russe, en conquérant presque sans partage le marché intérieur, développe son exportation principalement en Perse et en Chine ; de sorte que l'importation par la frontière d'Europe des tissus de haute qualité, de la passementerie, de la bonneterie, des tulles et des dentelles, est entièrement couverte par l'exportation des cotonnades russes en Orient. Celles-ci luttent avec avantage sur les marchés de l'Asie avec les produits anglais, en raison de la supériorité de leur coloris, de leur fini, et souvent de leur solidité.

Ce développement rapide de la culture et de la transformation du coton est dû, suivant la publication du ministère des Finances, aux tarifs protecteurs. Je constate, en effet, d'une autre source, que ces tarifs ont été élevés graduellement depuis 40 kopeks par poud en 1879, puis 44 kop., 45 kop., 1 rouble, 1ʳ 20. 1ʳ 40, 2ʳ 10 en or, ou 3ʳ 15 crédit, et enfin. en 1900, à 3ʳ 10 en or, ou 4ʳ 15 crédit.

Mais la hausse de prix qui en résulte sur les cotons étrangers ne contrecarre pas les intérêts des fabricants russes, car, — m'a fait observer M. Langovoï, — beaucoup d'entre eux sont propriétaires de plantations, d'autres d'usines de décortication, et sont intéressés d'une façon ou d'une autre à l'accroissement de la culture du coton indigène.

Pendant la période décennale de 1890 à 1899,

l'élévation des prix résultant des droits d'entrée
était compensée par l'abaissement des cours
sur le marché international, de sorte que, pendant cette période, ils n'ont pas varié sur le
marché intérieur. La grande quantité fournie
par la culture nationale n'a pu également influer sur ces prix, car ils dépendent de ceux du
coton étranger, et l'auteur du mémoire publié
par le ministère des Finances arrive à cette
conclusion :

« Ainsi, nos producteurs de coton ont profité jusqu'à présent du tarif douanier complet
sur cette matière, sans influer pour le moment
dans le sens de l'abaissement du prix du coton
en Russie. Cette situation doit se maintenir
pendant un certain temps. En règle générale,
elle s'établit par rapport à toutes les marchandises taxées en vertu de tarifs protecteurs
élevés. Par suite du fait que la production du
coton national n'entre que pour 1/3 dans la
consommation totale, son prix est établi de
façon à pouvoir concourir contre le coton
d'importation, grevé de droits d'entrée et de frais
de transport. Mais quand la production russe
aura atteint la limite où la concurrence intérieure pourra entrer en jeu, l'influence du mar-

ché étranger, et par suite du tarif, diminuera. Aujourd'hui, l'absence de cette concurrence intérieure, ou plus exactement son manque d'action sur l'abaissement des prix, favorise la réalisation rapide du but poursuivi par la protection : le remplacement de la matière étrangère par le coton russe. »

Au surplus, ajoute plus loin l'auteur : « Les efforts déjà faits et qu'on va poursuivre pour étendre la production nationale méritent d'être encouragés, même dans le cas où notre coton asiatique ne deviendrait pas moins cher que celui de l'Amérique. Dans l'état actuel de la production des filés et des tissus de coton en Russie, on doit en tout cas donner la préférence au coton indigène en lui facilitant l'accès de nos fabriques. Mais ce n'est là qu'une hypothèse. En réalité, la Russie possède des richesses naturelles si grandes, le coût de la main-d'œuvre y est si peu élevé, qu'il lui est permis de produire le coton moins cher que l'Amérique, de même qu'elle produit les céréales à meilleur compte que cette dernière. En effet, par suite des conditions favorables du climat et du sol, le prix de marchandises telles que le coton dépend principalement de la quantité et du taux du travail. Or, ce taux, dans nos possessions de l'Asie Centrale, demeurera longtemps encore inférieur à celui payé en Amérique. »

On le voit, l'argumentation fondée sur la culture du coton et la fabrication des cotonnades en Russie est en effet probante. On comprend la protection de cette industrie déjà ancienne et qui se développe graduellement, grâce aux conditions favorables du marché intérieur et à la possibilité de s'assurer la matière première dans la production indigène. Il n'y a que deux pays au monde, l'Égypte et le Turkestan, où l'on puisse régler la culture du coton grâce au système d'irrigation. Tout l'été, depuis les premiers jours de mai jusqu'au mois d'octobre, il ne tombe pas une goutte d'eau au Turkestan. C'est pourquoi les capsules, en s'ouvrant au moment de la maturité, ne souffrent pas de la pluie, comme cela arrive parfois aux États-Unis, provoquant de véritables désastres. Les Russes se trouvent donc dans des conditions exceptionnelles pour tirer sous ce rapport tout le profit possible de leurs possessions d'Asie centrale et s'affranchir peu à peu du monopole américain. Il est à noter, en effet, que, sur les 14 millions de balles de 200 kilogr. environ récoltées par an dans le monde, les États-Unis en produisent à eux seuls plus de 10.500.000 et, comme on l'a fait encore remarquer dernièrement, qu'un trust accapare cette production, et il sera maître des prix. Pour se soustraire à cette main-mise, les Anglais ont formé en 1902 une association d'études qui a entrepris des expériences de culture au Lagos. Les Allemands en ont fait autant pour leurs colonies d'Afrique. Et voici qu'une association analogue des industriels français vient de se former, ayant à sa tête le président du Syndicat général de l'industrie cotonnière française, afin d'étudier et de développer la culture du coton dans nos colonies, et surtout au Sénégal et au Soudan, où les conditions de sol et de climat se rapprochent de celles de l'Égypte et du Turkestan.

On conçoit également que les grands sacrifices consentis au profit de l'extension, trop rapide, de la métallurgie russe obligent à maintenir en sa faveur le système protectionniste, afin de sauvegarder les résultats acquis, et on serait mal venu à faire sur ce point encore des objections à la déclaration de M. de Witte dans son rapport, cité plus haut, sur le budget de 1903.

En revanche, quels motifs invoquer pour justifier les droits élevés sur les objets fabriqués que la Russie ne produit pas, ou dont la production lui est trop onéreuse, tels que diverses machines, les locomotives, les automobiles, etc., sinon le simple besoin fiscal?

L'exemple du coton, précisément, nous fournit un argument péremptoire sur la nécessité, dans l'intérêt même de la fabrication nationale, de laisser entrer en franchise, ou légèrement taxé, l'outillage que la Russie ne confectionne pas, notamment les machines à filer. Le même document russe, où je viens de puiser de si excellentes raisons en faveur du coton et des cotonnades russes, ne dit-il pas : « Par suite du manque d'usines construisant des machines, la Russie est obligée d'employer des machines anglaises. Cette circonstance présente de graves inconvénients pour nos manufactures de coton. L'Angleterre qui, la première, à commencé à construire des métiers à tisser, satisfait non seulement à ses propres besoins, mais fournit encore *tous les autres pays*. Comme la fabrication de ces machines est de celles qui exigent de grands capitaux, et que, d'autre part, la Russie possède 6 millions de broches, la création d'usines pour la construction de machines est entravée par une demande relativement minime. La fabrication de machines en Russie reviendrait donc trop cher au début et, d'autre part, sa protection contre la concurrence anglaise demanderait des tarifs fort élevés, ce qui empêcherait le développement ultérieur de l'industrie cotonnière. »

Il est vrai que, pour atténuer cette dernière remarque, l'auteur du mémoire ajoute aussitôt que nombre d'usines russes construisent déjà des métiers et des machines à tisser en quantité presque suffisante pour satisfaire la demande intérieure, que la construction de machines à filer peu compliquées a commencé également et qu'on finira, à la longue, par se passer complètement des machines anglaises. Il croit donc pouvoir conclure que le « développement de la culture du coton et la création en Russie d'usines pour la construction de machines à filer apparaissent aujourd'hui comme des problèmes d'extrême importance, dont la solution doit nous conduire vers le but poursuivi par la protection : l'abaissement des prix sur les produits de coton à l'intérieur, jusqu'au niveau où la protection douanière deviendrait inutile. »

Or, en admettant même que la fabrication indigène d'une partie de l'outillage (machines à tisser) puisse suffire dès à présent à la demande, son prix de revient demeure malgré tout si élevé, qu'il constituera toujours un empêchement sérieux au « développement ultérieur de l'industrie cotonnière », suivant la propre expression de l'auteur. Et n'oublions point qu'il ne s'agit pas seulement des machines à tisser ou à filer, mais encore de celles à graver, à imprimer, des appareils d'apprêtage, etc., etc. En un mot, il faudra créer coûte que coûte tout l'outillage, et cela dans un pays où l'activité industrielle commence seulement, lorsque des nations d'industrie ancienne continuent à acheter ces mêmes machines en Angleterre, qui a pris sous ce rapport une avance qu'il serait difficile de lui faire perdre.

Il est donc évident que même au point de vue de la protection de l'industrie cotonnière, il n'est pas seulement inutile, mais encore dé-

savantageux d'imposer fortement l'outillage
que la Russie a peine à fabriquer et dont cependant elle a un besoin urgent pour développer
cette même industrie. On peut en dire autant
des locomotives, des automobiles, dont le besoin est si puissant en Russie, de l'outillage
pour les usines de métallurgie, de toutes
sortes de machines, des appareils d'électricité, etc. etc., en somme, de tous les objets
fabriqués que j'ai énumérés en détail comme
pouvant être fournis par la France, à l'avantage réciproque du vendeur et de l'acheteur.

. Mais tenons-nous en aux seuls exemples in-
voqués pour montrer les conséquences d'un
protectionnisme trop systématique, celui du
coton dans le sens favorable et celui du fer
dans le sens défavorable, et le poids des sacrifices qu'exige cette politique économique,
par la lourde imposition des objets de première nécessité, tels que le sucre et le pétrole. Le hasard a voulu que, lors de mon
dernier séjour à Saint-Pétersbourg et de mes
entretiens avec M. Langovoï, la presse russe
débattit ces questions de protectionnisme et
de libre-échange, en choisissant justement les
mêmes exemples, qui étaient à l'ordre du jour

par suite de la crise du fer, de la conférence
internationale des sucres réunie à Bruxelles,
et du nouveau tarif douanier allemand. Grâce
à l'esprit libéral du ministre des Finances,
et sans doute aussi à la certitude de cet éminent économiste que son système est le seul
rationnel dans l'état actuel de l'industrie et
du commerce du pays, les journaux russes
ont eu toute latitude d'exprimer leur opinion
sur sa politique. Donc, tous les intérêts,
toutes les doctrines, y étaient librement re-
présentés et prônés.

Or, il se trouve que, depuis la *Gazette de
Moscou*, organe des protectionnistes à outrance, jusqu'aux *Novosti*, libre-échangistes,
en passant par le *Novoïe Vremia*, la *Gazette
de Saint-Pétersbourg*, la *Gazette russe*, la
*Pensée russe*, l'*Univers* (*Mir-Bogi*), la *Semaine* (aujourd'hui l'*Œuvre nouvelle*,) etc.,
etc., qui marquent toute la gamme des méthodes économiques, tous, et à diverses occa-
sions, ont fait ressortir les graves inconvénients du système d'isolement dans lequel
la Russie croit pouvoir s'enfermer.

Un publiciste très versé dans ces questions
et jouissant d'une certaine autorité en Russie,

M. Anton Radzig, a étudié dans la *Gazette de Saint-Pétersbourg* (2 octobre 1902) les tarifs sur le coton. Il constate d'abord qu'aucune autre industrie russe ne repose sur des bases aussi solides que celle du coton, et cependant, en 1901, les filatures et les manufactures de tissage ont travaillé avec un bénéfice très réduit, parfois à perte, bien que les droits d'entrée empêchent la concurrence étrangère. Et s'il n'y a pas eu hausse de prix, ce n'est pas tant par suite de la concurrence intérieure que par les difficultés, l'insuffisance des moyens d'achat de la part de la population, car toute hausse eût réduit la consommation et par conséquent la vente. Cependant, les manufactures russes de tissage, de teinture, de cardage, sont si parfaitement organisées au point de vue technique qu'elles auraient pu livrer leurs produits à aussi bon marché que les fabriques anglaises; mais c'est précisément le prix élevé de l'outillage, des matériaux servant à traiter le coton, des produits chimiques et tinctoriaux, soumis à des droits d'entrée protecteurs, qui majorent les prix de livraison.

Par suite des droits protecteurs sur le coton

brut, celui-ci reste également d'un prix fort élevé, malgré les efforts faits en faveur de la culture nationale. Ainsi, les filatures de Manchester le paient 6 roubles le poud, tandis que celles de Moscou sont obligées de payer de 10 à 11 roubles, aussi bien la marchandise russe que celle d'importation.

M. Radzig va jusqu'à affirmer que les tarifs protecteurs ayant pour but de développer la culture du coton en Asie Centrale et en Transcaucasie, ne donneront jamais les résultats espérés : « La culture du coton en Boukharie, à Khiva et en Transcaucasie, — dit-il, — remonte à des temps immémoriaux. Les manufactures de Moscou s'y alimentaient depuis la fondation de l'industrie cotonnière chez nous et continuaient à le transformer quand il n'existait encore aucun droit d'entrée, bien que, par suite du manque de chemins de fer, le transport de Boukhara et du Caucase fût fort onéreux. Le coton de cette provenance n'a donc jamais eu besoin d'être protégé. L'institution de tarifs élevés n'a pas augmenté l'étendue des terrains irrigués, mais a simplement sacrifié la culture du riz à celle du coton, au grand détriment de toute la population russe ».

Comme le coton ne saurait croître en Asie centrale sans irrigation, et que les terrains susceptibles d'être irrigués sont limités, M. Radzig avance donc que, malgré tous les tarifs possibles, cette culture ne saurait s'étendre rapidement et que, d'ailleurs, jamais la production ne pourra suffire, à elle seule, à alimenter le marché russe. Ainsi, il ne sert à rien d'entraver l'importation du coton américain, d'obliger le consommateur russe à payer un prix double les cotonnades, auxquelles on ne saurait cependant refuser la qualité d'objets de première nécessité.

Le droit de douane de 4 roubles 15 kopeks sur le coton équivaut, suivant l'auteur, pour la population russe, à un renchérissement ultérieur des tissus, dont les prix sont déjà fort élevés. Le renchérissement actuel est représenté par le chiffre de 62 millions de roubles par an, se rapprochant ainsi de l'impôt personnel aboli il y a une vingtaine d'années parce qu'il accablait la population rurale. M. Radzig conclut donc à la nécessité d'abaisser le tarif sur le coton brut, ainsi que sur les filés et tissus.

La *Gazette de Moscou*, qui réclame la protection de l'industrie indigène, non seulement contre l'importation étrangère des matières et des objets fabriqués, mais encore des capitaux dans les entreprises nationales, s'occupe à ce point de vue de l'industrie métallurgique. En annonçant la formation d'une société pour la vente des produits des usines russes, le journal moscovite y voit la naissance d'un nouveau syndicat qui va « pressurer le pauvre consommateur russe, obligé de payer presque toutes les marchandises le double de ce qu'elles coûtent aux étrangers. » Or, ajoute-t-il, « nos ressources sont bien plus faibles que celles des étrangers, et le prix élevé des objets de consommation empêche l'organisation économique de notre pays et, par suite, l'accumulation des capitaux nécessaires à la production en grand qu'exige notre époque... L'appel aux capitaux étrangers a été motivé par le désir de développer aussi rapidement que possible la production afin d'abaisser les prix sur les métaux, si essentiels à la vie industrielle et agricole. »

Mais ce but n'a pas été atteint, en raison des procédés de spéculation employés dans la fondation de ces entreprises, que la *Gazette du Moscou* rappelle et dont j'ai parlé en détail dans le chapitre précédent. Ce qui nous importe ici, c'est la comparaison faite par le journal entre les prix dans l'état actuel de crise du fer en Russie, et ceux des marchés étrangers.

Voici le tableau suggestif des prix des rails d'acier, dans les principaux pays de production de cette marchandise dont la qualité est si uniforme :

| Belgique . . . . . . . | 67 roubles 4 kopek par poud. |   |   |
|---|---|---|---|
| Grande-Bretagne . . | 83 | — | 6 | — | — |
| États-Unis . . . . . . | 87 | — | 6 | — | — |
| France . . . . . . . . | 97 | — | 6 | — | — |
| Russie . . . . . . . . | 125 | — | 6 | — | — |

Ainsi, dit le journal, « les entreprises belges vendent au Trésor russe des rails *deux fois plus cher* que dans leur pays, et ce prix est considéré par elles comme équivalent au prix de la production. Et les autres objets métalliques sont maintenus à des prix aussi élevés. Malgré cela, la plupart des entreprises ont peine à vivre. » Il est vrai que ces constatations et leurs commentaires tendent à prouver que les entreprises belges en Russie ont été mal conduites et contrairement au but

poursuivi par le gouvernement russe. Il faut
donc empêcher leur tendance à se syndiquer
dans le but de relever encore artificiellement
les prix des métaux, déjà si onéreux pour le
consommateur. Quel que soit le motif qui
guide le journal, il ne reste pas moins acquis
que le développement trop brusque de l'industrie métallurgique n'a pas amené l'abaissement de prix escompté, mais seulement une
crise pénible pour les producteurs, tandis que
le consommateur n'a pas les moyens d'acheter
au taux où se maintient cette marchandise
cependant si nécessaire.

C'est ce que ne cessent de répéter chaque
jour la plupart des journaux russes, avec des
faits de plus en plus probants à l'appui, une
argumentation renouvelée et une ardeur que
justifient les grands intérêts du pays et que
stimule la faculté de les discuter librement.

Je ne leur emprunterai que les opinions les
plus arrêtées, que les faits absolument prou-
vés, et puisés chez les défenseurs des doctrines économiques les plus opposées.

La *Semaine*, libérale, constate d'abord que
la puissance de production des usines nouvellement fondées dans le Midi de la Russie a

dépassé de beaucoup, pendant ces trois der- .
nières années, la quantité produite. Cette crise
aiguë proviendrait de ce que la crise métallurgique en Russie est « parasitaire », c'est-à-
dire, « vit artificiellement au détriment des
sucs de l'organisme national, et ne saurait
exister que tant que durera cette alimentation
artificielle. » Et l'auteur, M. Abramov, montre
par l'exemple de la célèbre usine de la Société
de la Nouvelle-Russie, comment elle fut fondée et put se maintenir grâce uniquement aux
commandes de l'Etat. On lui assura d'abord,
pendant dix ans, une prime de 50 kopeks par
chaque poud de rails, jusqu'à concurrence
des trois premiers millions de pouds. De plus,
le ministère des Voies et Communications
s'engagea à lui acheter annuellement, pendant sept ans, 2.100.000 pouds de rails et
70.000 pouds de boulons, à des prix excep-
tionnellement élevés. Aussi réalisa-t-elle un
bénéfice considérable. De même la plupart
des autres usines ne s'étaient fondées que
parce qu'elles avaient d'avance, pour plusieurs années, de fortes commandes de l'Etat.
D'où l'inutilité pour elles de se préoccuper
des besoins du marché, et celui-ci, malgré

les tarifs protecteurs, a continué à s'alimenter de plus en plus à l'étranger. Il arriva
ce qui devait arriver : aussitôt que les commandes de l'Etat eurent diminué, la crise
survint. « L'Etat dépensait des sommes
énormes sous forme de majoration des prix
en faveur des nouvelles usines, afin de les
faire vivre, lesquelles usines étaient fondées
et n'existaient exclusivement que pour exé-
cuter les commandes de l'Etat; celles-ci dimi-
nuant, les usines chômèrent. Or, pour arriver
à ce « développement » étrange, inutile, de
l'industrie, on surchargeait le peuple. D'un
côté, le Trésor faisait de grands sacrifices
aux usines, et de l'autre le peuple en faisait
de plus grands encore, obligé qu'il était
d'acheter très cher les métaux étrangers, gre-
vés de tarifs élevés... Aussi, la consommation des objets de métal est-elle plusieurs fois
moindre que dans tous les autres pays civilisés,
et le travail, privé des instruments de fer, est
très peu productif. Une grande quantité de
laboureurs russes se servent encore aujour-
d'hui de socs de bois, et les 9/10 des roues des
véhicules continuent à tourner sur des essieus
de bois. De même, les toits sont en chaume.

Une industrie qui ne peut vivre que dans une atmosphère de serre chaude : commandes d'Etat, primes et autres subsides, ne peut être utile à personne et ne mérite aucun encouragement, » — finit par déclarer catégoriquement M. Abramov.

Avec plus de modération dans les termes, le *Novoïe Vremia*, du 3 janvier 1903, exprime le même avis en ce qui touche la fonte : le système protectionniste a déjà fait son œuvre et il est temps d'atténuer son action en abaissant les droits de douane sur la fonte et en faisant des commandes d'Etat suivant le prix du marché, et non surélevés et protecteurs. Cet avis lui est suggéré par la nouvelle annoncée par la *Gazette de l'Industrie et du Commerce* de la prochaine formation du Syndicat des usines de l'Oural pour la vente de la fonte et du fer. Un autre journal, cité par le *Novoïe Vremia*, le *Kievlanine*, est certain que les usines du Midi se joindront à celles de l'Oural pour faire monter artificiellement les prix et dit qu'alors on aura non seulement les fleurs mais tous les fruits d'un protectionnisme outré. Et le *Novoïe Vremia* d'ajouter : « Il faut espérer que la période de suralimentation des fabricants, au détriment de la population rurale, est déjà passée et qu'il est temps de restituer à cette dernière au moins une partie de ce qu'on en a tiré. »

Le *Novoïe Vremia* fait allusion dans cette dernière phrase à la récente institution de la Commission pour rechercher les moyens d'améliorer la situation de l'industrie métallurgique à la suite de la surproduction. Dans un précédent article (4 novembre 1902), parlant de la première réunion de cette commission à laquelle ont pris part plus de cent représentants des administrations de l'Etat et des industriels, le journal a constaté les divergences de vues sur cette question entre le ministère des Finances et les délégués des usines. Le ministère continue à envisager la satisfaction des demandes du marché intérieur comme le seul remède à la crise actuelle, tandis que les usines qui en souffrent assurent qu'elles ne sauraient fournir ce marché dans les conditions de prix actuelles. Pour elles, la seule issue serait la formation d'un syndicat, qu'ils présentent sous une forme plus anodine, — dit le *Novoïe Vremia*, — de « l'Union de toutes les usines dans le but de ré-

gulariser les prix et de les rendre plus stables »,
autrement dit : « La mesure radicale serait,
non pas le Syndicat par lui-même, mais le resserrement de la production, à laquelle il procé-
derait. » Or, cette Union existe déjà, fait observer le journal russe, et les délégués des
usines regrettent seulement qu'elle ne soit
pas aussi universelle qu'ils le désireraient.
Cependant, s'il y a quelque chose à souhaiter,
c'est plutôt qu'on empêche cette coalition des
producteurs, et certes, le gouvernement agira
en ce sens ; car, en fixant des droits élevés sur
les métaux importés, il n'a pas eu en vue d'en-
richir simplement quelques usines, au détriment de toute la population. Comme les autres
journaux, le *Novoïe Vremia*, qui exprime
souvent les idées du ministère des Finances,
conclut que le fer étant un objet de première
nécessité, dans la vie nationale en général, et
dans l'agriculture dont vit la Russie en particulier, on doit empêcher l'exploitation des
travailleurs du sol par les industriels.

Un journal spécial, le *Monde de l'Industrie*, ne prévoit pas davantage de résultats
satisfaisants de la création du Comité pour la
répartition des commandes de l'Etat, en vue

de remédier au brusque abaissement du prix
du fer. D'un côté, — dit-il, — le mécontente-
ment et l'intrigue vont subsister, de l'autre,
cette mesure est artificielle et contraire à la
loi économique de l'offre et de la demande.
En même temps, commente le *Novoïe Vremia*, l'appui exagéré donné par l'État aux
usines les dispense de l'obligation de se préoccuper des besoins du marché : « Ainsi se
forme comme un cercle vicieux, d'où ne
peuvent sortir ni l'industrie ni sa tutelle. »

Enfin, les *Novosti*, dans une série d'études
sur le *Mouvement des prix des marchandises
et le développement de l'industrie*, ont serré
cette question de plus près et ont fait le
procès de tout le système protectionniste
appliqué en Russie. Après avoir rappelé que
le but des protectionnistes, en demandant
aux populations de si grands sacrifices, est
d'amener par la concurrence intérieure l'abaissement des prix au niveau de ceux de l'étranger,
le journal dit que le meilleur moyen de vérifier
le succès de cette théorie en Russie est le
mouvement des prix des marchandises : « Si
nous touchons au but, la différence dans
l'évaluation des marchandises chez nous et

hors des frontières doit graduellement s'effacer, et, au contraire, son accentuation est la meilleure preuve de l'irréalisation de l'espoir des protectionnistes, et de l'inutilité, ou plutôt de la nocivité du système. »

Or, le compte rendu officiel des prix des marchandises, de 1890 à 1900, a servi à l'auteur de l'article à démontrer que ces prix, pendant cette période de onze années, ont une tendance à monter et non à baisser. Il a constaté ce renchérissement sur des marchandises aussi usuelles que les tissus, les métaux, le charbon, le pétrole, et s'il y a baisse, ce n'est que sur les denrées coloniales, mais dans une proportion moindre que la hausse des marchandises précédentes. En même temps, à l'étranger, ces prix étaient tous favorables au consommateur : la baisse avait lieu non seulement sur des produits agricoles importés, mais encore sur des objets fabriqués et des denrées coloniales.

« Ainsi, une période d'une durée aussi prolongée, soit onze années, et qui se place pendant l'action d'un tarif presque prohibitif, et, de plus, à l'époque du développement puissant de toutes nos industries, nous montre un mouvement dans les prix des marchandises qui ne répond nullement à l'espoir des protectionnistes. Loin de combler la différence, dans la cote des marchandises, entre celle qui existait auparavant chez nous et à l'étranger, et celle d'aujourd'hui, l'abîme qui sépare ces deux marchés continue à s'élargir, et dans des proportions notables... »

« ... Mais peut-être la situation est-elle devenue meilleure en 1901, quand les deux années de crise ont pu enfin influer sérieusement sur l'abaissement des prix en Russie? Pas davantage. Le mouvement des prix a conservé le même caractère. Comme précédemment, ils ont augmenté sur toutes les marchandises par rapport aux prix de 1900, dans la proportion de 2 %, tandis qu'en Angleterre ils ont baissé de 6 et 5,10 %... Ainsi, même la crise, provoquée comme toujours par la surproduction, a été impuissante à modifier nos prix, de façon à nous rapprocher, au moins pour un temps, des conditions du marché européen. Donc, ce serait encore moins possible dans une situation normale. »

Suit un tableau comparatif des prix du

sucre, du tabac, du coton, de la soie, de la laine, du charbon, du pétrole, de la fonte, du fer et du cuivre, sur les marchés russes et anglais. Il en résulte que les marchandises dénommées sont en moyenne de 40 °/₀ moins chères en Angleterre qu'en Russie. Une comparaison portant ensuite sur des produits chimiques montre que la différence au profit du marché étranger atteint jusqu'à 250 °/₀. De même, le prix des denrées coloniales est double et triple de celui payé dans les autres pays d'Europe. Et ce qui frappe particulièrement, c'est de voir payer moins cher ailleurs qu'en Russie des produits fabriqués avec la matière première russe : le bois, le chanvre, la laine, l'huile de lin, l'alcool et même la farine.

Les seuls produits d'usage journalier qui soient plus chers dans l'Europe occidentale sont la viande, le beurre, les œufs ; mais le fromage, la graisse, et même le lait, sont déjà plus chers en Russie. En somme, les prix élevés sur les marchés de l'Europe sont de rares exceptions, qui disparaissent devant le bon marché général des marchandises. Les produits qui demandent une fabrication soignée, tels que les machines, les navires, tissus de

prix, la parfumerie, et autres objets de luxe,
sont, il va sans dire, moins abordables encore.
« Les producteurs étrangers peuvent donc importer chez nous des marchandises, bien que
la proportion moyenne des droits d'entrée soit
de 33 °/₀ de leur valeur, et pour nombre de
catégories, comme les objets d'alimentation,
elles atteignent 70 °/₀ en moyenne, sans
compter les frais de transport. Malgré cela,
les commerçants russes qui les vendent
gagnent encore 10 à 15 °/₀. Si nous disons
que le prix des marchandises à l'étranger est
au moins deux fois plus faible qu'en Russie,
nous n'exagérons rien. »

Les *Novosti* en concluent que, pendant les
douze dernières années, lorsque toutes les
industries se sont développées avec une in-
tensité inouïe, que les voies ferrées se sont
multipliées plus que jamais, que les capitaux
étrangers ont afflué en abondance, que les tarifs de transport ont été établis dans l'intérêt
du commerce de l'intérieur, que l'étalon d'or
a été introduit, etc., etc., la disproportion des
prix entre les marchés russe et européen s'est
accentuée de plus en plus. Le but de la défense
de l'industrie nationale contre la concurrence

étrangère non seulement n'est pas atteint, mais on en est encore plus éloigné qu'avant l'établissement des droits protecteurs.

Mais, — demande l'auteur de l'article, — peut-être pourrait-on espérer que, dans l'avenir, les conditions deviendront plus favorables et que la défense de l'industrie nationale finira par amener la balance de prix souhaitée ? Non, la réalisation de cet espoir, dans un avenir plus ou moins prochain, n'est pas fondée davantage.

« Toutes les dépenses qu'exige l'industrie sont moindres chez nos concurrents. On sait que l'établissement des entreprises dans l'Europe occidentale coûte bien moins cher qu'en Russie, laquelle, malgré l'encouragement gouvernemental donné à la construction indigène des machines, emploie celles importées de l'étranger. Nous avons vu que le combustible et la plupart des matières brutes (métaux, coton, laine, soie, couleurs, etc.) y sont également moins chers. » Les capitaux y sont aussi plus abondants et, par conséquent, le crédit deux ou trois fois moins cher ; enfin, les frais de transport y sont moins onéreux. Et cette situation ne résulte pas de causes éphémères, mais de la différence dans les conditions essentielles entre les deux moitiés de l'Europe. Les avantages que l'Europe occidentale a sur la Russie ont été acquis par une longue période de progrès, et celle-ci ne pourrait rivaliser qu'après s'être rapprochée le plus possible à son tour du même niveau de culture. En attendant, l'industrie occidentale poursuivra sa marche en avant, et celle de la Russie sera impuissante à lutter contre elle si l'Etat ne continue pas à maintenir arbitrairement le prix des marchandises.

L'histoire même du protectionnisme en Russie montre le peu d'espoir d'arriver à un réel abaissement des prix à l'aide de ce système. Malgré le relèvement successif des droits d'entrée, l'abaissement systématique et progressif des prix des marchandises en Europe n'empêchait pas quand même leur importation en Russie ; celle-ci ne faisait au contraire que s'étendre. Et, si haut que s'élèvent ces tarifs, on saisit le premier prétexte, les événements de Chine par exemple, pour les relever encore sur plusieurs articles. Et on ne s'arrête pas là. On prend des mesures pour que toutes les institutions gouvernementales n'achètent pour leurs besoins que des produits de l'industrie nationale, en donnant des primes à celle-ci. Pour lutter contre les trusts, on projette de reviser à nouveau les tarifs douaniers... « Où est donc cet acheminement vers le bon marché, tant de fois prédit par les protectionnistes ? Et y a-t-il seulement quelque fondement d'espérer cet abaissement des tarifs si souvent promis? » demandent les *Novosti*. Et aussitôt : « La réponse ne peut être que négative. »

C'est un réquisitoire en règle contre la doctrine protectionniste, telle qu'elle est appliquée en Russie. Comme toute opinion arrêtée, elle ne tient compte que des faits qui viennent à l'appui de sa thèse. Si serrée et généralement juste que soit l'argumentation du collaborateur des *Novosti*, nous ne pouvons méconnaître les raisons, également fondées sur des faits patents, favorables à la protection rationnelle de certaines industries russes qui ont déjà montré leur viabilité, ou que les sacrifices consentis obligent à poursuivre l'expérience. Je fais allusion aux termes dont s'est servi M. de Witte dans son rapport sur le budget de 1903 et à l'entretien que m'a accordé M. Langovoï.

Je rappellerai également que pendant les onze années que M. de Witte se trouvait à la tête des Finances russes, c'est bien grâce à son système que le réseau des voies ferrées a doublé d'étendue, passant de 33.000 à 64.000 kilomètres. Ce n'est pas seulement un avantage important au point de vue du commerce intérieur et du transport des voyageurs, mais une ressource considérable pour le budget, la plupart des lignes étant devenues et devenant peu à peu la propriété de l'Etat : 13.000 kilomètres en 1893 contre 40.000 en 1903. Notons encore le bon marché et les facilités du crédit mis à la portée autant des industriels que des agriculteurs, non seulement grâce à la Banque d'Etat, mais aussi à la création de banques particulières pour les propriétaires fonciers, paysans, etc.

Dans le domaine des finances, c'est la conversion de la dette publique, qui a réduit notablement les charges annuelles du budget; c'est la réforme monétaire, qui a fixé le cours du rouble et qui a donné une base stable aux transactions commerciales; en même temps ces deux importantes mesures ont eu pour conséquence d'émanciper le crédit russe de sa dépendance du marché financier allemand et, par suite, ont soustrait la Russie à la prédominance allemande, tant économique que politique. Puis, pendant l'administration de M. de Witte, le budget a plus que doublé, cependant que les impôts ont progressé de 634 millions de roubles en 1893 à seulement 636 millions en 1903 ; le reste, les deux tiers environ des recettes, est fourni aujourd'hui par des droits régaliens et le produit du domaine de l'Etat (chemins de fer, monopole de l'alcool, forêts, usines, mines, fermages, concessions, Banque de Russie, etc.) ; de 181 millions de roubles ils ont monté à 1.085 millions. Enfin, dans son allocution d'adieu aux représentants de la Bourse de Saint-Pétersbourg, l'ancien ministre a pu dire, avec une satisfaction justifiée, que la Dette publique ne s'est accrue que de 1 milliard 400 millions de roubles, c'est-à-dire, d'une somme « qui est loin d'atteindre la valeur capitalisée (chemins de fer, etc.) qui a été créée parallèlement et qu'on a l'habitude de couvrir par des emprunts ». Au contraire, il a accumulé la majeure partie de cette valeur à l'aide de recettes ordinaires, grâce à la constance de forts excédents budgétaires.

C'est là une œuvre colossale ; on peut sans
exagération la comparer à celle de Colbert. Et
encore, le grand homme d'Etat russe a eu
le désavantage sur son prototype français de
manquer de temps pour réaliser jusqu'au bout
ses vastes desseins. Ce n'est pas sans heurter
de nombreux intérêts, dont l'ancienneté est
la seule justification, qu'il put introduire des
réformes aussi considérables ; et il les précipi-
tait dans la crainte d'un arrêt prématuré. On ne
saurait plus expliquer autrement le mobile de
sa précipitation, maintenant qu'il l'a confessé
lui-même au cours de l'allocution citée tout à
l'heure : « J'avais hâte d'appliquer les réformes,
parce que je craignais de ne pas pouvoir disposer
des délais nécessaires pour les réaliser dans
le domaine des finances et dans la vie économique du pays. Je crois avoir eu raison de
me hâter : j'ai pu rendre ainsi définitives les
réformes principales; si dans un avenir plus
ou moins éloigné, on jugeait nécessaire de
les reviser en partie, les amender, je doute
qu'on se décide à y apporter des changements
essentiels ou à les abolir entièrement. »

Cette confidence dernière est à retenir également pour la thèse que je défends ; elle nous

révèle le motif dominant, la cause intime qui a guidé l'ancien ministre des Finances dans le développement démesuré qu'il a imprimé à l'industrie russe. La signification de sa confidence se précise, est renforcée par le rapprochement avec le conseil qu'il a donné quelques mois auparavant aux producteurs du fer réunis en congrès. Après avoir fait allusion au progrès « trop brusque de l'industrie métallurgique qui a rompu l'équilibre » et causé la crise, il a insisté sur la nécessité pour le producteur de s'adapter à ce nouvel état des choses, et a continué : « Cette adaptation ne peut se faire sans douleur. Si la population a dû en son temps supporter des sacrifices pour atteindre les résultats de la politique protectionniste, en l'espèce du bon marché du fer, l'effort doit venir maintenant du côté de l'industrie. »

Qu'est-ce à dire, sinon que la protection a déjà atteint son but et que le moment est venu d'abaisser, dans bien des cas, le tarif douanier afin d'arriver, « sans mesures artificielles », à des « résultats durables », suivant les termes mêmes du ministre. Ce fut d'ailleurs la réponse du Congrès, dont la composition différait précisément des précédentes réunions en ce que, pour la première fois, y siégeaient, à côté des producteurs, les *consommateurs* (représentants des sociétés agricoles, des zemstovs, etc.). « En ce qui concerne les droits de douane, lit-on dans le compte rendu, le Congrès émet le vœu qu'après la cessation de la crise actuelle, le Gouvernement procède à un *abaissement progressif des droits sur le fer et ses produits*. Il trouve également nécessaire de prendre des mesures contre l'*élévation artificielle des prix par la voie des syndicats* ». C'est net, et les mots soulignés me dispensent de tout commentaire.

Le collaborateur de M. de Witte, M. Langovoï, qui demeure le collaborateur de M. Pleské, ne se dissimule pas non plus les difficultés que crée le système de la protection rigoureuse. « Certes, me dit-il, une œuvre aussi considérable exige de longs sacrifices, et c'est pourquoi nous sommes obligés, pendant cette période de transition, de maintenir, à un taux élevé, les tarifs de douane, l'accise sur le pétrole, sur le sucre, etc., ces derniers dans un but fiscal. Déjà actuellement, la consommation des principaux produits de l'industrie par habitant augmente chaque année. Les cotonnades passent de 3,98 pouds en 1896 à 4,32 en 1900, le fer et l'acier de 0,90 à 1,00, la fonte de 0,81 à 1,36, le charbon de 5,55 à 8,53 ; le marché s'étend donc progressivement et le prix du sucre, je vous l'ai déjà dit, baisse de même. Plus tard, quand, par le jeu naturel de l'offre et de la demande à l'intérieur, nous étendrons à la fois la production et la consommation, que nous augmenterons la prospérité nationale en évitant l'exode de notre argent au dehors et en assurant à tous un travail rémunérateur, nous n'aurons plus besoin d'exagérer les impositions de certains produits, car la richesse du pays nous procurera facilement les ressources nécessaires au Trésor. C'est le seul système rationnel, déjà expérimenté par les pays industriels, nos aînés, et qui ait donné des résultats certains. »

A l'objection que la Russie est cependant un pays essentiellement agricole et ne saurait être en même temps une nation industrielle, M. Langovoï répliqua : « Je n'ai qu'à vous montrer l'exemple des États-Unis d'Amérique, les plus grands fournisseurs de céréales du monde, et dont cependant la production industrielle ne le cède en rien aux plus anciens pays de transformation manufacturière.

« Je conviens toutefois que le moment est encore assez éloigné où nous pourrons nous passer des produits étrangers. Aussi, tant que nous en importerons, nous devrons nous inspirer dans ces échanges de l'intérêt réciproque bien compris, faire des concessions de tarifs pour en obtenir à notre tour, et, dans ces conditions, il sera toujours juste de donner la préférence à la nation amie. »

Le représentant autorisé du ministère des Finances convient donc que, pour le moment du moins, il y aurait un intérêt réciproque à étendre, entre la Russie et la France, les échanges de certains articles et à se faire mutuellement des concessions de tarifs sur ces marchandises.

Il me semble que l'entente pourrait être plus large et plus durable. L'espoir d'arriver un jour à se passer complètement d'une importation étrangère en s'en tenant à la production propre et à l'utilisation des richesses naturelles, détermine une économie politique trop exclusive, allant à l'encontre du but poursuivi par la protection même des industries où l'application de ce système serait rationnelle. En même temps, les sacrifices demandés à la nation deviennent disproportionnés à la valeur du résultat auquel on tend. Aussi, les adversaires de cette politique ont-ils beau jeu lorsqu'ils montrent que les tarifs élevés sur les produits importés et l'impôt exagéré sur les objets de première nécessité de production nationale, tels que le sucre et le pétrole, amènent sur toutes les denrées un renchérissement qui pèse lourdement sur la population rurale. Or, celle-ci forme les 90 % de la population totale, et son travail est la source de la prospérité de toute la nation. L'exagération du système protectionniste, — disent-ils, — force le paysan à vendre ses produits à bon marché et à tout acheter cher. Ils constatent notamment que pas un fermier américain ne finit son dîner sans consommer du sucre, aliment des plus nourrissants, tandis que la consommation est si minime en Russie : elle est en moyenne par habitant sept fois plus grande aux États-Unis et neuf fois en Angleterre. Cependant, au point de vue de la culture de la betterave dans le monde, la Russie occupe le deuxième rang (après l'Allemagne) et à celui des dividendes des raffineries, elle occupe mieux que le premier rang : elle est hors concours.

Le même fait se produit pour le pétrole. L'accise élevée en provoque d'un côté l'exportation à l'étranger, et, de l'autre, elle empêche sa consommation de s'étendre à l'intérieur. Tandis que les consommateurs étrangers ont ainsi un produit bon marché, le paysan russe est souvent obligé de s'éclairer d'une façon primitive, à l'aide de torches de bois résineux. Le prix élevé du pétrole empêche également les cultivateurs de remplacer les batteuses locomobiles, si coûteuses, par des moteurs à pétrole, si pratiques et bien meilleur marché.

Certes, l'accise sur le pétrole est une question fiscale intérieure ; mais j'ai été amené à souligner les inconvénients de cet impôt, comme de celui sur le sucre, en raison de sa corrélation étroite avec tout le système économique qui prévaut actuellement.

On peut citer des exemples plus frappants encore de la disproportion entre les ressources des paysans et le prix d'autres articles de première nécessité, dont le coût élevé provient de l'une ou de l'autre cause, impôt ou droit d'entrée. On les connaît déjà suffisamment par les renseignements que j'ai puisés aux sources mêmes. Aussi, M. Demtchinsky a-t-il pu dire dans le *Novoïe Vremia* que les intérêts vitaux de l'agriculture sont sacrifiés à ceux de l'industrie. D'après lui, la seule fabrication du fer a coûté, en ces trente dernières années, des milliards de roubles, des milliards pris aux travailleurs de la terre. Aussi se demande-t-il : « Pourquoi devons-nous absolument rouler sur une locomotive dont la construction nous coûte le double du prix que nous pourrions la payer à l'étranger, alors que l'alimentation de notre masse populaire n'arrive même pas à la moitié de la norme atteinte dans les autres pays ?... Et quand nous examinons notre budget, nous voyons que sur 2 milliards de roubles, en chiffres ronds, les 5/6 lui sont fournis par l'agriculture... Et que rendons-nous à la terre en compensation de ce milliard et demi ? Absolument rien ! »

Rien, c'est façon de parler. Mais il n'en est pas moins vrai qu'elle a été jusqu'ici sacrifiée à l'industrie, et la remarque sur les conditions si onéreuses de construction des locomotives reste entière.

Ne peut-on en dire autant des automobiles, qui sont taxées dans un but fiscal, et dont il a été question dans l'entretien que M. de Witte a bien voulu m'accorder ? On comprend que le ministre des Finances se soucie d'accroître les ressources du Trésor; mais combien cette recette complémentaire est insignifiante relativement aux services qui pourraient être rendus par les automobiles pour le transport des marchandises et des voyageurs, dont les autorités russes se préoccupent à si juste titre.

J'ai cité aussi la circulaire du ministère de la Marine invitant à ne commander qu'en Russie tout le matériel dont ce département a besoin. Or, la commission qui élabore le projet des mesures à prendre pour diminuer les achats à l'étranger par les diverses administrations de l'État, a constaté que, malgré tout leur désir d'encourager la production nationale, ces administrations sont obligées de faire venir ces fournitures de l'étranger, car elles sont de meilleure qualité et à meilleur compte et certaines mêmes ne peuvent être fabriquées en Russie. Les départements de la Guerre et de la Marine ont calculé que s'ils devaient s'alimenter exclusivement dans l'industrie nationale, il leur faudrait augmenter leur dépense de 80 à 100 millions de roubles par an. La Commission a quand même décidé de ne pas faire de commandes ailleurs qu'en Russie.

Pendant ce temps, la véritable nourricière du pays, la population agricole, souffre périodiquement de la famine. On se souvient du désastre qui s'abattit sur elle en 1891 ; mais lors même que le fléau ne prend pas des proportions aussi étendues, la situation demeure toujours précaire et le gouvernement a été obligé de créer une institution permanente afin de pallier dans une certaine mesure à la disette chronique des campagnes. Ainsi, en 1901, année plus mauvaise que les précédentes, mais qui n'avait rien d'exceptionnel, le Gouvernement a dû dépenser 75 millions de roubles, (200 millions de francs), pour secourir les populations agricoles dans 29 gouvernements. Cette situation est d'autant plus pénible qu'elle n'est pas passagère ; elle ne coïncide pas seulement avec les années de récoltes déficitaires, mais dépend encore des conditions économiques générales du pays. Le ministre de l'Intérieur, qui a dans ses attributions l'organisation des secours, dit, dans son rapport de 1902 à l'Empereur sur les mesures prises en 1901 : « Je dois avouer que la mauvaise récolte de l'année dernière a non seulement eu une répercussion fâcheuse sur la situation des habitants des campagnes dans le rayon atteint, mais elle témoigne encore d'un abaissement général du niveau du bien-être de la population. Le fléau qui a sévi a confirmé une fois de plus la nécessité absolue de remédier à l'état chancelant de la classe agricole, sans quoi on ne saurait répondre efficacement aux besoins du pays. Votre Majesté Impériale à daigné déjà porter son attention sur l'importance particulière de l'agriculture en Russie, et aujourd'hui le Comité créé sur l'ordre de V. M. pour étudier les besoins de l'industrie agricole s'occupe des mesures à prendre en ce sens. »

En effet, il y a là un heureux symptôme du revirement qui se produit dans les cercles officiels en faveur de l'agriculture, et c'est l'ancien ministre des Finances lui-même, dont la sollicitude allait surtout jusqu'ici à l'industrie naissante, qui préside ce comité. Je dois à la vérité d'ajouter que déjà en 1899, M. de Witte a constaté l'importance primordiale de l'agriculture en Russie. Parlant aux membres de la Commission d'organisation du commerce des blés, il leur disait : « L'agriculture est la branche fondamentale de notre production et j'ai la profonde conviction qu'il n'existe pas chez nous de question économique plus importante pour notre vie nationale que celle de l'amélioration radicale, dans la plus large acception du mot, de la situation de notre population agricole. Il y va de notre existence même. De cette question doivent jaillir, comme d'un foyer central, les rayons qui éclairent toutes les mesures favorables au développement de la vie économique dé la Russie, pour le bien de toute la production nationale. »

C'est la vérité même, et on ne saurait la discuter aujourd'hui, que la crise industrielle a montré que tous les efforts tentés pour étendre le marché intérieur se heurtaient à l'insuffisance des moyens d'achat de la part de la population rurale.

Dès l'instant que sa conviction était faite,

et avec sa décision coutumière de véritable homme d'Etat, M. de Witte appela pour concourir à l'œuvre du comité central qu'il préside, à toutes les lumières et à toutes les compétences, ainsi qu'à l'expérience des représentants des classes agricoles. Des comités locaux de province ou de district, composés de délégués des propriétaires fonciers, des zemstvos, des paysans, furent organisés dans tout l'Empire, pour délibérer sur cette question vitale. Et certains présidents de ces assemblées ayant cru devoir restreindre le débat aux questions touchant le côté purement technique de la production agricole, ou les intérêts locaux, un communiqué du ministère des Finances leur expliqua qu'il n'entrait pas dans les vues du gouvernement de limiter étroitement le programme de la discussion : « Les comités des provinces et des districts, lit-on dans le communiqué, ont toute latitude d'exprimer leur opinion sur la situation actuelle de l'industrie agricole et sur les mesures à prendre concernant les besoins réels de la contrée. » Aussi, cette franche invitation eut-elle pour conséquence la libre manifestation de l'opinion publique et un mouvement exceptionnel dans les esprits. Les procès-verbaux de ces assemblées, commentés avec la même liberté par la presse, nous fournissent donc l'opinion authentique des intéressés, et nous constatons qu'elle est de tous points conforme à ce que la presse répète depuis dix ans, et qu'ont reconnu en dernier lieu les autorités.

Les mesures préconisées par ces assemblées sont d'ordre divers : questions de droit, d'instruction, agraires, économiques, techniques. Je n'ai pas à mentionner les réformes de droit et d'enseignement touchant au régime intérieur du pays, ni à énumérer les améliorations agraires et techniques réclamées, telles que les modifications à apporter à un système de culture trop primitif, ou l'insuffisance des terres possédées par les paysans. Ce qui nous intéresse ici, c'est de savoir que les comités sont unanimes à reconnaître que la solution souhaitée du problème agricole dépend du degré de bien-être de la population rurale, bien-être qui est entravé autant par les impôts sur les objets de première nécessité, que par les taxes prohibitives sur les objets manufacturés, indispensables à la culture.

23

L'espérance de voir un jour la Russie se suffire à elle-même, à la fois au point de vue industriel et agricole, n'est pas près de se réaliser, ou plus exactement, elle ne saurait se réaliser jamais, pas plus en Russie que dans tout autre pays, même aux Etats-Unis, cités comme exemple. Il est inutile d'insister sur les différences géographiques, ethniques et sociales entre les Américains du Nord et les Russes. Ceux-là sont les descendants des émigrants les plus aventureux de cette race anglo-saxonne, elle-même énergique et hardie, et déjà ils sont devenus les plus redoutables concurrents de leurs pays d'origine. Ceux-ci commencent seulement à s'éveiller à la vie de conquête commerciale, et ils ont encore de longues étapes à parcourir avant de réjoindre, non pas les Etats-Unis, mais seulement leurs voisins d'Europe. Et pendant ce temps le Nouveau-Monde aura marché avec la rapidité prodigieuse qu'on lui connaît. Et je ne parle pas de l'éducation de la volonté qui reste à faire, ni des autres facteurs absents de la vie sociale russe.

Mais, je l'ai dit, les Etats-Unis eux-mêmes, si bien placés qu'ils soient au point de vue

géographique entre deux océans, et si variées
que soient leurs ressources, ne sauraient s'enfermer davantage dans un superbe isolement.
S'ils exportent pour plus de 7 milliards par
an, ils n'en continuent pas moins à importer
pour plus de 4 milliards ; et, si la balance des
échanges est en leur faveur, c'est précisément
parce qu'ils sont une nation plutôt agricole
qu'industrielle, que ce sont les blés, les pétroles, les cotons, qui entrent pour la plus
grande part dans leur exportation ; et j'ai déjà
constaté que tous les pays où la production
du sol est prédominante sont dans le même
cas.

De même qu'un individu ne saurait produire tout ce dont il a besoin, il y a également
division du travail et échange de produits
entre nations. Les sociétés primitives pouvaient
se suffire en raison de leurs besoins limités. A
mesure que l'humanité progressait, ses besoins
se multipliaient, et parallèlement les échanges
entre tribus, villages, villes, provinces, puis
nations. Ce qu'un peuple, placé dans certaines conditions géographiques, topographiques, géologiques, climatériques, voire ethniques, était empêché de produire, un autre,

placé dans des conditions différentes, pouvait
le lui fournir, en recevant en échange ce qu'il
ne produisait pas lui-même. Tous les efforts
pour s'isoler en vertu de telle ou telle doctrine se heurtent à la solidarité naturelle
des intérêts économiques internationaux. Car
il est de toute évidence qu'il est toujours plus
profitable d'acheter certains produits à meilleur compte au dehors que de vouloir les fabriquer soi-même coûte que coûte, c'est-à-
dire dans les conditions les plus onéreuses.

Le grand savant russe, le chimiste universellement célèbre, M. Mendeleïev, partisan
convaincu cependant du protectionnisme,
n'a-t-il pas dit : « Il n'y a pas et il ne saurait
y avoir de système immuable qui puisse s'appliquer invariablement à la politique commerciale internationale, car les divers pays se
trouvent dans des conditions naturelles, his-
toriques et industrielles différentes. Même
pour un pays donné et une époque donnée, il
est plus rationnel de choisir, pour protéger ou
stimuler la production, un petit nombre de
marchandises, en tenant compte tant des conditions naturelles qui déterminent leur fabrication que des relations financières, commer-

ciales et autres des habitants et de l'époque.
C'est pourquoi sont également erronées les
doctrines qui demandent un protectionnisme
de principe, ou un libre-échange de principe (1). »

M. Couteaux a exprimé la même pensée
dans une formule plus brève et qui a toute la
valeur d'un axiome : « Le libre-échange et le
protectionnisme sont des doctrines qu'il faut
pratiquer ou abandonner tour à tour, suivant
les besoins du pays. »

Aussi, de même que j'ai démontré que la
France, que l'Allemagne, nations industrielles, faisaient des efforts illusoires pour
maintenir, voire développer leur production
agricole, afin de pourvoir à tous les besoins de leur consommation, la Russie, pays
agricole, ne saurait se passer des échanges
avec les autres pays, pour se procurer, dans
les meilleures conditions possibles, les objets
fabriqués. On ne peut rien contre la réalité
des faits. En rapprochant les moyennes des
importations et exportations russes de la première période quinquennale du dix-neuvième

_______________

(1) *Le tarif de 1891 expliqué.*

siècle et sa dernière période quinquennale, et,
— d'après le *Journal de Saint-Pétersbourg*, —
en les calculant toutes sur le pied uniforme
d'un rouble égal à 1/15 d'impériale, on constate que les exportations ont augmenté de
neuf fois, et les importations de onze fois et
demie. Le dernier compte rendu du commerce
extérieur de la Russie montre également que
malgré les tarifs protecteurs, l'importation
augmente toujours, tandis que l'exportation
progresse dans une moindre proportion. Ainsi,
en divisant la dernière période décennale en
deux parties, nous voyons que pendant la
première période quinquennale, l'exportation
russe s'est chiffrée en moyenne par 422 millions de roubles, et pendant la deuxième par
403 millions. Pendant les mêmes périodes,
la Russie a importé respectivement et en
moyenne pour 292 millions et 392 millions
de roubles de marchandises. Ainsi, la balance
en sa faveur a été pendant la première période
quinquennale de 130 millions de roubles, et
pendant la deuxième seulement de 70 millions.
Et cela, au temps de la plus grande activité
de l'industrie nationale et du fonctionnement
des tarifs de douane les plus élevés.

Et la balance au profit de ses exportations est due, comme pour les Etats-Unis, comme pour la République Argentine, comme pour les autres pays de production agricole que j'ai nommés au cours de mon ouvrage, à son exportation des céréales et d'autres produits du sol. C'est donc là la véritable force productive de la Russie, et elle a fini par s'en rendre compte, à en juger par les mesures prises en faveur de son agriculture.

L'Angleterre a compris depuis longtemps cette nécessité de la division du travail dans la production internationale. Sa longue expérience économique l'a amenée à se spécialiser dans l'activité industrielle, et si elle continue à cultiver son sol, elle laisse entrer sans aucun droit tous les produits alimentaires, d'où résulte le bon marché de la vie, et la faculté de réserver tous ses efforts au domaine de l'industrie. C'est pourquoi elle continue à garder, malgré un certain relâchement de son initiative commerciale, malgré des guerres ruineuses et la concurrence redoutable des Américains et des Allemands, la première place dans le mouvement économique du monde. Son trafic international atteint 22 milliards,

tandis que l'Allemagne ne vient que bien après
avec 12 milliards 1/2, les Etats-Unis avec
11 milliards 1/2, et la France avec 8 milliards 1/2.

Au milieu de l'instabilité économique où se
débattent aujourd'hui toutes les nations de
grande production, chaque jour apporte un
nouveau fait qui augmente le désarroi des
transactions internationales. Celui que je dois
signaler au moment où je corrige les épreuves
de ce volume, est l'apparition soudaine de
l'épidémie protectionniste sur la terre de la
liberté commerciale par excellence, dans le
pays même de Cobden et de Peel, en Angleterre. C'est là un événement d'une haute gra-
vité, l'annonce d'une véritable révolution économique, qui, si elle se réalisait, aurait sa
répercussion dans le monde entier et nous
atteindrait les premiers. Au demeurant, n'était
l'intérêt réel de la Grande-Bretagne de persé-
vérer dans la politique commerciale qui lui a
valu la prospérité inouïe des 60 dernières
années, on comprendrait que, devant le spec-
tacle des barrières se dressant de toutes parts
et menaçant la libre expansion de son commerce, elle cherchât à son tour à se défendre

par les mêmes moyens, à riposter par des
représailles.

Que dit, en effet, M. Chamberlain, le promoteur hardi de la lutte économique de l'Angleterre contre le monde civilisé ?

« Je respecte les Américains, j'estime beaucoup les Allemands comme la nation la plus
scientifique. J'ai un grand respect  et une
grande amitié  pour les Français. Leur politique à tous est  de  se  servir des tarifs pour
accroître leur commerce et exclure le commerce étranger. Je ne peux croire qu'ils soient
tous insensés. Je suis libre-échangiste. Je
veux le libre-échange avec toutes les nations,
mais si celles-ci ne veulent pas échanger avec
moi, je ne suis pas libre-échangiste à tout
prix. »

L'argument de l'ancien ministre des Colonies me semble décisif lorsqu'il apostrophe
ainsi les protectionnistes outranciers ; et les
Mac-Kinley, les de Bülow, les Méline seraient mal venus de lui en faire grief. Cependant, interrogé, le père du protectionnisme
français répondit que s'il était Anglais, il
serait libre-échangiste et il en donna cette
raison : L'Angleterre est amplement pourvue de

matières premières (charbon et fer) ; elle produit à meilleur compte que nous, elle n'a donc
nul besoin de protéger le marché intérieur, ce
qui, par contre, est notre cas ; elle ne s'élance
dans le protectionnisme que dans un but
agressif pour imposer ses marchandises à
l'étranger. C'est inutile, puisque la libre concurrence lui est profitable, et c'est dangereux,
parce que les droits différentiels provoqueront
des représailles.

Que l'illustre homme d'État excuse ma
grande liberté : mais ses prémisses me semblent pécher par la base. On ne saurait dire
que la France se trouve en état d'infériorité
vis-à-vis de l'Angleterre quant à l'abondance
des matières premières, puisque M. Chamberlain, dont le système comporte l'imposition
jusqu'aux aliments, se défend de vouloir
frapper de droits les matières premières « si
nécessaires à l'industrie du pays ». Et le bon
marché relatif de la fabrication anglaise est
précisément le résultat de l'absence de toute
taxe sur les matières nécessaires à l'industrie
et sur les objets alimentaires, alors qu'en
France, on impose les unes et les autres,
souvent inutilement pour « le marché inté-

rieur », comme nous l'avons vu par l'exemple du blé et du bétail entre autres. Enfin, l'économiste éminent qu'est M. Méline n'ignore pas ce fait universellement constaté que les salaires sont bas dans les pays de protection et de vie artificiellement renchérie, tandis qu'ils sont élevés dans les pays de libre-échange. Ainsi, des salaires bas, la vie chère, la fréquence des grèves qui en résultent, telle est la cause réelle de la difficulté, pour la France, de fabriquer à des prix qui lui permettraient de concourir avec succès, à l'intérieur ou à l'extérieur, contre ses rivaux. Par contre, le prix des aliments que paye l'ouvrier anglais a baissé de 30 % depuis 24 ans seulement, tandis que son salaire a augmenté pendant le même temps de 14 %. C'est donc bien à la différence du système fiscal que l'Angleterre doit ses conquêtes sur le marché du monde et son exceptionnelle prospérité.

Mais M. Chamberlain dit autre chose : Depuis trente ans le commerce de l'Angleterre n'augmente plus ; elle importe davantage et exporte moins. « Il n'y a qu'un espoir de salut, si nous ne voulons pas devenir une nation de second rang, et il est dans notre immense empire colonial. *Son marché doit remplacer les marchés étrangers qu'on nous ferme.* » Puis il ajoute : « Cela demandera des sacrifices. Mais en échange de ces sacrifices, l'Angleterre enlèvera à l'étranger le commerce que ses colonies font avec l'étranger, et leur vendra ce qu'elle vend moins ou ne vend plus à ses voisins ; elle en recevra dans quelques années à tout aussi bon compte la nourriture qu'elle achète aux quatre coins du monde. »

Pour réaliser ce Zollverein de l'empire britannique, l'ancien ministre des Colonies propose ceci : droits préférentiels pour les denrées alimentaires des colonies à leur entrée en Angleterre ; aucune taxe sur les matières premières (« Notre industrie n'y résisterait pas », dit M. Chamberlain) ; tarif de protection sur les objets manufacturés ; usage des tarifs comme armes pour assurer une plus grande réciprocité avec les nations protectionnistes.

Devant l'opposition qu'a rencontrée son projet, non seulement de la part des doctrinaires du libre-échange, mais encore de la population qui veut avoir la nourriture à bon marché, M. Chamberlain indiqua ainsi, dans sa lettre au président de la *Tariff Reform League*, le but qu'il poursuit : « Je ne veux taxer à l'entrée en Angleterre que les produits qui peuvent nous venir des colonies lointaines au même prix que les denrées étrangères, si on leur assure un peu de protection (blé et viande, par exemple). Mes droits ne toucheront donc pas toute la nourriture et ne la feront donc pas augmenter de prix. Les denrées qu'ils toucheront nous viendront seulement des colonies, au lieu de nous venir des États-Unis, du Danemark, de l'Argentine, de France ou de Russie. De cette façon je cimente l'union inter-britannique de l'empire. Et vous ne payerez pas votre pain ni votre viande un sou de plus. »

Tel est le plan. Les constatations sur lesquelles il repose, ainsi que les murailles douanières qui enclosent tout le monde civilisé, semblent justifier la substitution du libre-échange inter-britannique au libre-échange international.

Par malheur pour son hardi promoteur, l'histoire économique des 50 dernières années et la statistique officielle des exportations anglaises démentent catégoriquement les asser-

tions de M. Chamberlain quant à la stagnation du commerce anglais. De fait, en restrei-
gnant ses calculs aux *trente* dernières années,
il prend pour point de départ *les années 1872
à 1874* où l'exportation a été absolument exceptionnelle. Il ne tient donc pas compte des
faits réels. Ces faits réels, M. Ritchie, son
ancien collègue du ministère Balfour, les établit d'après *les moyennes* des exportations anglaises pendant toute la durée du système de
Cobden.

Et voici le tableau édifiant de ces exportations, dressé par l'ancien ministre des Finances
anglais :

| | |
|---|---|
| 1850. . . . . . . . . . . . | 61.000.000 liv st. |
| 1855. . . . . . . . . . . . | 89.000.000 — |
| 1860. . . . . . . . . . . . | 124.000.000 — |
| 1865. . . . . . . . . . . . | 144.000.000 — |
| 1870. . . . . . . . . . . . | 188.000.000 — |
| 1880. . . . . . . . . . . . | 201.000.000 — |
| 1890. . . . . . . . . . . . | 227.000.000 — |
| 1900. . . . . . . . . . . . | 253.000.000 — |

« A qui fera-t-on croire, s'écrie M. Ritchie,
qu'un régime économique qui a permis à l'Angleterre de quadrupler son commerce d'exportation en cinquante ans, en l'augmentant régulièrement de plus d'un demi-milliard tous les

dix ans, à qui fera-t-on croire que le régime soit mauvais et doit faire place à un autre ! »

Nous avons vu, en effet, que ce régime a fait occuper et maintenir à l'Angleterre la première place dans le mouvement des affaires du monde, avec le chiffre formidable de 22 milliards de francs, tandis que les protectionnistes Etats-Unis, Allemagne et France, ne viennent que bien loin après.

Aussi les défenseurs du *Free Trade* n'ont-ils pas eu de la peine à montrer l'inconsistance du projet grandiose de M. Chamberlain. C'est lord Hamilton, son ancien collègue, disant dans sa lettre de démission qu'il ne voyait pas comment le recours à la protection et aux représailles pouvait favoriser le commerce national d'exportation, si ce n'est aux dépens des consommateurs anglais, et refusant de prendre part à un renversement des principes économiques sur lesquels est fondée la prospérité de l'Angleterre. C'est un autre ancien ministre, lord Goschen, établissant que les quatre cinquièmes des denrées alimentaires consommées par le peuple anglais venaient de contrées étrangères, et demandant s'il était sage d'établir un impôt sur le pain de l'ouvrier.

C'est l'ancien « premier », lord Rosebery, rappelant que « l'Angleterre est actuellement la maîtresse des transports du monde, sa chambre de compensation », et mettant en garde contre toutes modifications de régime, car le protectionnisme « engendrerait des trusts, des intérêts qui empêcheraient à jamais le retour au libre-échange. » En somme, « il n'y a pas la moindre preuve que le remède proposé par M. Chamberlain ne soit pas pire que le mal qu'il prétend guérir. »

Dans cette dernière phrase, lord Rosebery fait allusion à la crainte de M. Chamberlain de voir les colonies se détacher de la mère patrie. Mais le mal réel n'est point là. Si quelque malaise existe, en effet, dans le commerce anglais, son origine est tout autre. Sa progression moins rapide — mettons arithmétique — relativement à celle qu'accuse le commerce allemand ou américain — mettons géométrique — est due à ce relâchement de l'initiative que j'ai signalé, pour en indiquer le remède, et qui a permis aux Allemands et aux Américains, plus entreprenants et s'adaptant mieux aux exigences du marché, de prendre de l'avance.

Pour en revenir à la révolution économique qui, malgré tout, se prépare dans le pays de Cobden, il m'est avis qu'on en devra les premiers essais moins à M. Chamberlain qu'au chef actuel du ministère anglais, à M. Balfour. Dans sa demi-adhésion aux projets de l'impérieux et trop entier ex-ministre des Colonies, il évolue avec plus d'habileté et plus de souplesse. Devant la résistance du peuple anglais, absolument contraire à la taxe sur les produits alimentaires, il remet à plus tard l'établissement du Zollverein britannique comme inopportun et propose seulement des droits sur les objets fabriqués afin de l'armer contre les pays qui font une guerre de tarifs à l'Angleterre.

Le système de M. Balfour corrobore singulièrement la méthode rationnelle des échanges internationaux que je voudrais voir appliquer dans les relations franco-russes, pour qu'on me permette d'analyser rapidement l'opuscule où il en expose la théorie.

Il commence par se déclarer, comme M. Chamberlain d'ailleurs, libre-échangiste. Car c'est justement pour imposer aux autres nations la liberté commerciale qu'il tient à munir son pays des armes nécessaires. Au reste, les expressions « protectionniste » et « libre-échangiste » ne sont, à son avis, que des étiquettes, commodes pour la foule, mais sans signification en réalité. Les nations au point de vue économique n'existent pas. Pour diverses raisons, l'humanité ne peut pas ou ne veut pas utiliser de la façon la meilleure les ressources économiques du monde. D'où les luttes internationales et les convulsions intérieures. L'établissement du libre-échange en Angleterre a terminé l'une de ces convulsions. On a décidé, non la supériorité de telle ou telle doctrine, mais simplement comment répondre à cette question : « L'Angleterre sera-t-elle industrielle ou agricole ? » Elle a choisi la vie industrielle. Certes, elle avait toutes les raisons de préférer cette dernière, mais elle s'était trompée en supposant que l'adoption du libre-échange amènerait les autres nations à suivre son exemple. Aussi, est-elle seule à pratiquer ce système dans un monde presque entièrement protectionniste. Or, elle a besoin de manger à bon marché, et elle n'a pas d'agriculture. Impossible de revenir en arrière et de devenir à son tour protectionniste.

« La seule alternative, conclut M. Balfour, est de faire aux nations étrangères ce qu'elles se font chaque jour l'une à l'autre. Au lieu d'en appeler à des théories économiques dont elles se moquent, employons les moyens fiscaux de persuasion qu'elles comprennent fort bien. » En somme, c'est rester fidèle au véritable esprit du libre-échange que de plaider la liberté de négocier afin d'augmenter la liberté des échanges.

On ne saurait méconnaître au chef du gouvernement anglais la juste vision des conditions présentes des échanges commerciaux, ni lui faire grief de vouloir appliquer, par suite, la méthode si heureusement définie par M. Couteaux, et où les doctrines ne sont pas vénérées à l'égal de fétiches. Un autre membre du Parlement français, aussi averti en économie politique, M. Thierry, n'a-t-il pas dit à son tour : « Il ne s'agit plus d'être protectionniste ou libre-échangiste, il faut être *échangiste* ».

Au demeurant, et toute doctrine à part, il n'est besoin d'une perspicacité exceptionnelle pour prévoir la réussite de M. Balfour dans son entreprise, soutenu qu'il sera par les manufacturiers et les propriétaires ruraux,   les mêmes intérêts ont prévalu par ailleurs, — tandis qu'il ne rencontrera point d'opposition de la part des classes ouvrières, assurées que le prix des aliments restera aussi bas qu'auparavant.

Mais il est permis également de se demander si l'institution des droits sur les objets de fabrication ne servira simplement qu'à franchir une étape? C'est ainsi qu'ont commencé l'Allemagne, la France, la Russie, les États-Unis, et on sait le chemin qu'ont parcouru ces nations depuis qu'elles s'étaient engagées sur la pente protectionniste. Si, négligeant de combiner suivant les besoins du pays les deux systèmes, l'Angleterre, poussée par les Chamberlain, adoptait définitivement, elle aussi, le moins rationnel, on n'aurait que l'espoir de voir sortir le bien de l'excès du mal. Peut-être, comme l'espère M. Jaurès, « les peuples s'apercevront-ils que cet armement douanier universel est devenu vain, précisément parce qu'il est universel. Et à la tension extrême du nationalisme douanier succédera sans doute une période de détente générale, un régime de traités de commerce à tarifs modérés et lentement décroissants (1). »

(1) *La Petite République* du 10 juillet 1903.

Ce sera, en effet, la conséquence logique de la loi de la division du travail, entre nations comme entre individus, amenant l'habileté et le perfectionnement de la fabrication dans le domaine choisi, ou plutôt imposé par les conditions géographiques, topographiques et par l'évolution historique de la race. En même temps interviendra un autre facteur, non moins inévitable, de la vie économique moderne : l'entente, non seulement entre tel et tel pays, mais générale, afin de régulariser au mieux des intérêts de tous les peuples producteurs leurs transactions commerciales. Cette solidarité internationale se manifeste déjà dans le domaine scientifique, littéraire, artistique, juridique, et dans la politique (intervention collective des puissances en Chine, en Turquie, en Grèce, etc.), par des accords sanitaires, par l'union postale. La vie économique est obligée à son tour d'obéir à cette loi générale : jonction des voies ferrées, neutralisation commerciale des cours d'eau, conférences internationales dans le but d'éviter les luttes économiques désastreuses pour tous. Et à ce point de vue, la Convention internationale signée à Bruxelles en 1902 est

un événement capital. C'est grâce à cette entente
qu'a été conclue la paix économique entre les nations productrices de sucre, qu'a cessé le combat à coups de primes qui procurait des bénéfices considérables à quelques privilégiés, mais
chargeait les consommateurs doublement, par
l'impôt sur le sucre et par la redevance payée
par l'Etat aux raffineurs sous forme de primes.
De ce fait, le budget français seul va déjà être
allégé annuellement d'une trentaine de millions, qui devaient encourager l'exportation,
et les consommateurs bénéficieront d'au moins
0 fr. 35 centimes par kilogr. de sucre. Cette
première tentative d'entente sur le terrain économique montre par ses résultats que certaines concurrences sont aussi irrationnelles
et aussi désastreuses que des guerres politiques, et qu'il est plus profitable de désar-
mer.

Seule, la Russie n'a pas pris part à la Conférence de Bruxelles, sous le prétexte que son
système de *normirovka* n'a aucune analogie
avec celui des primes. Nous connaissons ce
système, et je ne vois pas l'utilité de discuter
ici le bien-fondé de cette affirmation. Je me
référerai seulement à ce que disent les Russes

eux-mêmes de ses inconvénients, entre autres celui de rendre très cher cet aliment de première nécessité dans l'intérieur de l'Empire, alors qu'il est vendu bon marché au dehors. Et à ce propos, il y a eu un échange symptomatique de notes entre la Russie et l'Angleterre, celle-ci estimant que la normirovka et le système des primes sont identiques. Quoi qu'il en soit, la Russie n'est pas moins favorable à une action collective dans le domaine économique, et c'est précisément à propos de cette question du sucre que le ministre des Finances avait proposé aux puissances une entente internationale pour lutter contre les trusts, qui faussent au profit d'une petite minorité l'équilibre naturel de l'offre et de la demande. N'a-t-on pas vu également les manufacturiers européens se concerter pour opposer un syndicat international au trust américain du coton? Aussi, à peine les Associations cotonnières de France, d'Allemagne et d'Angleterre ont-elles annoncé leur adhésion à cette défense commune, que les accapareurs baissèrent pavillon et les prix du coton brut, haussés au delà de toute mesure, redescendirent à un cours plus normal.

Dans les rapports particuliers de pays à pays, nous voyons la France et l'Angleterre chercher à circonscrire les motifs de désaccord et à régler les malentendus commerciaux et politiques par la conclusion d'un traité d'arbitrage et par l'entente entre les négociants des deux côtés de la Manche. Mais ce n'est encore qu'une heureuse exception. Le Parlement allemand, pour complaire au groupe relativement peu nombreux des agrariens, vote un tarif presque prohibitif contre l'importation agricole. Nous savons ce qu'en pensent les industriels et les commerçants, à qui l'Allemagne doit sa véritable puissance économique, et ce qu'en disent les plus éminents et les plus désintéressés porte-paroles du pays. Et alors, la Russie, qui trouve cependant bon d'appliquer rigoureusement et systématiquement chez elle la protection de son industrie, s'arme à son tour et prépare en silence des représailles douanières. Elle vient de promulguer (en janvier 1903) un nouveau tarif général qui surenchérit sur celui de 1891, déjà fort élevé, et en particulier sur les articles de provenance allemande. Il fait une distinction entre l'introduction par voie de mer et celle par *la frontière continentale de l'Ouest*, et dans cette dernière importation il est notablement surélevé par rapport au tarif conventionnel consenti à l'Allemagne par le traité de 1894.

Le communiqué officiel, publié par le *Messager du Gouvernement russe*, tout en faisant entendre que le nouveau tarif ne doit pas être considéré comme un instrument de combat, dit en propres termes : « Du moment que les États avec lesquels la Russie va avoir à ouvrir des négociations sont décidés à prendre comme point de départ de leurs concessions futures une tarification nouvelle en harmonie avec les besoins actuels de leurs propres industries, la Russie ne pouvait se dispenser d'adopter cette même base pour négocier. » L'avertissement est d'une modération diplomatique, mais en fait la réforme du tarif douanier russe vise bien les voisins de la frontière de l'Ouest : distinction expresse, spécifiée pour la plupart des articles, entre l'importation par mer et celle par terre, et surtaxe double et triple des objets de métal importés principalement par l'Allemagne. Enfin, l'ancien ministre des Finances, qui a forgé cette arme et qui demeure toujours chargé de négociations commerciales avec l'Allemagne, est muni de pouvoirs illimités pour appliquer le nouveau tarif général suivant les besoins que créera cette lutte économique.

Au fait, ce que je viens de dire concernant les dispositions bien arrêtées de M. de Witte semble également vrai quant à son successeur. Tour à tour directeur général des Contributions directes, directeur de la Chancellerie du crédit, celui de la Banque de Russie, etc., M. Pleske fut constamment associé à la grande œuvre des onze dernières années. Et, au moment où M. de Witte prenait définitivement congé des fonctionnaires de son administration, le nouveau ministre lui dit : « La tâche qui m'échoit est avant tout de mener à bonne fin l'œuvre que le temps ne vous a point permis d'achever. La confiance que vous m'avez toujours accordée durant mon service sous votre haute direction et la bienveillance avec laquelle vous venez de parler de ma nomination m'autorisent à vous adresser, devant vos collaborateurs qui deviennent les miens, l'instante prière de continuer à me seconder de vos précieux conseils fondés sur une longue expérience. »

Les principaux collaborateurs qui restent autour de M. Pleske sont également formés à l'école du grand homme d'Etat, et tout porte à croire que le changement survenu à la tête des finances russes ne marquera point une orientation nouvelle dans la politique commerciale de la Russie à l'égard de l'Allemagne. La raison et l'opportunité d'une entente économique franco-russe subsistent donc entières.

# CONCLUSION

Deux ordres de faits résultent de l'enquête à laquelle je me suis livré au cours de mon voyage en Russie et des documents russes, français, allemands et anglais consultés.

D'abord, les droits de douane et les frais de transport ne constituent pas un obstacle, même dans l'état actuel des choses, à l'extension du commerce français en Russie.

Les succès remportés par nos rivaux sur ce marché et le peu d'empressement des négociants français à profiter de la Convention commerciale de 1893, le démontrent péremptoirement. Nous semblons ignorer les modifications radicales survenues depuis 20 ou 30 ans dans les procédés du négoce extérieur, ou bien nous ne les employons que timidement, tardivement, à la suite des autres. Dans l'âpre lutte pour les débouchés, nous attendons que les clients viennent, tandis que nos concurrents vont à la rencontre de la demande, se plient aux exigences du marché local et, tout en se trouvant dans les mêmes conditions de trafic que nous, voire dans une situation moins avantageuse, réussissent à nous devancer à pas de géants.

En cherchant le remède à cette situation, peut-être n'ai-je pas suffisamment fait ressortir les rares essais louables et qui ont porté leurs fruits. Mais ma préoccupation était avant tout de diagnostiquer exactement le mal; et on m'accordera que, dans mon enquête, je me suis fait l'écho de la seule opinion des personnalités compétentes des deux pays et que j'ai appuyé mes recherches de chiffres puisés dans les documents officiels.

Je m'en réfère à ce que disait, dès 1894, une autorité compétente entre toutes, M. Picard :

« Pour un observateur impartial, il est évident que nous marchons à un remaniement complet des forces industrielles... Partout, les connaissances générales et spéciales se répandent, l'éducation professionnelle se développe, les moyens d'action grandissent et se fortifient. Ces progrès donnent aux peuples les moins avancés le désir et la possibilité d'un affranchissement rapide, les pousse à répudier toute tutelle étrangère, à briser les liens de dépendance dans lesquels ils étaient autrefois enserrés, à conquérir la liberté et la puissance commerciales. De quelque côté que se tourne le regard, on les voit faire de prodigieux efforts pour élever sur leur territoire des usines et des fabriques, pour y organiser de vastes marchés. Il faudra compter de plus en plus avec cette volonté universelle de créer des industries nationales.

» Le resserrement progressif des débouchés extérieurs, jadis réservés aux grandes nations du vieux monde, provoque d'ailleurs entre ces nations une lutte acharnée. Munies d'un outillage considérable, elles se disputent pied-à-pied la carrière encore ouverte à leur expansion, s'arrachent une clientèle chaque jour plus restreinte, subissent les plus lourds sacrifices afin d'alimenter leurs machines et de nourrir leurs ouvriers. Toute supériorité acquise détermine des concurrences d'autant plus redoutables qu'elle est plus lucrative...

» Ce combat sans trève ni merci exige *circa pectus robur et œs triplex*. La France le soutiendra vaillamment. Sa grandeur, sa prospérité, sa vie même y sont en jeu. » (*Commission permanente des valeurs de douane. — Session de 1894.*)

Neuf ans après, à la distribution des prix aux élèves de l'École supérieure du Commerce, M. Trouillot, ministre du Commerce, a dû répéter les mêmes vérités. Parlant de l'activité commerciale et industrielle, qui est devenue si essentielle à l'existence et à l'indépendance des nations, le Ministre disait : « C'est sur ce terrain aujourd'hui, beaucoup plus que sur les champs de bataille d'autrefois, que se sont transportées et se maintiendront toujours davantage les rivalités des peuples. Sur terre comme sur mer, ces luttes, qui, pour n'avoir rien de sanglant, n'apparaissent pas moins colossales et redoutables et forcent l'attention des philosophes comme des hommes d'État, mettent aux prises toutes les énergies, toutes les activités, toutes les forces matérielles et morales du monde, pour la conquête du marché universel.

» Nos voisins nous donnent à ce sujet des

exemples qu'il n'est que temps d'imiter. L'exportation française ne peut se défendre utilement contre ses rivaux que si les produits français ne se bornent pas à se signaler par des qualités particulières de fabrication, de goût et d'élégance, mais s'ils sont en outre présentés à la clientèle étrangère par des représentants français parlant la langue de ceux auxquels ils s'adressent et connaissant leurs usages et leurs mœurs.

» C'est là, pour une grande part, le secret du surprenant développement des commerces allemand et anglais, et si notre exportation française, depuis dix ans, n'a pas fait tous les progrès qu'on doit attendre de la souplesse de notre génie industriel, tout en attestant de réels progrès, il faut pour beaucoup en *rejeter la faute sur cet insuffisant développement des langues* qui contraint trop souvent nos négociants à recourir à des intermédiaires étrangers. »

Nous n'avons qu'à vouloir. La France occupe encore la troisième place dans le commerce extérieur des objets fabriqués de tous les pays. Elle demeure toujours à la tête de la production et du commerce des tissus de soie du monde entier. Secondés mieux que jamais par les pouvoirs publics, le Parlement et les Chambres de commerce ; renseignés avec tant de soin et de zèle par les agents consulaires et diplomatiques, ainsi que par les agences commerciales permanentes instituées par le Gouvernement en Russie, en Allemagne et en Suisse, ou par les missions temporaires envoyées, soit par le Gouvernement, soit par les Chambres de commerce ; possédant surtout, en l'Office national du Commerce extérieur, un centre d'informations si admirablement organisé et qui, à lui seul, vaut nombre d'institutions similaires de l'étranger, nos producteurs et nos négociants sont aussi bien armés, sinon mieux que leurs rivaux, pour que leur savoir, leur goût et leur loyauté commerciale remportent de nouveaux triomphes le jour où ils voudraient y ajouter plus d'initiative (1).

(1) Le dernier rapport présenté au Conseil d'administration par le Comité de Direction à l'Office national du Commerce extérieur constate qu'à partir de juillet 1898, où il a commencé à fonctionner, jusqu'à la fin d'octobre 1900, l'Office a fourni 27.556 renseignements verbaux et 89.523 écrits. La dernière année montre l'empressement de plus en plus grand avec lequel les intéressés ont eu recours aux services de l'Office : du

L'autre conclusion à tirer de la situation actuelle du commerce franco-russe, c'est qu'il dépend de nous de réduire les frais de transport de nos marchandises en Russie et même d'y faire abaisser les barrières de douanes par le seul fait du développement de nos échanges avec ce pays. Plus ils prendront d'extension, plus nous compterons dans la balance commerciale de la Russie, et plus nous obtiendrons d'elle des tarifs de faveur et autres facilités que nous espérons aujourd'hui du seul accord politique qui lie nos deux nations.

Or, je l'ai déjà constaté au début, si désireux que soit un gouvernement de se montrer agréable à un pays allié, il ne saurait le faire au désavantage de ses nationaux ; et, en réalité, les tarifs douaniers appliqués aujourd'hui en France et en Russie sont également protecteurs et ont été établis avec la seule préoccupation de l'intérêt économique. Un effet plutôt contraire se produit « en un temps où grandit chaque jour l'importance des intérêts économiques, au point même de dominer et de

1er novembre 1900 au 31 octobre 1901, les renseignements verbaux sont au nombre de 14.276, les réponses écrites de 51.573.

déterminer souvent les intérêts politiques », a
dit un jour un ministre des Affaires Étrangères,
M. Delcassé.

Fort heureusement, l'examen de la situation
réciproque des deux pays nous a amené à
constater la communauté de leurs intérêts, autant sur le terrain commercial et industriel que
sur le terrain politique. Nous avons vu que la
France est avant tout exportatrice de produits
manufacturés, la Russie de produits agricoles
et de matières nécessaires à l'industrie. La
France vend trois fois plus d'objets fabriqués
qu'elle n'en achète et sa consommation de
matières premières et de denrées alimentaires
est beaucoup plus considérable qu'elle n'est en
mesure d'en produire. Donc si elle veut augmenter le bien-être de ses populations et sa richesse nationale, elle doit chercher à placer
dans des conditions favorables son industrie
surtout. Car elle ne saurait vraiment prétendre
à jouer simultanément un rôle d'égale importance comme pays agricole. « On n'exporte pas
sans importer, — dit M. Picard ; — il y a là
deux mouvements réflexes qui, sans être identiques, sont du moins inséparables. » La France
continuera donc à faire produire à sa terre tout

ce qu'elle pourra pour sa propre consommation, à vendre au dehors les produits surabondants de sa culture, tels le vin, les huiles d'olive, les fruits et les légumes, les produits de la pêche, comme la sardine et la morue ; et elle ouvrira largement ses frontières aux objets d'alimentation, afin de rendre la vie meilleur marché pour tout le monde et particulièrement d'abaisser le coût de la main-d'œuvre ; elle importera des matières premières pour réduire les frais de fabrication, et elle cherchera, dans ces conditions, avec plus de chances de succès, à augmenter son exportation des objets fabriqués. Elle obtiendra alors la plus-value souhaitée, irréalisable depuis tant d'années, de son commerce extérieur. Et nous avons vu que le marché russe se prête admirablement à cet échange, profitable pour les deux parties, des objets fabriqués contre les matières premières et les objets d'alimentation.

J'insiste : les forces productrices de la Russie sont celles d'un pays presque exclusivement agricole : les 9/10e de son exportation comprennent des produits de cette catégorie. Grâce à sa vaste étendue, à ses richesses naturelles, elle peut produire tout ce qui est nécessaire à sa propre consommation et à celle des nations industrielles. Celles-ci, dont la population augmente sans cesse, ne sauraient se passer des céréales russes, ni leurs fabriques des produits bruts qu'elles reçoivent du dehors.

En outre, la quantité relativement infime de son exportation d'objets fabriqués, — soit 1/10° de l'exportation totale, — est dirigée, non pas sur les marchés de l'Europe, mais sur ceux de l'Asie. Placé entre ces deux continents, relié aujourd'hui à l'Extrême-Orient par le Transsibérien et par ses nouveaux ports de l'Océan glacial et de l'Océan Pacifique, l'Empire des Tsars peut assurer à son industrie naissante des débouchés presque illimités chez les peuples d'Asie. Ne pouvant fabriquer actuellement que des objets de moyenne ou de basse qualité, la Russie ne saurait d'ailleurs concourir ni au dehors, ni chez elle, contre les nations européennes, d'expérience industrielle plus ancienne et possédant un outillage plus perfectionné. Aussi demande-t-elle à l'Europe les articles de qualité supérieure qui répondent aux besoins d'une clientèle raffinée et déjà nombreuse, puis les machines et les appareils d'un mécanisme complexe ou délicat pour son industrie et son agri-

culture, tandis qu'elle vend aux peuples de
goûts et de besoins plus primitifs les produits
appropriés de sa façon.

Certes son marché intérieur consomme lui-
même une quantité considérable de ces marchandises communes, mais nous avons vu, par
le chiffre d'affaires formidable et croissant
chaque année qu'y font les Allemands, que
l'industrie russe est encore loin de suffire à sa
consommation intérieure, même pour cette catégorie d'objets, et c'est pourquoi j'ai insisté
sur la nécessité et la possibilité pour la France
de participer à la vente de ces articles.

Notons en passant que la jonction des voies
ferrées de l'Europe avec le Transsibérien per-
mettra et permet déjà le transport direct, ou
par nationalisation russe, de certaines marchandises de haut prix en Extrême-Orient.

Enfin, la France pourrait se substituer à
l'Angleterre pour importer en Russie les produits coloniaux, lorsque leurs échanges auront rendu plus actives et moins coûteuses les
communications maritimes entre les deux pays.

Mais, — pourrait-on objecter, — si la France
développe dans une mesure beaucoup plus
large ses échanges avec la Russie, non seule-

ment dans le sens de l'exportation, mais encore de l'importation, cette dernière ne pourrait se faire qu'au détriment des pays, comme les Etats-Unis, dont le commerce total avec la France est trois fois plus considérable que celui de la Russie. De fait, cette disproportion apparaît avec plus d'évidence encore lorsqu'on envisage l'importation et l'exportation séparément. Ainsi, en 1898, la dernière année de la période décennale qui a souvent servi de base à mes calculs, la France a exporté aux Etats-Unis pour 210 millions de francs de marchandises et pour 72 millions en Russie; elle a importé du premier pays pour 623 millions et du second pour 281 millions. Or, ces mêmes chiffres nous montrent, — et la moyenne de la dernière période décennale les confirme, — que la balance du commerce français avec ces deux nations penche autant en faveur des Etats-Unis que de la Russie et, par l'importance de la somme, bien davantage au profit des premiers. Il ne s'agit pas seulement de vendre 210 millions de marchandises, il faut encore ne pas recevoir le triple en échange, soit pour 623 millions. Et lorsqu'on considère que l'exportation française en Russie est susceptible, comme nous l'avons démontré, d'une nouvelle et grande extension, tandis que plutôt le contraire se produit à l'égard des Etats-Unis (notre exportation y est descendue, avec des hauts et des bas alternatifs, mais progressivement de 329 millions en 1890 à 210 millions en 1898), et que la France rencontre en ce pays un redoutable concurrent *industriel*, non seulement sur les marchés extérieurs, mais sur le sien propre, la préférence à donner à l'importation des produits exclusivement *agricoles* de la Russie sur ceux qui proviennent en partie notable de l'*industrie américaine*, devient d'une évidence indiscutable.

Notons d'ailleurs que le même phénomène se produit pour la plupart des pays qui nous fournissent de matières brutes : ils nous envoient plus de marchandises qu'ils n'en tirent de chez nous. Tel est le cas de la République Argentine, de l'Espagne, de la Chine, des Indes Anglaises, de l'Australie, du Japon, de la Turquie, de la Suède, de l'Autriche, du Chili, de la Roumanie, de la Norvège, de l'Uruguay, du Vénézuela, de l'Egypte, etc., etc. Seuls, les Etats-Unis nous envoient à la fois des produits agricoles et industriels, nous faisant même concurrence pour ces derniers.

Puis, une nation industrielle est toujours placée dans de meilleures conditions pour produire et écouler régulièrement ses articles. En effet, la production d'un pays agricole est subordonnée aux variations climatériques, tandis que le développement de l'industrie dépend uniquement de l'entendement et de l'initiative de l'homme. C'est pourquoi nous voyons un pays comme l'Allemagne, bien que son agriculture soit florissante, étendre prodigieusement son commerce extérieur, grâce précisément à son effort industriel. Les Etats-Unis eux-mêmes, les plus grands fournisseurs de céréales du monde, voient aussi leur exportation grandir surtout par l'accroissement de leur puissance industrielle.

Si la Russie, comme nous l'avons vu, développe également son industrie, elle n'exporte ses objets fabriqués que chez les peuples asiatiques, et son exportation européenne sera toujours subordonnée à l'importance de sa récolte. A notre tour, nous importerons ou non, suivant les conditions plus ou moins favorables de nos besoins, dépendant de notre propre récolte. Ainsi, en 1896, — je l'ai déjà constaté, — nous n'avons demandé à la Russie que pour 18 millions de francs de blé, tandis qu'en 1894, elle nous en avait fourni pour 160 millions. Ce sont le maximum et le minimum de l'importation des céréales russes pendant la période décennale qui va de 1889 à 1898, et cependant ces extrêmes ne sont séparés que par l'intervalle d'une année; il n'y a donc dans ce pouvoir de production d'une part et de consommation de l'autre, ni progression ni régression d'un effort conscient, mais effet du hasard dû aux influences climatériques. Par contre, le total de l'exportation française en Russie des objets fabriqués, aux époques correspondantes, est de 70 millions de francs en 1894, et de 65 millions en 1896. Les deux années ne s'écartent guère de la moyenne de la même période décennale, qui est de 65 millions. On perçoit la différence entre la régularité de la vente française et l'irrégularité de la vente russe.

Il est bon de rappeler que si les chiffres que je cite s'arrêtent à l'année 1898, c'est en raison de ce que j'ai pris pour terme de comparaison des échanges franco-russes la période décennale de 1889 à 1898, qui comprend l'année 1893, où fut conclue la Convention commerciale entre les deux pays. Mais les chiffres des échanges des années ultérieures ne font que confirmer les faits constatés : l'exportation de la France en Russie est évaluée par la douane russe à 76 millions de francs en 1899, et à 83 millions en 1900, tandis que l'importation russe est respectivement, suivant les données françaises, de 179 millions et de 231 millions; l'écart entre ces deux années est encore, pour la France seulement, de 7 millions, et pour la Russie, de 52 millions. Il me semble superflu de pousser plus loin la comparaison.

Enfin, j'ai montré que les denrées et les matières premières qui peuvent être demandées à la Russie sont de la catégorie qui ne pourrait faire une concurrence sérieuse à l'agriculture française et qu'elles rendraient en même temps à notre consommation alimentaire et industrielle, — prix et qualités, — un plus grand service que les produits similaires des pays d'outre-mer. Je me réfère à ce que j'ai dit du blé, en cas d'insuffisance de nos récoltes, de la viande vive ou à l'étal en tous temps, des poissons d'eau douce, etc., pour l'alimentation ; du pétrole, également avantageux pour le public par son prix, et pour 'a raffinerie en raison de la précieuse diversité des dérivés qu'elle obtient des huiles lourdes du Caucase ; c'est enfin le cas du lin, du chanvre, de la laine, de la soie brute, que l'industrie textile fait venir de si loin.

Au surplus, ce sera rendre plus effectives nos manœuvres douanières que cette faculté de choisir entre les provenances américaine et russe, lorsque l'importation de la Russie deviendra assez importante pour qu'elle ne veuille pas en perdre le bénéfice.

A son tour, menacée aujourd'hui d'une nouvelle guerre de tarifs par les agrariens allemands, elle serait plus disposée que jamais à multiplier ses échanges avec la France, et nous pourrions profiter de l'occasion pour nous substituer, du moins en partie, aux Allemands, dans les transactions si considérables avec les Russes, tant au point de vue de l'importation que de l'exportation.

J'ai signalé les efforts des Anglais en ce sens, quant au bétail, au beurre, aux œufs, etc., de provenance russe. La communication (en février 1902), à la Chambre de commerce de

Londres, de l'agent britannique à Moscou, M. Cook, précise que tel est bien le dessein arrêté par les commerçants anglais. Il y est dit que le moment où la Russie se prépare à une guerre de tarifs contre l'Allemagne et où les habitants de la Pologne russe évitont toutes relations avec les Allemands, est plus que jamais favorable pour supplanter ces derniers sur le marché du grand Empire. Il s'agit seulement de procéder avec la même habileté et la même énergie que les Allemands, et de les imiter surtout dans la fabrication de marchandises répondant aux goûts et aux besoins locaux. M. Cook conseille également à ses compatriotes de participer aux expositions russes, ou d'en organiser de particulières ; puis, la création à Londres ou à Pétersbourg, ou dans les deux capitales, de chambres de commerce ou d'agences commerciales anglo-russes ; l'entrée en relations directes avec les commerçants russes, en évitant soigneusement l'intermédiaire des Allemands ; en un mot, il répète ce que je crois avoir suffisamment démontré en ce qui concerne le commerce franco-russe.

Passant des paroles aux actes, une mission se rendit en Russie pour établir à Moscou ainsi qu'à Londres un comptoir général anglo-russe, dans le but de faciliter l'exportation en Angleterre des produits agricoles et l'importation en Russie des objets fabriqués qu'y importe aujourd'hui l'Allemagne. Cet *Anglo-Russian-Kontora* est fondé sur l'initiative du membre du Parlement D. Morgan, qui en a exposé le projet dans un meeting présidé par le lord-maire de Londres. A la tête de cette entreprise se trouve également le rédacteur du *Messager commercial russo-anglais* dont j'ai parlé et du *The British Trade Journal.* Des journaux russes affirment que le Ministre des Finances et celui de l'Agriculture ont accueilli le chef de la mission avec sympathie et la presse ne lui a pas davantage ménagé ses encouragements.

A notre tour, nous n'avons qu'à agir. La réponse que M. de Witte a faite par le *Messager des Finances,* au chancelier et aux agrariens allemands, est à méditer à ce point de vue, et je crois utile de la rappeler : « La Russie n'admettra jamais qu'un homme d'État désirant être pris au sérieux puisse à la fois faire des promesses contradictoires aux industriels et aux agriculteurs avec l'arrière-pensée que la Russie en payerait les frais. Si le chancelier allemand ne connaît pas d'autre moyen de protéger les forces productives de son pays que de renchérir le pain de l'ouvrier allemand, cela n'implique pas que M. de Bülow, qui connaît la situation économique de l'Europe, puisse faire croire à qui que ce soit par ses déclarations que la Russie, État indépendant et puissant, soit disposée à signer un traité de commerce majorant les droits déjà élevés sur ses produits agricoles. Le blé russe trouvera d'autres débouchés dans des pays où les hommes d'État ne considèrent pas le renchérissement du pain comme un devoir professionnel. »

L'auteur de l'article de la revue officieuse ajoute plus loin : « Si l'Allemagne refusait d'entretenir des relations commerciales avec nous, nous trouverions facilement les objets qu'elle exporte chez nous auprès de ses rivaux, auxquels nous vendrons en même temps notre blé. » Et il conclut par la menace de fermer la frontière russe aux articles allemands. Nous savons que le nouveau président du Comité des Ministres est homme à passer des paroles aux actes, par l'exemple de ce qui a eu lieu avec les États-Unis, dont les articles ont été surtaxés de 10 % de droits d'entrée, pour répondre à la majoration des droits sur les sucres russes importés en Amérique. Et nous savons qu'il est déjà pourvu d'un nouveau tarif général pour agir de même vis-à-vis de l'Allemagne.

Or, dans les conditions actuelles du trafic russo-allemand, une guerre de tarifs serait désastreuse pour l'Allemagne. Il est établi, en effet, que parallèlement à l'accroissement du commerce avec la Russie, le bien-être des populations allemandes s'est beaucoup amélioré dans ces dernières années. Le travail et le capital en ont également profité. Le taux de l'argent s'est maintenu à un niveau rémunérateur, car l'importance grandissante de l'exportation a provoqué la fondation de nouvelles entreprises et le capital y a trouvé, en général, un excellent placement dans le pays même, les récentes catastrophes financières n'étant, — nous l'avons vu, — que la conséquence d'une crise passagère ayant une autre origine. En même temps, les salaires ont augmenté de 15 à 20 pour 100 ; l'émigration, qui était de 116.000 individus en 1893, est tombée à 20.000 en 1899.

D'autre part, l'importation des produits agricoles, sans nuire aux intérêts de l'agriculteur allemand, a permis de vivre à meilleur compte. Seuls les hobereaux, habitués à tirer profit des besoins de leurs concitoyens, ne se sont pas montrés satisfaits d'une situation qui mettait un frein à leur avidité, dût celle-ci entraîner la ruine de la prospérité allemande.

L'exemple est péremptoire. Sans nous ranger sous la bannière libre-échangiste ou protectionniste, pour nous le simple bon sens commande de ne pas se modeler sur l'égoïsme des agrariens allemands, mais au contraire de profiter de leur aveuglement et d'adopter une politique qui permettrait d'atteindre l'objectif de tout commerce rationnel chez une nation industrielle : augmenter l'exportation, diminuer les frais de production, et rendre la vie moins coûteuse.

En un mot, de quelque côté qu'on envisage la question, un fait patent apparaît : la France et la Russie sont placées dans des conditions géographiques, climatériques, industrielles et agricoles qui peuvent donner à leur commerce le caractère d'un réel échange de services, leur faire conclure une alliance économique au moins aussi profitable, que l'alliance politique.

FIN

26

# MÉTROLOGIE COMPARÉE

## EMPLOYÉE AU COURS DE CET OUVRAGE

---

### I. — Russe.

| | | |
|---|---|---|
| Le verste | = 500 sagènes | = 1 kilom. 67 mètres. |
| La déciatine | = 2400 sagènes carrés | = 1 hectare 09. |
| Le vedro | = 8 schtofs | = 12 litres 29. |
| Le poud | = 40 livres russes | = 16 kilogr. 380 gr. |
| La livre russe | | = 410 grammes. |
| Le rouble | = 100 kopeks | = 2 fr. 66 cent. 2/3. |
| L'impérial | = 15 roubles | = 40 francs. |
| Le demi-impérial | = 7 roubles 50 kop. | = 20 francs. |

### II. — Française.

| | | |
|---|---|---|
| Le mètre | = 0.17 sagènes. | ou 1.41 archine. |
| Le kilomètre | = 0.937 verste. | = 468,69 sagènes. |
| L'hectare | = 0,92 déciatine. | |
| Le litre | = 0.08 vedro. | |
| L'hectolitre | = 8,13 vedros (matières liquides). | |
| | = 0,48 tchetvert (matières sèches). | |
| Le kilogramme | = 2,44 livres russes. | |
| Le quintal | = 6,10 pouds. | |
| Le franc | = 37,5 kopeks | |

# TABLE DES MATIÈRES

## TROISIÈME PARTIE

### Produits russes à importer.



## QUATRIÈME PARTIE

### Nécessité d'une entente économique.



ÉMILE COLIN, IMPRIMERIE DE LAGNY (S.-ET-M.)

Bibliothèque de Philosophie scientifique.

# Dr GUSTAVE LE BON

# Psychologie de l'Éducation

L'éducation est l'art de faire passer
le conscient dans l'inconscient.

PARIS

ERNEST FLAMMARION, ÉDITEUR

RUE RACINE, 26, PRÈS L'ODÉON

*Bibliothèque de Philosophie scientifique.*

# Psychologie
## de l'Éducation

PAR

## le Docteur GUSTAVE LE BON

Un volume in-18 jésus, broché. Prix . . . . . . 3 fr. 50

Voici un livre qui naît au bon moment : la réforme de l'enseignement est chose décidée, son application commence. Ce ne sera pas sans troubler légitimement tous les parents soucieux de l'avenir de leurs fils; aussi feront-ils à coup sûr bon accueil à l'ouvrage fortement pensé et longuement médité du Docteur Gustave Le Bon.

L'auteur était bien préparé par son beau livre sur la *Psychologie des Foules*, à écrire une *Psychologie de l'Éducation*. Il a pris la peine de se livrer à une étude attentive des six volumes énormes, où ont été consignées les dépositions faites devant la Commission parlementaire d'enquête sur la Réforme de l'Enseignement.

Sans se laisser étourdir par les longs discours

et les dissertations souvent académiques, il a gardé une vue nettement philosophique des réalités. Il est demeuré persuadé que toute la réforme n'a malheureusement tourné qu'autour d'une question de programmes, alors que c'est l'esprit même de l'enseignement qui aurait besoin d'être régénéré. « Tous les programmes sont indifférents, mais ce qui peut être bon ou mauvais, c'est la façon de s'en servir. »

Il faut donc travailler d'abord à réformer l'opinion. C'est la tâche que le Docteur Gustave Le Bon s'est proposé dans ce livre profondément neuf.

« Parce que les auteurs de l'enquête, écrit-il, ne semblent pas avoir nettement compris les problèmes les plus fondamentaux de l'enseignement, il nous a paru utile de préciser ces problèmes... »

Le choix des méthodes d'enseignement est autrement capital pour un peuple que celui de ses institutions ou de son gouvernement.... Ce sujet commence à préoccuper les esprits. Il faut souhaiter qu'il les préoccupe davantage, et que l'opinion finisse par se transformer.

www.ingramcontent.com/pod-product-compliance
Ingram Content Group UK Ltd.
Pitfield, Milton Keynes, MK11 3LW, UK
UKHW020116130726
13696UKWH00001B/66